K Basic Excellence
【溫故知新 조직론】

K Basic Excellence
【溫故知新 조직론】

K경영연구소 김성환 지음

한국능률협회

K Basic Excellence
【溫故知新 조직론】

초판 1쇄 발행 | 2002년 8월 22일
2쇄 발행 | 2005년 3월 2일

지은이 | 김성환

펴낸이 | 이웅녕
펴낸곳 | 한국능률협회출판(주)
등록 | 1978년 5월 15일 등록(제13-19호)

주소 | 서울 마포구 도화동 544 고려빌딩
홈페이지 | www.kmabook.com
이메일 | mail@kmabook.com
전화 | (02)719-1424
팩시밀리 | (02)715-7807

ⓒ 김성환, 2002

값 18,000원

ISBN 89-7277-211-9 13320

산은 산이고 물은 물이다. 득도를 하면 산이 산으로 보이고 물이 물로 보인다고 한다. 그러니 공부 좀 그만하자. 어지러웠다. 이 책을 쓰는 과정은 참선을 하는 느낌이었다. 뱅뱅 돌다가 결국은 상식으로 되돌아오는 것이다. 그리고는 단순하게 기본으로 돌아가고 있었다.

스스로에게 자책하고 스스로에게 이야기한 것이다. 한국의 경영자들을 탓하는 것이 아니다. 이 책을 읽으며 제 발 저린 사람도 있을 것이다. 그건 좋은 일이다. 오류가 있음을 알 때 발전이 있는 것이니까.

Herbert Simon, Max Weber, Frederick Taylor, Henry Fayol, Emile Durkheim, 그리고 Marx, Feuerbach, Gaston Bachelard로 돌아가 이들이 남긴 유산들을 되새겨 보았다. 사전같이 이런저런 지식들로 꽉 차 있던 내 머릿속이 정리되면서 오늘 우리가 당면한 문제들이 새롭게 인식되었다. 이미 대가들은 이런 문제들을 상세하고 광범하게 언급하고 있었던 것이다. 하늘 아래 새로운 것이 없다고 하였던가? 溫故知新!

제1부

자본주의는 여러 가지 약점에도 불구하고 이면에는 만만치 않은 근대 철학이 뒷받침하고 있다. 어서 돈을 벌어야 한다. 그것이 아름답다. 돈을 벌려면 합리적이어야 하는데, 이 합리성이 결여된 것이 우리의 현주소이다. 도박을 자세히 살펴보면 이미 지거나 이기게 되어 있는 게임임을 알게 된다. 그러나 당사자는 그때그때 희비 속을 헤매고 있다. 종교는 논리적 존재론의 대상이 아니다. 있다, 없다, 보았다가 아니다. 이런 것은 합리의 대상일 뿐 종교의 대상이 아니다. "믿습니까?" 무엇을 믿으란 말인가? 이 두 가지 이야기에서 생활 속의 합리성을 감지해야 한다.

"뭐, 어디 자동 시스템 없습니까?" 경영은 science가 아니라 art이다. 그러니 자연 과학적인 방식으로 접근하지 마라(KPI 너무 믿지 말자). 경험과 판단이 필요한 분야이다. Herbert Simon의 limited rationality는 우리를 막연한 불만의 세계로부터 탈출하도록 해준다. 대안이 없는 비판은 무용하다. 개인적으로 속만 썩고 조직은 술렁인다.

사람 더 달라, 예산 더 달라. cost concept가 무너져 있다. 업무상의 내 고객이 누구인가? 왜 '그 새끼'로 보이는지. 창의성이라 하는데, 이건 무엇인가? Business의 기본 체계로 돌아가 보아야겠다. 대학 1학년 때 배웠는데…. 배우면 뭐 하나! 이해를 하고, 실천을 해야지. 많이 읽고 외웠지만 기본이 되는 것을 제대로 이해하지 못하고 있는 것이 아닐까?

"니캉 내캉 남이가?" 조직의 합리성은 Max Weber의 '비인격성'이라는 개념에서 온다. 봐주기 없기! 바로 이것이다. 온갖 비리가 여기에서 출발한다. 관료제에는 여러 가지 함정이 있다. 여기저기에 온통 함정이 깔려 있다. 최소한의 요건만 채우려는 복지부동, 내용은 보이지 않아도 형식적 지표나 수치만 있으면 OK, 부문과 개인의 이기주의…. 관료제는 탈피해야 할 것이 아니다. 근본적인 합리성을 조직 내에 뿌리내리도록 하여야 한다. 그 길밖에 없다.

"손가락 한번 잘려 볼래?" 돈과 위생 요건이 얼마나 중요한 것인가? 고상한 척 인간관계론을 말하지 말자! Talyor 아저씨가 청문회에 갔었단다. 역사는 돈다. 요즘에도 생산성 향상, 합리적 보상 체계를 시행하려면 으레 인간관계론을 들고 나온다. 돈 때문에 그러는 게 아니야! 인간관계론은 과학적 관리의 보완적 기능을 한다. 인간 행동의 동기는 경영학 교과서에 쓰여 있듯 그리 간단하지 않다. '잘 모르겠는데'에서부터 출발하도록 하자.

팀제라고? business unit는 사업부다. 팀이 아니지. 중간 관리자들이 수난을 당하고 있지 않은가? lean 조직으로 바꾼다 해도 여전히 span of control은 필요하다. 무리해서는 안 된다. 조직은 flexible해야 한다. unity of command가 무너지면 혼란스럽습니다. plan-do-see와 feedback의 연결, 이런 것들이 경영의 원리이다. 새로운 경영 기법들이 마련된다 해도 여전히 필요한 조처들인 것이다.

제3부

기업 문화는 여전히 아리까리한 대목이다. 중요한 것 같지만 잘 잡히지 않는다. 미국식과 일본식 공방으로부터 추적해 보자. 재무적인 치중에 대한 반성으로부터 출발한 문제이다. dynamic하고 복합적인 주제이다. 7S나 Peters & Waterman의 특질 등 몇몇의 기법으로는 파악이 잘 안 된다. Emile Durkheim 등 역시 사회학의 고전적인 테마로 보면 포괄적으로 파악된다. 문화 현상과 정신 현상의 변증법으로 보면 선명하다. 조직의 dynamic을 파악하는 문제인 것이다.

그리고 액자로 걸어 놓고 구호만 외치지 말고, Balanced Score Card로 이 주제를 정리하라. 우리는 이 문제에 상당히 관념적으로, 혹은 지엽적으로 접근하고 있는 것은 아닐까? 가시적으로는 테마별로 비전, core value, functional guide, competency로 개별 처리할 수 있다. 신기하다. 문화라는 정신 현상은 물질계와의 관계로 보면 그 가치와 역할이 선명하게 보인다. 경영 관리에서는 역시 planning & evaluation이라는 근간에 접목시킬 때 빛이 난다.

경영이라는 주제와 조직의 움직임. 아마도 인류가 수없이 고심했던 주제일 것이다. 경영학의 단편적인 지식으로 혼란에 빠지는 것은 당연하다. 고전은 복잡하지 않다. 그리고 대부분 우리가 잘 아는 주제들, 그리고 많은 사람들이 보편적으로 생각하고 있는 주제들을 체계적으로 정리해 놓았을 뿐이다. 대가들의 역할이다. 그러기에 기본 상식이라는 큰 강물로 이어진다. 우리에게 우선적으로 필요한 것은 바로 이 기본 상식들이다.

부록

　부록에서는 「신경영 기법과 Neo-Taylorism」이라는 저자의 논문을 수록하였다. 이 책은 일반인이 이해하기 쉽도록 구어체를 많이 사용하였으나, 전문가들과 학자들에게도 유용한 정보와 사색의 기회를 제공하고자 관련 논문을 부록으로 수록하였다. 중심 개념은 Montmolin이 Taylorism과 신경영 기법들의 유사점을 부각시킨 대목이다. 인간관계론을 필두로 조직개발론을 거쳐 현대의 경영 혁신 기법들이 외견상 Taylor를 공박하고 이에 반하는 새로운 기법과 이론을 제시하는 듯 보이나 역시 그 중심 개념에는 Taylorism이 기본적으로 깔려 있음으로 나타내고 있다. 이 외에도 노사 관계에 있어서의 산업 평화에 대한 방향을 제시하고 있다. Taylor의 아이디어가 충분하다고 할 수는 없으나, 합리적 분배(standard에 의한 임금 결정)라는 주제는 역시 노사 관계의 핵심 사안임에 틀림없다.

제2부 매도당한 대가들의 이야기

제3부 기업 문화에서
Balanced Score Card까지

부록

서론

참고 문헌

제1부 경영의 합리성: 기본 원리부터라도

제1부 경영의 합리성: 기본 원리부터라도

밀어붙여! 하면 된다! 고도 성장을 해 오던 한국 기업들이 잘 쓰던 말이었다. 뭔가 수상하더니만, 인류 역사상 최대의 파산이라는 대우의 몰락을 목격하였다. 우째 그런 일이? 조금 있더니 현대가 건들거린다. 한국을 대표하던 초대형 기업들이 이 지경에 이르렀다. 내부를 들여다보면 너무나도 당연한 귀결이다. 기업뿐만이 아니라 사회 전반에 걸쳐서 기본적인 상식이 무너져 있다. 근대 정신이 결여된 것일까?

어려운 이론이 아니라 누구나 다 알고 또 알아야 하는 경영의 원리, 그것은 합리성에서 출발한다. 합리적으로 잘 따져 보면 답은 나온다. 우리가 이 합리성에 다가가는 데 무엇이 가로막고 있었을까? 한국의 자본주의가 계획 경제의 틀에서 벗어나 시장 경제를 기축으로 이행하기 시작한 것은 최근의 일이다. 알고 보면 자본주의를 학습하는 기간이 너무 짧았거나 우리가 무심했던 것이다.

이렇게 말하고 싶다. 합리적인 것이 한국적이다. 우리 사회가 이미 이익 사회와 자본주의로 이행하였으니 이익 사회와 자본주의의 논리가 한국적인 것이다. 남의 나라 이야기가 아닌 우리의 현실이다. 그러니 우선 자본주의가 어떻게 굴러가는지 그 기본부터 살펴보면서 우리 기업들이 무엇을 등한시했는지 따져 보자. 다 아는 이야기인데 뭘 또? 문제는 이론과 현실은 다른 것이라고 강변한다는 것이다. 책에서 배운 것은 제껴 두고 현실적인 감각으로 경영을 하신다나… 글쎄, 오죽하면 교과서에, 그것도 제1장에 써 놓았을까? 이 이야기는 취직 시험을 위한 것도, 승진 시험을 위한 것도 아닌, 우리 기업들과 개인의 생활 한가운데에서 벌어지는 일들이다.

그런데 그 원리에 대한 시험을 치르기 위해 외워 두었을 뿐 현실적으로 어떤 의미를 갖고 있는지 잊어버린 것은 아닐까?

보자. 부문장들은 사람과 예산을 더 달라고 한다. 매출을 위한 기업이 아니라 이익을 위한 기업인데 cost 개념은 어디로 갔는가? 사장과 기업은 개인의 이익을 위해 장사하면서 직원들에게는 개인적인 이기주의를 버리고 집단을 위해 일하라고 한다. 생산이 아닌 판매라는 교환 경제를 기반으로 하는 자본주의에서 업무상의 내부 고객이 우리 눈에는 왜 '그 새끼'로 보이는가? 만족하는가, 만족하지 않는가? 그것이 문제일까? 대안의 선택이라는 경영의 합리성에서 보면 이러한 질문은 조직과 개인의 건강을 좀먹고 있다. 증권 시장에서 무슨 추세 변동이 보이는 것일까? 통계학의 기본부터 학습해야 하지 않을까? "아, 과학적인 것으로 인생을 다 설명할 수는 없겠지요. 허나 종교가 과학적 사유의 대상이 아니라는 것을 아십니까?"

제1장 자본주의와 한국 사회

1. '나눠 먹기' 방식의 차이: 자본주의와 공산주의

'나눠 먹기' 방식을 놓고 자본과 노동이 각축을 벌였다. 임금을 주고 남는 것은 자본의 몫이라는 것이다. 자본주의이다. 반면, 사람 나고 돈 났다면서 자본에 대한 이자 비용을 지불하고, 나머지는 노동자의 것이라고 하였다. 공산주의이다. 그럼 마음대로 해보라고 했더니 노동자들이 밀렸다. 이를 급하게 밀어붙여 혁명을 하고 자본은 공유했다. 공유된 재산, 즉 공산인 것이다. 하여간 자본주의 이외의 대안이 잘 보이지 않는다. 모두가 달려들어 생산하고 골고루 나눠 먹기 하는 것이 아니라, 이익을 위해 장사하고 대부분 월급을 받아 가는 직원으로 일하는 방식을 선택한 것이다.

자본주의는 개인의 창의와 자유를 기반으로 이루어졌다고 한다. 자유는 마음대로이니 저마다 이익을 추구한다. 이제 집단 이기주의니 개인주의니 해보아야 공염불이다. 이익을 추구하는 사람들에게 윤리적인 설교를 해보아야 쓸데없다. 윤리적이고 철학적인 접근이 불필요한 것이 아니라, 윤리와 철학은 사회적 강제력을 갖는 법으로 탈바꿈되어야만 사회 조직이 질서를 찾고 제대로 기능을 할 수 있게 된다. 물론 법은 윤리와 철학에 근거해야 한다. 그런데 이 질서는 개인이든 집단이든 공동선을 위배하지 않도록 이해 관계를 조절하는 mechanism이어야 한다.

의사의 파업, 은행 노조의 파업…. 2000년 신문 지상을 장식한 우리 사회의 화두였다. 언론과 정부는 집단 이기주의를 경계한다. 맞는 말이다. 그러나 집단 이기주의 자체를 문제 삼고 윤리적인 화살을 돌리는 것은 자본주의의 시각으로 보면 미숙하다. 조정과 협상이 필요한 것이다. 회사 내에서도 마찬가지이다. 개인의 충성과 희생을 담보로 하는 기업 경영은 미숙하다. 개인의 이익 추구를 회사 이윤과 line-up시켜야 한다. 회사가 돈을 버는 데 기여한 직원에게는 돈을 더 주고 근로 조건도 더 좋게 해주어야 한다. 일 잘하고 못하고에 상관없이 대우해 놓고는 직원들에게만 회사에 충성하라는 것은 회사 이익과 개인 이익이 line-up되지 않은 상태인 것이다. 미숙한 발상이다. 개인과 집단을 향해 어떻게 생각하고, 어떤 태도를 가지라고 설교하는 것은 약간 주제넘는 언사가 아닐까? 직급과 지위가 높은 사람이 낮은 사람보다 식견이 탁월하다는 보장이 있는가? 또는, 도덕적으로 타의 모범이 되고 윤리적으로도 더 고상하다는 근거가 있는가? 아니다. 그들은 흘러 흘러 그렇게 되었을 뿐이다. 직급이나 직위가 높은 사람에게 업무에 관한 한 복종해야 하는 것은 틀림없지만 존경해야 할 이유는 없다. 역으로, 직급이나 직위가 높은 사람이 낮은 사람보다 식견이 탁월하거나 윤리적으로 더 고상해야 할 필연적인 이유 역시 없는 것이다. 그러한 덕목을 지나치게 기대하는 것이 오히려 문제가 된다.

정치가들이 개판 치는 것을 보고 국민들이 등을 돌린다. 당연한 일이긴 하다. 그런데 그들이 우리보다 더 나은 존재라고, 그래야 한다고 생각하는 것부터가 잘못된 것이다. 왜 그런 사람을 선출하였는가? 또, 왜 그런 행동을 하도록 방치하였는가? 그들의 윤리 의식을 믿어 스스로 잘해 주기를 기대하고, 감시와 제재를 게을리하였던 것이다. 기업의 사장과 임원들, 이들이 뭐 그리 도덕적으로 대단한 사람들이겠는가? 자신들의 삶을 선도해 줄 구세주라도 되겠는가? 표현이 좀 지나쳤는가? 아니다. 한 수 가르쳐 주고 인생의 선배로서 잘해 줄 것이라는 것은 역시 공동 사회의 발상이다.

기업의 주인은 누구인가? 참 어처구니없는 질문이다. 이것도 질문인가? 그런데 그 대답도 걸작이다. 국내의 유명한 그룹에서 설문 조사한 것을 보면 대다수가 기업의 주인은 직원이라고 답했다. 월급쟁이 주제에 주인이란다. 정말 한번 주인 행세를 해볼까? 죽을라고…. '주인 의식을 가지라'고 했지, 언제 '주인'이라고 했는가? 주인과 주인 의식, 이건 또 뭔가? 허위 의식이라고, 들어 본 적 있는가? 물론 아무리 그렇게 대답했다고는 해도 주인이 누구인지는 잘 알고 있다. 그러니 희망 사항이겠지. 하여간 마음과 생각이 정리가 잘 안 되는가 보다. 이 시스템에 마음으로는 승복하지 못하겠다는 것은 아닌가?

물론 할 말은 있다. 속았다. 경제 성장 과정에서 기업이 살고 은행이 살아야 경제가 살아나서 우리 모두가 잘살게 된다고 해서 노동 삼권도 유보하고, 은행에서 대출 못 받으면서도 꼬박꼬박 예금하고, 덕분에 잘살게 되었다. 그런데 저 아저씨들은 무엇을 했길래 재벌이라고 하며, 거기다가 세습까지 한단 말인가? 은행을 살리는 데 150조가 필요하다니. '억, 억'하던 때가 엊그제인데 이젠 '조, 조'한다. 죽 쒀서 나도 먹었지만…. 그러니 이제부터는 '내 것은 내 것이고, 네 것은 네 것이다'라는 자본주의, 이익 사회대로 하자. 그래 봐야, 한 기업의 몰락 과정에서는 어김없이 아직도 재벌 총수의 사재 출연을 요구하고, 설득력도 있어 보인다. 이건 또 무슨 방식인가? 우리는 하나다, 주인 의식을 갖자…. 국민적인 공감대에서 대기업을 팍팍 밀어 주었는데 이제 와서 주식 회사의 유한 책임을 말하다니, 오리발 같아 보이기도 한다. 또, 주식 회사라 했지만 재벌 총수의 관할 아래 있는 개별 독립 법인이 아니지 않는가?

이런저런 우여곡절을 거치겠지만 자본주의는 자본주의이고 이제부터라도 자본주의의 ABC를 정리해 가는 수밖에 없지 않은가?

> **Q** : 자본주의와 공산주의의 차이가 분배의 방식이라는 점이 우리 기업들의 문제와 무슨 관계가 있습니까?
>
> **A** : 자본주의 내에서 자본가가 이익을 추구하는 것과 같이 집단이 자기 이익을 지키려는 것과 직원들이 월급을 더 가져가려는 것이 당연한 만큼 이것이 사회적 공동선에 위배되지 않도록 조절 장치가 필요하다는 것입니다. 중요한 것은 조절 장치입니다. 기업 경영에 있어서도 개인의 이익과 조직의 이익을 line-up시켜 놓아야 합니다.

2. 아브라함의 기도 : 이윤 동기

기업의 사회적 책임, 그것은 돈 벌고 또 벌고 또 버는 것 아닌가? 영리적 행위에 대한 긍정!

개처럼 벌어서 정승처럼 쓴다기보다, 돈 버는 것이 정승다운 것임을 생명 작용의 일환인 자연 보호쯤으로 인식할 수는 없을까? 이 자본주의를 청교도 정신에서 유래를 찾고 그 타당성을 찾는다면 야훼 앞에 선 아브라함은 또 어떤 기도를 드려야 할 것인가? 대체 신의 소명으로 근검 절약해서 돈 벌고 쓰는 의인이 이 도성 안에 100명은 있을까? 있다 치더라도, 그러면 그 외에 사람들은 소돔과 고모라의 후예들인가? 그러니 아브라함에게 이런 부탁을 하자. 야훼에게 기도할 때, 그래도 이 도성 안에 신의 소명으로 돈 벌고 쓰는 의인이 많이 있을 것이라 하지 말고, 탐욕과 영리에 물든 우리들이 무슨 잘못을 했는지 물어 보라고, 그리고 우리가 공동선에서 이탈하지 않도록 균형 잡힌 자본주의를 어떻게 가꾸어 갈 수 있는지를…. 기업의 사회적 책임, 그건 돈 벌고 또 벌고 또 버는 것 아닌가? 영리적 행위에 대한 긍정!

푸리에(Charles Fourier)[1]라는 사람이 있었다. 사람들은 그를 공상적 사회주의자라고 불렀다. 한편으로는 sexist라고도 했다. 그를 위대한 사상가라고 하기에는 사상 자체가 너무 조잡하다. '팔란스테르(Phalanstere, 1808)'라는 작품은 그저 떠오르는 대로 써 놓은 공상 소설 같다. 그러나 그의 발상이 신선하다. 그는 인간 사회를 지배하는 법칙이 하나 있는데 그것을 정념인력이라고 한다. 서로가 서로에게 끌리는 욕망이다. 그는 이 정념인력이 만개하는 사회를 꿈꾸었다. 요즘 와서야 이성이 욕망 중의 욕망(appetition of appetitions)이라는 화이트헤드(A. N. Whitehead)의 '이성의 기능(The

---

1) Charles Fourier, 「산업적 협동사회적 새세계(형설문화사)」

function of reason)'[2]을 통해 자못 익숙해진 표현이긴 하다. 우리의 본성을 긍정하고 밝은 눈으로 바라보고 있는 점에서 말이다. Fourier는 우리의 욕망을 부정하고 억제하는 것이 아니라 어떻게 하면 이것이 제대로 만개할 수 있는지를 찾는다.

자본주의의 바탕은 욕망의 충족으로 보여진다. 그 목적에는 과소비도 있다. 자본주의의 문화적인 모순 중 하나이기도 하다. 그런데 이것이 어떻단 말인가? 문제는 이런 욕망이 절제되고 올바른 길을 찾아 나서는 것이지, 그 자체의 선악을 말하는 것은 본성에 어긋나고 부자연스러운 것이다. 도덕적인 것이 부자연스러운 것이라면 분명 어딘가 이상하다. 욕망이 지나쳐서 탐욕이 되는 것이지, 욕망 자체가 이상한 것은 아니지 않는가? 자신의 영리 추구가 보편적인 선에 위배되어야 이기심이지, 오히려 보편적인 선과 부합하면 장려되어야 할 것 아닌가? 같은 자본주의라고 해도 정념이 만개하는 사회이기를 바란다.

문제는 자본주의 경제 내에서 벌어지는 초과 이윤이다. 노동을 착취하는 경우이고, 시장에서 독과점으로 폭리를 취하는 경우이다. 그리고 '창조적인 파괴'가 있다.

잉여 가치설을 보면 초과 이익은 노동에서 발생한다. 불변 자본과 가변 자본 중에 불변 자본인 돈은 그대로 가치 창출에 투여된다. 결국 가변 자본인 노동은 상응하는 노동의 대가를 받지 못하고, 그 잉여분이 기업가의 손으로 들어간다는 것이다. 기업 내부, 특히 공급 측면에서 보면 이 설은 상당한 설득력을 갖는다. 언뜻 기업이 자본과 노동을 투여하는 것 같지만, 알고

---

2) Alfred North Whitehead, 「The Function of Reason(김용옥 역안, 통나무, 1998, p.134)」

보면 모든 기업 활동은 노동의 축적 과정이다. 자본재의 생산은 자본재와 노동으로 이루어진다. 이때 자본은 다시 자본재와 노동의 결합으로 이루어진다. 계속되면 결국 남는 것은 노동뿐이다. 자본재란 노동의 축적이기 때문이다.

자본주의 내에서 자본이 노동에 비해 절대적인 우위에 있으면 노동자가 받는 임금은 정상적인 생을 영위하는 수준이다. 그 이하면 재생산이 불가능해진다. 다시 말하자면, 그 다음부터 출근이 어려워진다. 그러니 자본이 생산 활동을 계속하려면 싫든 좋든 노동자들의 생계를 돌보아야 한다. 그러나 그 이상은 아니다. 관리자들에게는 좀더 많이 주는데, 그것은 사회적인 품위를 유지시켜 주기 위해서이다. 일하는 동안 불편 없이 해주고 대외적으로 활동할 때에도 돈을 쓸 만큼 써야 하는데, 퇴근해서 너무 쪼들리면 안 되니까 사회적인 품위를 손상하지 않을 정도만 임금을 지불한다. 생산성과는 관계가 없다. 그러나 현대에 와서는 노동 운동의 덕분인지, 노자의 관계에서 자본이 절대적인 우위에 있지는 않다. 우리 나라는 1987년 노동자의 대 투쟁 이후 노동 분배율이 30%대에서 1990년대 후반 60%에 육박하고 있다. 서유럽 수준에 육박해 있다. 그러니 정규 노동자들에게서 임금을 착취했다고 하면 정신 나간 말이다. 이제는 받을 만큼 받고 있다. 노동력을 착취할 수도 없거니와 그렇다고 해도 초과 이윤은 잘 발생하지 않는다. 잉여 가치설은 부가 가치의 원천이 노동이라는 중요한 사실을 일깨워 주었지만, 이익의 출처가 이것이라는 것은 당대에는 맞았는지 몰라도 요새는 물 건너간 이야기이다.

다음으로는 독과점이다. 완전 경쟁에서는 다수의 공급자와 다수의 수요자가 만나 시장을 형성하고 '보이지 않는 손'에 의해 시장의 균형을 이루고 초과 이익은 발생하기가 어렵다. 그러나 시장이 소수에 의해 지배를 당하면 독과점 업체가 초과 이익을 낼 수도 있다. 자본주의가 커 가면서 경쟁력이 약한 군소 업체들이 시장에서 퇴출되다 보니 공산품의 경우는 대부분 독과점에 의해 지배당하기 시작했다. 미국은 반독점법(Anti-trust act)을 입법하고 독과점을 규제하기 시작하였다. 현재도 빌 게이츠의 마이크로소프트 사가 윈도우(Window)에 인터넷 접속 프로그램을 장착하여 시장을 지배하려는 것을 공정 거래법으로 규제하려 하고 있다. 그런데 문제는 WTO체제 이후 국내 시장들이 외국에 개방되면서 사실상 독과점의 효력이 상실되고 있다는 점이다. 국가 단위의 경제보다는 국제 단위의 경제라고 보아야 하니 한 국가 내에서의 독과점이 크게 문제가 되는 것은 아니다.

균형 상태하에서는 화폐 가치의 보전과 위험에 따른 이익, 즉 정상 이윤이 존재할 뿐이다. 그런데 이렇게 시장이 완벽하게 작용하는 상황에서도 초과 이익은 발생한다. 바로 창조적인 파괴가 일어날 때이다. 새로운 시장, 신제품의 개발 또는 공정의 개선과 같은 일이 일어나면 남들보다 유리한 고지에서 기업을 경영할 수 있게 되고, 이런 때에 초과 이윤이 발생한다. 슘페터(Joseph A. Schumpeter)는 이를 '창조적인 파괴'라고 부른다. 이것은 노동의 착취와 독과점에 기반을 둔 초과 이익과는 달리 공동선에 위배되지 않고 기술의 진보, 시장의 확장, 서비스와 유통의 발전 등으로 진정한 물질적 진보를 촉진하면서 오히려 공동선에 이바지한다.

공장 굴뚝으로 상징되던 자본주의의 모습에서는 대량 생산을 가능하게 하였던 자본의 집적에 가려 이 '기업가 정신(entrepreneurship)'에 의한 창조적 파괴가 잘 보이지 않을 수도 있었다. 그러나 탈(脫)공업 사회에 이르러 기술의 발전과 새로운 생산 방식을 포함한 다양한 형태의 창조적인 노력들을 통해 이윤이 발생된다는 사실이 두드러지게 나타난다. 현대에 와서 벤처 기업이라 불리는 기업들의 특징이기도 하였지만, 사실 이윤을 많이 내는 모든 기업들에게 나타나는 특징들이다. 이러한 점에서 볼 때, 기업가 정신은 자본주의를 이끌고 가는 정신적인 힘이며, 이러한 방향에서 자본주의에 대한 윤리를 처리하는 것이 타당하다고 보여진다.

> **Q** : '창조적 파괴'가 절대적으로 필요한 것입니까?
>
> **A** : 이익의 창출 과정을 강조하려고 한 것입니다. 사회적으로 불로소득을 차단하고 생산적인 활동으로 이익을 창출하면 이익 추구는 사회적 공동선과 일치한다는 의미입니다. 원가 절감과 품질 향상 등 일상적인 경영 활동도 이익 창출에 큰 몫을 합니다. 오히려 더 중요한 과제일 수 있습니다.

3. '쿼바디스' 한국 사회: 합리성의 결여

우리 사회는 근대 정신이 결여되어 있다고 한다. 철학 용어로 근대 정신이라고 하니 퍽이나 고상한 것 같지만, 내용은 되먹지를 않았다는 말이다. 최소한의 합리성, 이것이 근대 정신이 아니고 무엇이겠는가? 조금이라도 생각하는 사람이라면 근대 정신을 기본으로 깐 후에야 그 다음 주제로 넘어간다. 그런데 이 사회를 보면 이건 봉창 두드리는 소리이다. 정치를 보자. 민주주의는 헌법에 쓰여 있었던 이야기이고, 김영삼 정부 이후에야 겨우 민주주의 냄새를 맡고 지냈다. 그런데 영남과 호남 사람들 표 찍을 때 보면 이것이 투표하는 것인지 몰표하는 것인지. 그러니 정치가 어떻게 될까? 경제를 보자. IMF 이전까지 정말 시장 경제가 돌아가고 있었던가? 우리 경제가 자본주의 경제였던가? 돈 버는 사람이 많았다면 자본주의라고 했겠지. 회사에 가 보면, 임원님들 주특기가 무엇이었던가? 지금 우리는 어디에 위치해 있는가? 기본이다. 이것부터 설정해야 그 다음 경영 혁신이다 뭐다 고급 기법들을 구사할 수 있다.

왜 그런가? 거슬러 올라가 동양에서건 서양에서건, 고대이건 중세이건 근대이건 합리적인 사고라면 근대 정신이라고는 할 수 있다. 그러나 역사적으로 보면 이것은 역시 근대의 꽃이라고 할 만하다. 공간적으로는 역시 산업 혁명과 자본주의, 그리고 민주주의가 사회를 이끌 때 한 사회의 지배 정신으로서의 패러다임이라고 해야 하지 않을까?

그런데 어찌 보면 한국 사회는 이제 막 근대 정신이 기지개를 켜려는 시기라고 볼 수 있는 상황이다. 그 근본적인 원인은 산업 혁명과 자본주의의 여파가 사회에 미치는 영향이 21세기에 접어들어서야 본격적으로 한국 사회를 공동 사회의 패러다임에서 이익 사회의 패러다임으로 바꾸어 가고 있기 때문이다.

　무슨 말인지 좀 생소할까? 토플러(Alvin Toffler)[3]는 제2의 물결인 산업 혁명을 통해 생산과 소비가 분리되고, 새로 숨겨진 규범이 창출되었다고 한다. 그 규범은 표준화, 전문화, 동시화, 집중화, 극대화, 중앙 집권화라는 6대 지도 원리를 만들어 냈는데, 그 이유는 생산자와 소비자의 근본적 분열과 시장 기능의 계속적인 확대에 의해 성장했기 때문이라고 한다. Toffler는 이것이 자본주의이건 사회주의이건 상관없이 진행되었다고 한다. 그리고 교환이라는 시장의 기능 역시 자본주의의 산물이 아닌 사회주의에서도 필요한 생산과 소비의 간극을 이어주는 mechanism이라는 것이다. 사회주의나 공산주의의 실패 원인은 시장 기능이 잘 작동하지 않아 발생한 생산성의 저하에 있었던 것이다. 궁극적으로는 사회주의 경제가 파탄에 이르러 체제가 붕괴되거나, 중국과 같이 경제 체제의 변환을 도모하게 되었다.

　초창기의 경제 부흥은 훈련된 국민들이 6대 원리를 잘 지킨 덕분에 이룩할 수 있었다. 일본, 독일, 그리고 군대 생활에서 잘 훈련받은 우리 나라 남자들은 훈련받지 못한 라틴 계열과 열대 지방의 민족들보다 발 빠르게 경제 부흥을 일으켰다. 이후 6대 원리를 잘 시행하던 나라들이라고 해도 시장 기능을 제대로 소화하지 못한 나라들은 경제적 위기에 빠졌다. 사회주의 국가들과 최근의 동남아 국가들이 그렇다. 영국과 중남미의 국가들은 통제 경제 내지는 계획 경제에서 시장 경제로 이행하면서 IMF의 위기를 탈출하였다. 화폐의 흐름을 기본으로 하는 시장 경제는 근본적으로 민주적인 질서와 개인의 자유를 먹고 산다. 이해 관계에 따라 자유롭게 움직일 수 있으려면 정치적으로 선악을 떠나 기능적으로 민주적이어야 한다(플라톤은 철인 정치가

---

3) Alvin Toffler, 「제3의 물결(한국경제신문사)」

가장 이상적인 정치 제도라고 하였지, 그 다음 대안이 민주주의라고는 말하지 않았다). 이 경우 자유는 로맨티시즘이 말하는 그런 자유가 아니라 사실상 이윤 추구라는 속된 의미의 자유이다.

산업화 초기와는 달리 국가 간의 장벽마저 허물어지면서 경제는 무척 복잡해져 갔다. 인위적인 계획과 통제가 오히려 시장 기능을 저해하는 비능률로 변하게 된다. 시장을 내버려두어야 한다. 그러려면 정부는 개인의 자유로운 활동을 보장하고, 시장 경제의 흐름에 맞게 인위적인 개입을 조절하며, 시장 경쟁의 떨거지들(필자를 포함한 부적격자들)을 보호(복지 정책)해야 한다.

그런데 이러한 지도 원리는 산업 현장에는 쉽게 침투할 수 있는 것으로 보이지만, 그 기저를 이루고 있는 정신적인 근간의 변동은 쉽지가 않고 상당한 시일과 진통을 요한다. 한국 사회는 산업 혁명과 자본주의에 익숙해졌지만, 그 근본 정신이 되는 근대성의 확립은 이제부터이고, 경제 주체들에게는 시장 경제를 주축으로 하는 자본주의의 원리들을 소화하여 조직 운영의 기틀로 삼아야 하는 시점이다.

공동 사회가 신분 질서에 따라 나눠 먹는 사회라면, 이익 사회는 벌어먹고 사는 사회, 즉 성과에 따른 보상을 주축으로 나눠 먹기가 이루어지는 사회이다. 그런데 한국의 기업들은 연공서열이라는 신분 질서를 주축으로 조직을 운영해 오고 있지 않았는가? 자본주의 방식이 아니다. 오히려 이 문제에 있어서는 요즈음 중국이 발 빠르게 움직이고 있다. 시장 경제를 주축으로 경제와 경영의 원리에 따라 기업을 경영하지 않고, 정치적인 논리로 문제를 풀어 가면서 외형 늘리기에만 급급해 하지 않았던가? 현재 한국 사회는 전통적인 가치관과 새로운 가치관이 혼재되어 있고 혼미하기까지 하다. 가만히 들여다보면 전통적인 가치관이란 동양적인 가치관이라기보다는 제

1의 물결, 즉 농경 사회에서 주로 통용되었던 가치관인 것이다. Toffler의 문화 변동으로 보면 우리 사회는 제2의 물결로 인한 사회 변동에 해당되는 것이고, 사회학자 퇴니스(Tonnies, F.)⁴⁾의 표현으로는 산업화로 인한 공동 사회(gemeinschaft)에서 이익 사회(gesellshaft)로의 이행인 것이다.

　이것은 동서양의 문제가 아니다. 미국의 남북 전쟁 원인은 바로 여기에 있었다. 남과 북이 전쟁을 치루어야 할 정도로 심각한 상황에 이르렀다. 명분으로는 노예 제도의 폐지에 있었으나, 노예 제도로 상징되는 신분 질서가 문제였다. 남쪽과 북쪽은 사회 생활의 기류가 달랐다. 남쪽은 북쪽 사람들을 두고 양키들이라고 비하하였다. '바람과 함께 사라지다'라는 소설과 영화에서 적나라하게 묘사되고 있다. 여주인공 스칼렛 오하라가 짝사랑하였던 애슐리 윌크스는 전형적인 남부의 신사였다. 천박해 보이는 레트 버틀러는 양키 냄새가 나는 인물로 묘사되고 있다. 스칼렛 오하라가 하는 짓은 남부의 여자가 하는 행동이 아니었다. 결국 우리의 여주인공이 레트 버틀러가 바로 자신의 짝인 것을 깨달으며 끝이 난다. 왜 그랬을까? 같은 미국 사람들인데 남쪽과 북쪽이 이렇게 달라지게 된 원인은? 남쪽은 소와 옥수수, 그리고 목화 밭이다. 반면 북쪽은 오대호 연안의 공업 지대인 것이다. 농경과 산업의 차이이다. 농경 사회는 안정적인 질서가 필요하고 이를 위해 신분 질서가 선명해진다. 연공과 연고로 끼리끼리 오손도손 잘살기를 바란다. 산업화된 사회는 dynamic이 필요하다. 인구의 이동이 빈번하고 경쟁에 노출되어 있다. 신분보다는 능력이 우선하게 된다. 이익 사회의 규범을 필요로 한다. 지금도 동서양을 막론하고 산골이나 시골, 아니면 외딴 섬이나 오지에서는 촌로를 중심으로 공동 사회의 틀 속에서 집단이 살아간다. 같은 미국 내라고 해도 인구 10만이 안 되는 Misoula라는 도시에 가 보면 우리 나

---

4) Tonnies, F., 「On Sociology(Chocago University Press, 1971)」

라 사람들보다도 더 정이 물씬 풍기는 공동 사회의 패턴으로 살아간다. 이웃집 숟가락이 몇 개이며 누가 누구인지 다 안다. 헤어질 때 울면서 언제 또 보느냐고 한다.

시골 쥐와 서울 쥐의 차이이다. 시골 쥐는 좋은 말로 하면 순박하고, 나쁜 말로 하면 촌스럽다. 서울 쥐는 빼질거리고 세련되어 있다. 시골과 서울이라는 infra-structure의 차이에서 발생하는 문화 변동이다.

한국적인 것, 동양적인 것이 점차 퇴색되어 가는 것일까? 서양 문물에 휩쓸려 우리의 identity가 상실되고 있는 것은 아닐까? 세계 경제의 중심부에 자리잡은 미국과 서유럽에 편입되는 주변부 포디즘(Fordism)의 변화인가? 아니면 일시적인 유행일까? 아니다. 이 변화는 유행도 아니고, 종속 경제에 의한 편입도 아니며, 더더욱 우리 것이 퇴색되는 것도 아니다. 이러한 특질들이 한국적인 것도 또 동양적인 것도 아니라는 사실에 주목해야 한다.

자본주의 경제 구조의 기반이 들어서기 이전 사회에서 동서양을 막론하고 지배적으로 나타나고 있었던 인간관계의 기반으로 보인다. 남북 전쟁 이전의 남부 사회와 중세의 유럽 사회에서도(계약 관계이기는 했어도) 존재해 왔다. 좀 거친 표현이기는 하지만, 한 사회가 이익 사회로 이행하게 되면 노동력의 이동이 증가하고 전문성이 강화되는 한편 개인주의가 두드러지게 된다. 그런데 왜 농경 사회의 경제 구조를 기반으로 한 공동 사회의 사회·문화적 가치가 일본에서는 1980년대 후반까지, 그리고 한국에서는 1990년대 초반까지 지속되었는가? 이런 현상을 두고 어떤 학자들은 '문화 지속론'을 주장하기도 한다. 유의할 점은 경제 구조가 변했다고 하여 사회·문화적인 분위기도 바로 뒤따라 달라지는 것은 아니라는 것이다. 때로는 1~2세기가 걸리기도 한다. 최근 한국과 일본의 경우는 약 30~40년의 시차가 필요했던 것으로 보여진다.

애초에 이 문제는 문화 구조라는 상부 구조(super-structure)와 경제 · 기술구조라는 하부 구조(infra-structure)의 관계에 대한 古典的인 논의의 하나이다.[5] 흔히 헤겔(Hegel)의 변증법 논리를 Marx가 뒤집었다고 한다. 다시 말하자면 Hegel은 문명의 상부 구조(정치, 종교, 문화 예술)는 세계이성(世界理性)으로 불리는 정신 세계가 주류를 이루고 있는데, 이 상부 구조가 변증법적으로 작용하여 역사를 움직인다고 하였다. 그에 반하여, Marx는 문명의 하부 구조인 생산 체계가 움직여 역사를 움직인다고 하였다. Marx가 말한 인간의 노동이란 물질뿐만 아니라 지적인 활동을 포함하는 넓은 의미의 활동이지만, 인간과 자연의 교호작용으로서의 경제 활동을 중시한다는 점에서 Hegel의 '문화적 노동(spiritual labour)'과는 차이가 있다.

그러나 이 주제를 지나치게 단순화하여 Hegel과 Marx의 차이점만을 부각시키면 두 사람 모두가 근거하고 있는 변증법의 체계를 간과하게 된다. 변증법이라는 복합적이고 dynamic한 관계 속에서 문화적 노동(spiritual labour)과 경제적 노동(economic labour), 자연과 문명, 그리고 지적 활동과 경제적 활동이 상호작용한다는 점이 중요하다. 사실 이 논의는 생각보다 난해하다. 필자로서 권유하고 싶은 것은 어느 입장이건, 1차적인 자연이건 2, 3차 가공된 자연이건 인간의 순수한 정신적 활동과 연계되어 있다는 사실을 염두에 두라는 것이다. Marx와는 전혀 관계없어 보이는 Toffler도 「제3의 물결」에서 정보 통신 혁명이라는 기술 구조가 권력의 이동과 사람들의 생활 패턴에 막대한 영향을 주고 있음을 서술하고 있다.

---

5) Tom Bottomore, 「Marxism and Sociology: A History of Sociological Analysis(Heinemann, London, 1978)」

분명한 사실은, 자본주의 경제 체제는 반만년 역사에서 천지가 개벽하는 막대한 변화를 가져다 주었고, 우리의 생활과 사회에 영향을 주고 있으며, 그 기본적인 변화는 공동 사회에서 이익 사회로의 이행이었다. 이 변화는 전통적으로 생각하는 동서양의 차별보다는 훨씬 큰 폭으로 영향을 주고 있으며, 거의 전 세계적인(universal) 성격을 띠고 있다. 김정일 아저씨가 상하이의 푸동 지구를 보고 천지가 개벽하였다고 표현하였다. 삶의 양상이 이렇게 변하였는데 우리들의 사회 생활을 영위하는 패턴이 그대로일 수 있을까?

한국적이라고 하면 변하지 않는 것, 또는 변해서는 안 되는 속성으로 이러한 변화에 다분히 저항감을 갖게 된다. 그러나 그것을 공동 사회의 속성이라고 본다면 굳이 붙들고 지켜야 할 가치관으로 받아들일 필요가 없고, 심리적인 저항 없이 능동적으로 변신을 구사할 수 있게 된다. 21세기를 여는 한국 사회의 문화 변동이 농경 사회에서 산업 사회로의 이행 과정에서 발생한 문제였다니 자못 놀라움을 감추기 어렵다. 그렇다. 정보화 사회, 세계화된 21세기 초의 한국 사회의 인간관계 변화를 특징짓는 것이 아이러니컬하게도 공동 사회에서 이익 사회로의 이행에 있었던 것이다.

한국 전통의 계승과 발전이라는 문제는 이 복병을 극복하거나 우회해야할 문제로 보인다. 복고풍의 사회 정서를 복원하는 것이 전통의 계승과 발전은 아닐 것이다. 전통은 흐름에 있지, 과거에 있는 것은 아니다.

어찌 되었건 이제 우리는 근대 정신, 좀더 범위를 좁힌다면 산업 사회의 합리성을 뿌리내리도록 하여야 한다. 기법의 복제만으로 조직 깊숙이 침투시키거나 경영 패턴의 변화를 기대하기는 어렵기 때문이다. 이 책은 합리성의 기본 상식들을 원론에서부터 다루고 있고, 기업 경영과 생활 주변에 드러나는 갖가지 현상들과 결부시켜 그것들이 어떤 의미를 갖고 있는지를 서술해 나갈 것이다. 우리 사회에 기본이 무너져 있다는 말을 많이 한다. 경영자들에게도 마찬가지 문제이다. 다른 경영 혁신의 방법들을 구사하기 이전에 기업 내에서 경영 관리의 기본을 세워야 할 것이다.

Q : K이론 아닙니까?

A : 그렇습니다만, 근대성의 결여와 함께 포괄적으로 서술하였습니다. 기본적인 합리성이 필요한 시점이라는 점을 부각하였습니다.

Q : 서구화 내지는 이익 사회의 논리가 근대 정신이라고는 말할 수 없지 않습니까? 또 과거에는 꼭 근대 정신이 아니라고 하더라도 좋은 사상이 많이 있지 않았습니까? 과거 또는 전통을 부정하는 것은 아닌지요?

A : 짧은 지식으로도 이율곡과 원효, 세종대왕과 광개토대왕…. 존경하는 역사적 인물들입니다. 산업화 이전이든 이후이든 좋은 사상과 생각들이 우리에게 필요하고, 또한 그만큼 있어 오기도 하였습니다. 문제는 이들 사상이 농경 사회를 배경으로 전개되었기 때문에 산업 사회에 알맞도록 재해석되고 보급되어야 한다는 것입니다. 생활인의 입장에서 보면 동·서양의 사상과 종교가 크게 다르다기보다는 잘 믿고 생각하고 실천하면 좋은 점이 많다고 생각됩니다. '우리 것'이라고 말하는 것 자체가 조금 폐쇄적이지 않습니까? 어떤 것이든 오늘의 우리 현실에 잘 적용되고 유용한 것이라면 포용할 수 있지 않습니까?

제2장 도박장 이야기
합리성의 세계와 기업 경영

도박장 이야기:

　도박장에 잘 다니는 사람들은 나름대로의 **feeling**이 있고, 또 나름대로의 철학이 있다. 도박장을 운영하는 사람들도 마찬가지이다. 도박장에 가 보면 '오늘은 끗발이 잘 붙는다'고 한다. 드라마 '모래시계'에서 도박장 쪽이 돈을 많이 잃으니까 여주인이 딜러로 나선다. 실력자가 나선다는 것이다. 과연 그럴까? 속임수를 쓰지 않는 것이라면(속임수를 쓰는 도박장은 곧 망한다. 큰 도박장에서 속임수란 없다) 딜러를 교체한다거나 손님의 기를 제압한다고 해서 도박의 확률이 달라지는 것은 아니다. 필자가 이런 사람들에게 카드의 배열은 난수표와 같아 **random number**의 성격을 띠는 것 뿐이라고 했더니, 그분은 나 보고 종교를 믿느냐고 반문하였다. 그리고는 도박을 얼마나 해보았느냐고 물었다. 이분들은 도박장이 돈을 따는 이유가 도박장은 자본이 크고, 도박을 하러 온 손님은 자본이 적기 때문이라고도 한다. 도박을 하기만 하면 돈을 따 온다는 사람도 있다. 그날의 컨디션에 따라 끗발이 붙는다고도 한다. 종교의 이름으로 '믿느냐'고 하면 '믿습니다'라고 답한다. 무엇을 믿는 것일까? 합리적인 과학성과 배치되는 종교적인 사건을 어떻게 보아야 하는가?

1. 흙으로 사람을 빚었다: 미신과 종교

종교가 과학의 영역을 침범하면 미신이 된다.

경영은 합리적인 것이다. 그러나 우리 주변에는 합리적인 사고를 가로막는 여러 가지 사고 유형이 혼재한다. 그중 큰 것은 종교적이고 예술적인 통찰력과 혼동하기 때문으로 보여진다. 좋은 경영자가 되려면 물론 합리적인 사고만으로는 되지 않는다. Drucker는 경영자가 되기 위한 수업에서 시를 많이 읽으라고 하였다. 이를 통해 정서가 안정되고, 사물과 인간에 대한 sensitivity가 증가하며, 이것이 바로 경영자의 첫번째 자질이라고 했다. 그러니 합리적인 사고만으로는 되는 것이 아니지만, 이 말의 진의는 비합리적인 것과는 크게 다르다.

1+1은 2이다. 그런데 이것을 3이라고 하면 틀린 것이고 비합리적인 것이다. 그러나 '사랑이 눈물의 씨앗'이라고 노래한다고 해서 사랑을 심어 눈물을 열매로 가져와 보라고 하지는 않는다. 후자는 합리의 세계가 아닌 것이다. 정서의 세계이다. 예를 들어, 정신병자는 정신이 말짱하지 않다. 산수를 하라고 하면 잘 못하고, 그것뿐만이 아니다. 정서가 흔들리고 있는 것이다. 헛것을 본다거나 있지도 않은 심한 위협을 느끼거나 과대 망상에 빠진다. 우리의 뇌는 왼쪽에서는 합리적인 생각을 하고, 오른쪽에서는 미적인 상상을 한다고 한다. 이 두 개의 세계가 분리되어 있기는 하나, 오른쪽에 있는 imaginaire의 세계가 기저를 이루고 있다.

몇 년 전 바티칸은 과학적으로 인간이 원숭이로부터 진화했다는 것이 보다 타당하다고 했다. 성경의 이야기를 생각해 보라. 말도 안 되지 않는가? 어떻게 진흙을 빚어서 훅 부니까 아담이 되고, 갈비뼈를 빼어서 또 훅 부니까 이브가 되며, 우리 할아버지와 할머니의 할아버지와 할머니, 그리고 한참 거슬러 올라가면 아담과 이브라는 말인가? 믿습니까? 무엇을 믿으라는 말인가?

그럼 종교는 전부 거짓말이고 억지란 말인가? 아니다. 종교적인 진실을 말하고 있는 것이다. 생물학적으로 인간의 조상이 원숭이란다. 그래서? so what? 원숭이를 보면 절하고 모셔야 한단 말인가? 그저 사는 데 아무런 지장이 없다. 그런데 '개새끼'라고 욕하면 씩씩대며 싸움이 벌어진다. 내 안에 들어 있는 인간성, 아니 犬性이 나의 본질적인 성질이라고, 나는 이 성질을 섬기고 따르는 새끼라는 것이다. 그런데 성경은 우리 인간의 본질이 하느님의 모상이라고 선언한다. 성경을 여는 첫 대목이다. 실존적인 설화이다. 이 의미를 잘 받아들이는 사람에게는 그의 인생 항로가 크게 변하기도 한단다. 개새끼라는 욕 대신 인간에 대한 무한한 축복을 선언하는 것이다. 축복이라…. 그것이 뭐 그리 대단한가? 화초도 안다고 한다. 물만 준다고 잘 크는 것이 아니라, 이뻐해 주고 속삭여 주면 더 잘 자란다고 한다. 식물도 아는데 하물며 인간이야….

종교와 과학은 당초에 배타적이지도 않고 헛갈리지도 않는다. Max Weber[6]의 Bureaucracy 모형은 합리성을 기초로 세워졌고, 그는 기독교가 근대적인 합리성의 모태가 되었다고 말한다. 종교의 이름으로 자행되는 모든 억지는 무언가 이상하지 않은가? random number의 logic을 말하는 나에게 "교수님은 종교를 믿습니까?"…

'paradox의 경영, 하면 된다, 성공을 향한 자기 암시, 밀어붙여, 벌여 놓

---

6) Max Weber, 「프로테스탄트 윤리와 자본주의 정신(1904)」

고 봐, 경영이란 그렇게 따져서 되는 것이 아니라구…. 점쟁이가 그랬는데 올해는 운수 대통이래. 7년이 지나면 뿌리 새로 나듯 하던 일들이 궤도에 오를 겁니다. 주역에 그렇게 쓰여져 있다나.'

이런 말들이 꼭 종교의 이름으로 횡행하는 것은 아닐지라도 종교성, 다시 말하자면 신념 체계를 기반으로 행해지는 것이다. 신념 체계와 합리성을 배타적이고 모순적인 관계로 몰고 가면 큰일난다.

"종교는 존재론의 대상이 아니다." Kant의 명제라고 김용옥 씨가 말했다. 존재하느냐 아니냐는 과학적 사고의 대상이다. 종교 자체를 과학적 사고의 대상으로 다루는 순간부터 미신에 빠져든다. 과학적 사고로 보완하여야 할 대상이다. 미신이란 잘못 믿는 것을 말한다. 종교 자체가 엉터리라는 것이 아니라 종교를 잘 선택하고, 선택한 후에도 이를 잘 믿어야 한다. 미신에 빠져 들면 정상적인 과학적 사고를 할 수가 없게 된다. 경영을 잘 한다는 것은 기본적으로 잘 생각하고 잘 행동하는 것인데, 그 출발부터 어긋나게 되는 것이다.

투자를 하지 말아야 할 시점에 '올해는 운수가 대통한다'는 점쟁이 말만 믿으면 쪽박 차기 일쑤이다. 못 믿을 사람인데도 '관상 좋다'고 사람을 뽑아서 중요한 일을 맡기면 일을 망친다.

종교가 과학의 영역을 침범하면 미신이 된다. 장차 일어날 일을 사물의 근본을 따져 가며 하는 예견, 몇 월 몇 일 무슨 일이 있을 거라는 족집게식의 예언은 과학의 영역을 침범한 미신인 것이다. 종교는 미학의 대상이지 과학의 대상이 아니다. 사랑이 눈물의 씨앗인가? 사랑을 화분에 심어 눈물을 열매로 따는 사람은 없는데, 왜 종교적 진실을 과학의 대상으로 받아들여 수많은 미신이 우리 사회를 횡행하게 하는가?

 : 저자처럼 과학적으로 따져 가며 믿음이 커갈 수 있습니까?

 : 저의 어머님은 믿음이 좋으셨고, 그 영혼은 천국에 계실 것입니다. 그런 점에서 종교
와 과학을 구분 잘하는 저보다는 천국에 더 가까이 계실 겁니다. 어머니는 창조설을
과학적으로 믿고 계셨습니다. 열심히 기도하면 기적처럼 병이 낫는다고도 믿으셨습니
다. 그러나 저는 과학적 사고를 전개하며 살아가야 합니다. 우리들 대부분도 그렇지
않습니까? 소위 대학 교육을 받고서도 저의 어머니처럼 종교와 과학을 혼동한다면 문
제입니다. 사고에 있어서 이율 배반의 함정에 빠지지 않습니까? 어머니는 합리적 계
산과 선택에 있어서는 어떻게 하면 좋을지 물어 보고 따르시는 편이었지요. 또, 시대
적으로도 우리들과는 50년의 차이가 있습니다. 미신은 자신만이 아니라 대부분 상대
방에게도 믿기를 요구합니다. 내면적으로 보면 사실 억지를 통하게 하려는 것입니다.

2. 통계 이야기와 과학성: Art or Science

우연 속에서 추세를 계산하는 것이 경영이다. 요행수는 없다.

단 한 번의 사건으로 일생이 좌우되는 순간 통계의 법칙이 무슨 의미가 있단 말인가? 하늘을 보고 통곡하더라도, 그래도 어쩔 수 없지 않은가? 가장 확률이 높고 좋은 결과를 가져다 줄 가능성에 기대를 걸 수밖에….

경영학에서 통계학을 배운다. 기업을 경영하는 사람들, 특히 마케팅을 담당하는 사람들은 통계의 법칙을 십분 발휘한다. 확률의 분포를 계산하고 이를 경영 관리의 토대로 삼는다. 도박장에서 벌어지는 게임은 확률의 분포일 뿐이다(일부 도박의 경우는 도박하는 사람의 실력에 좌우되기도 한다. 예를 들면, 포커나 블랙잭이 그렇다. 그러나 바카라와 빠찡고, 룰렛은 도박하는 사람의 실력과는 무관하다). 일일이 쳐다보고 있으면 필자도 꼭 무슨 법칙이 작용하는 것 같고, 그날의 운세에 따라 움직이는 것 같기도 하다.

그런데 이 모든 것은 사후적인 설명일 뿐이다. random number의 성격은 무정형이다. 하나하나의 사건들은 그저 '우연'일 뿐이다. 우연을 왜 우연이라고 하냐면 인위적으로 어떻게 할 수 없고 또 어떠한 요인에 의해서도 영향을 받지 않기 때문이다. 우연이라는 것이 모여 경우의 수가 많아지면 '필연'으로 바뀐다. 통계학에서 말하는 대수의 법칙이 작용하고, 주어진 확률 분포에 따라 움직여져 필연의 결과를 가져온다.

예를 들어, 남자 아기와 여자 아기를 수태하는 것은 각각 50%라는 확률 분포를 갖는다. 그래서 지구상 남녀의 혼성 비율은 반반을 유지하도록 되어 있으나, 여자 아기를 낳지 않거나 일찍 죽도록 내버려두어서 남성의 숫자가 많아진 것이다. 그러나 천상천하, 동서고금을 막론하고 남자 아기를 수태하거나 여자 아기를 수태할 방법은 없다. 왜냐하면 우연이기 때문이다. 우연이란 이렇게 무시무시하게 막무가내이다. 백을 써도 안 되고, 수를 써도 안 통한다. 백방이 무효한 것이다. 무슨 약을 먹으면, 음기가 서릴 때에 섹스를 하면···. 다 부질없는 짓이다. 그러나 남자 아기를 줄줄이 낳으면 으스대며 양기가 충만한 것으로 생각한다. 사후적으로 그렇게 생각하게 되는 것일 뿐이다. Monod는 유전자의 결합에 우연이 있을 뿐이라고 연구 발표하여 노벨 물리학상을 수여받았고, 그 후 「우연과 필연」이라는 저서를 남겼다.

경영자의 직관과 경험을 수치로 대체하려고 하지 말라.

철학 사조의 양대 산맥은 Frankfurt 학파와 Vienna 학파이다. 후자에 속하는 Popper[7]는 경험이나 실험적인 데이터에 의하여 반박 가능한 (falsifiability, refutability or testability) 형태의 서술에 과학성의 기준을 두고 있다. Marxism이나 psychoanalysis가 틀렸다는 뜻이 아니다. 설명력이 풍부한 이론들이기는 하나, 한번 그 틀 안에 들어가면 좀처럼 그 오류를 데이터에 의하여 반박할 공간을 찾기 힘들다. 따라서 진정한 과학성에 근거한 이론들이라고는 할 수가 없다는 것이다.

이런 의미로 과학성을 정의하는 것은 여러 가지로 유용하다. 과학은 매우 견고한 틀로 구축되기 때문에 보편성을 띠고 발전적으로 토론할 수 있다. 그러나 그 범주는 매우 제한된다. 세상에는 falsifiability의 범주에 속하지 않는 것이 너무나도 많다. 만유 인력의 법칙을 발견한 뉴턴이 말했듯이, 자신이 아는 것은 모래사장의 모래알과 같은 것이다. 이 우주와 인간의 삶은 너

---

7) Karl Popper, 「Science: Conjectures and Refutation(London, 1904)」

무너무 넓고 크다. 그런데 경영의 세계는 삼라만상을 거의 다 포괄한다. 필요하면 모두 들여다보아야 하고 생각해야 한다. '이것은 물리학의 주제가 아니다'라고 주제를 미리 한정지을 수가 없는 노릇이다.

우리는 과학성을 부인해서도 안 되지만, 경영의 세계에서 과학으로 모든 문제를 풀려고 해서도 안 된다. 또 그럴 수도 없다. 과학성의 범주 밖에도 나름대로의 질서정연함이 있다. 조금 애매하기는 하지만 rationality라는 합리성이 있고, 이를 받치고 있는 자연법의 logos 체계가 있다. 경영의 세계는 언제 어디서든 이 합리성을 기초로 한다. 어찌 보면 산다는 것이 이런 것일 수도 있다. 경영학에서도 Popper의 과학성이 불필요한 것은 아니다. 그리고 「열린 사회와 그 적들」이라는 그의 저서에서 밝힌 역사주의의 위험성도 귀담아 둘 만한 점이다. 이러한 방법으로 지식은 견고하게 축적되어 간다. 그러나 경영의 세계는 워낙에 많은 변수가 작용한다. 삼라만상과 인간 세상에 해당되지 않는 것이 거의 없다. 이를 두고 경영학이 science냐 art냐 하는 논의가 있다. 대부분의 사람들은 art라고 한다. 미국의 유수한 경영 대학원에서도 M. B. A.의 중심을 문제 해결 능력에 두고 있지, 과학적인 진실성에 두지는 않는다. 일례로, Harvard대학에서는 박사 학위를 Ph.D(Doctor of Philosophy)라고 하지 않고 DBA(Doctor of Business Administration)이라고 한다.

필자의 견해 역시 경영학을 art의 영역이라고 본다. 따라서 professionalism이 중심 개념이고 그 기준은 'exhaustivness(철저함, 전부를 다하는)'이어야 한다. 여기에 더하여 Herbert Simon이 말한 bounded rationality이기 때문에 상황에 적합한 정교함이 신속성과 실용성에 결합하여야 한다.

이때 경영학에서는 exhaustiveness라는 개념을 활용한다. 또는 limited

rationality라는 개념을 활용한다. 과학성은 시간을 두고 치밀하게 검증되지만 경영학에서는 그럴 수 없다. 한정적이고 부분적인 주제에 대하여 과학성을 활용할 수 있다면 why not? 그렇다고 엉터리냐 하면, 절대 그렇지 않다. 제한된 시간과 자료를 놓고 exhaustive하게 검토하고 가능한 한 최선의 방법으로 분석하여 가장 좋은 답을 내려야 한다.

이것은 훈련으로 얻어질 수 있다. 선천적인 자질이 필요하지만 그것만으로는 안 된다. 이를 art라고 한다. 예술인가? 그렇다. 최고의 경지는 예술적인 것이다. 'art of loving'이라는 말도 있다. 사랑한다는 것은 예술적 의미보다는 discipline이 필요하다는 의미가 더 크다. 경영은 행위를 전제로 하기에 art인 것이다.

배를 예로 들어 보자. 군함은 바람이 불거나 격랑이 쳐도 프로그램해 놓은 곳으로 일정하게 항진한다. 그런데 요트는 풍향과 파고를 보아 가며 사람의 완력으로 움직여야 한다. 경영의 세계는 요트 같은 것이다. 매일의 transaction은 프로그램해 놓는 것이 좋다. ERP의 운영계 시스템이 이것에 해당된다. 운영계 시스템은 이런 식으로 가능하다.

얼마 전에 나도 우매한 질문을 한 적이 있다. 성과 측정 지표인 Key Performance Indicator가 없느냐고 질문한 것이다. 매킨지(McKinsey)에서 훈련받은 이 사람이 대뜸 또 어느 회사를 말아먹으려고 미리 준비된 KPI를 찾고 있느냐고 야단쳤다. 평가는 계획이고, decision이다. 운영계 시스템이 아닌 의사 결정 시스템에 속한다. extended ERP인 것이다. 물론 의사 결정 지원 시스템을 마련하여 data drilling을 정돈하고 planning에서도 process를 정비하여 놓을 수도 있다. KPI도 쓰임새에 맞게 부문별·개인별로 정비하여 놓는 것은 좋다. 그러나 이를 그대로 대입하여 해석 없이 쓰는 것은 많은 무리가 따른다. 그 다음이 문제이다. 선무당이 사람 잡는다. 그 의미를 이해하지 못하고 쓰는 것은 의사한테 가지 않고 자가 진단으로 병을 치료하려는 것과 같다. 해석이 필요한 것이다. 해석. 여기서부터가 art의 영역이다. 경영 행위는 art인 것이다. 이를 science로 지원해야지, science로 대체하려고 했다가는 형식 논리로 흐르게 된다. 현대적인 extended ERP 시스템의 오용이나 규정만으로 모든 경영 행위를 하려는 것은 중대한 오류를 범할 수 있게 된다. 최종 결론은 사람의 해석에 달려 있다. 주관성이다.

경영 분석을 하는 것도 마찬가지이다. 무슨 비율, 무슨 비율을 계산하여 이것에 가중치를 두고 무슨 공식, 무슨 공식에 대입하여 회사의 재무 상태를 판별하려고 한다. 필자도 회계사이지만 제대로 된 회계사는 이렇게 분석하지 않는다. '읽는다'고 한다. 재무 제표와 기타 자료를 읽는다. 바둑에서도 수 읽기라고 한다. 수를 읽는 것이다. 얽히고설킨 것은 풀어헤쳐 어떻게 생겨먹은 것인지 보거나, 여러 가지 경우의 수를 판독하여 몇 수 앞을 보면서 어떻게 될 것인지 읽어 내는 것이다. 비율을 계산하는 것은 최종적으로 판단하기 위해서이다. 판단 없이 기계적으로 비율을 계산했다가는 엉뚱한 결과를 초래한다.

정부에서는 이렇게 한다. BIS 비율 또는 출자 제한, 20대 그룹 등…. 그러나 이것은 정부에서 규정을 공포할 때의 일이고, 사기업에서 이런 식으로 툭툭 자르는 것은 경영 현상에 대한 지나친 단순화이다.

Q : 통계학이라는 과학적 법칙을 따르라고 하면서 경영을 science가 아닌 art라고 전개하는 것은 상충되지 않습니까?

A : 의술이라고 하지 않습니까? 의료 행위 자체는 art에 더 가깝습니다. 그러나 의학적 지식이 없는 의술은 돌팔이가 됩니다. 경영이라는 행위는 의술이나 과학적 지식보다는 직관과 종합적 판단, 그리고 추진력이 더 필요한 분야이겠지요. 의술은 의과 대학에서 거의 완벽하게 가르쳐 줄 수 있지만, 경영은 그렇지 못합니다. 그렇다고 하여 합리적 사고가 필요하지 않은 것은 아닙니다. 그리고 computerized와 computer aided는 다른 것입니다. 경영은 computer aided될 수 있는 것이라고 생각합니다. 무리하게 자동화시키지 말라는 것입니다. dashboard라는 것이 있습니다. Balanced Score Card를 계기반처럼 구축하여 필요한 각종 경영 지표들을 나타내고 이를 관리하는 것입니다. 필요하고 유용한 것입니다. 그러나 자동차 계기반 같은 것이라고 착각해서는 안 됩니다. 이것만 보고도 속도와 기름 저장 상태, 온도를 감지할 수 있지만, 경영에서는 다릅니다. 경영 지표를 다시 판독해야 합니다. 지표가 건전하다고 경영 상태도 건전한 것으로 속단해서는 안 됩니다. 자동차 계기반에 비해 훨씬 불완전한 것입니다. 완성도를 자동차 계기반처럼 높일 수도 없습니다. 워낙에 너무나 많은 변수들이 관련되어 있기 때문입니다. 합리적이라는 점에서는 같지만 공학적인 사고와는 매우 다릅니다.

3. 당나귀 업고 갈까?: Herbert Simon의 Constructive Critics

대안 없는 불만은 나와 조직에 모두 무익한 것이다.

당나귀 이야기:

시골 어느 마을, 아버지와 어린 아들이 당나귀를 타고 가고 있었다. 아버지는 나이 어린 아들이 힘들 것 같아 당나귀를 타라고 하고 자신은 고삐를 잡고 갔다. 지나가던 동네 어른들이 혀를 차며 "원 참, 세상이 이래서야. 버릇없이 어른도 몰라보는군. 아이를 저렇게 키워 어디에 쓰려고 그래." 했다. 이번에는 아버지가 나귀를 타고 아이가 고삐를 잡았다. 아낙네들이 지나가다 손가락질을 한다. "어린 것이 불쌍하기도 하지." 둘이 타고 갔다. 동물을 학대한다고 한다. 둘 다 당나귀에서 내려 걸어갔다. "바보들, 나귀를 모셔가나?" 마지막 남은 방법은? 당나귀를 업고 갔다고 한다.

"교수님, 이 학교의 교수가 된 것에 자부심을 느끼십니까?" 학생들의 느닷없는 질문에 잠시 호흡을 가다듬고 반격을 했다. 편입 시험 안 보느냐고. "실력이 안 되어서요." "자네한테는 우리 학교가 제일 좋은 대학이네."라고 말해 주었다.

이제 Herbert Simon[8]의 이야기를 좀더 심화하여 보자. 물론 Simon과 그 후예들(Cyert, March)의 이야기 중에서 발췌하여 필자가 각색한 것이다.

Simon은 limited rationality라는 개념으로 노벨 경제학상을 받은 분이다. 가만히 보면 대가들은 하나마나한 말들을 한다. 경영의 세계라는 것이 원래

---

8) H. A. Simon, 「Administrative Behavior(Macmillan, NY, 1957)」

그런가 보다. 하나마나한 상식들인 것이다. 경영의 세계에서는 rationality(합리성)을 추구하지만 그 합리성은 제한적이라는 말이다. 정보가 부족하고 시간이 부족하다. 그럼에도 그 가운데에서도 합리적으로 선택해야 하는 것이다.

limited rationality는 경영의 세계에서 여러 가지 중요한 의미를 시사한다.

1) 합리성

이것은 엄연하게도 합리적이다. 사람들은 가끔 자연 과학에서 보여지는 확연한 것이 아니면 비합리적인 사고를 하기도 한다. 어차피 모르는 것이니까. 그러나 고스톱을 쳐 본 사람은 안다. 뒷장에 무엇이 나올지는 몰라도 '제한된 합리성'을 발휘한다. "그거 내면 싼다니까!" "아니잖아! 니가 뭘 알아?" 희한하게도 밤새 고스톱을 치면 따는 놈이 항상 딴다. 실력 차가 분명한 것이다.

경영의 첫 단추는 이 합리성 추구에 있다. 비록 상황이 불분명하더라도 그 가운데에서 가장 합리적인 선택을 하여야 하는 것이다.

2) Constructive Critics

사람들이 모이면 자신이 처해 있는 조직에 대하여 이런저런 말을 많이 한다. 그리고 경영자들은 이런 수군거림에 대하여 신경을 쓴다. 그러나 대책이 없는 말이 많다. 이것도 문제이고 저것도 문제이다. 경영학에서 이런 것은 애당초 문제가 아니다. 왜냐하면 대안이 없기 때문이다. 물론 대안이 없더라도 말을 하다 보면 새로운 발상을 하게 되어 문제를 풀 수도 있다. 이런 경우도 대안을 전제로 하거나 대안의 가능성을 보며 말하는 것이다.

"내가 여자로 태어났으면…." 그것이 문제란다. 그러나 이것은 문제가 아니다. 선택할 수 있는 것이 아니기 때문에 문젯거리로 삼을 필요조차 없는 것이다. 태국에 가서 성 전환 수술을 할 것이 아니라면….

어떤 사람은 내가 다니는 직장에 대하여 만족하느냐고 질문한다. '직장 만족도'라는 조사도 한다. 불필요한 일은 아닐 것이다. 그런데 나 같은 사람에게는 이런 질문이 우스꽝스럽다. 나는 이렇게 반문한다. "어디 더 좋은 데 없습니까?" "없는데요." "그러면 지금 다니는 곳이 나에게 가장 좋은 직장입니다."

이곳보다 더 좋은 직장이 있고 갈 수만 있다면 why not? 연애하고 사랑하고 결혼하는 문제는 싫으면 말 수도 있지만, 직장이라는 것은 좋다고 다니고 싫다고 안 다니는 곳이 아니다. 목구멍이 포도청인 것이다. 물론 안 다니고도 살아갈 재주가 있으면 그건 또 다른 문제이다. 생명은 명령인 것이다. 살신성인하는 것이 아니라면 그저 사는 것이다. 직장에 다니며 벌어먹고 살아야 하는 것이다. 직장은 만족하느냐 아니냐의 대상이 아니다. '내가 선택할 수 있는 최상의 직장은 어디에?'라는 질문이 있을 뿐이다. 그리고 어찌되었건 그 직장에 다니는 한 삶을 꽃피워야 하는 명령일 뿐이다. 직장에 다니면서 이러쿵저러쿵 수군대는 것은 경영학적인 사고로 볼 때 백해무익한 것이다. 직장의 분위기뿐만 아니라 개개인의 삶에도 중대한 문제인 것이다. 그렇다고 비판적인 것이 잘못이라는 얘기는 더더욱 아니다. 건설적인 비판이어야 하는 것이다. 건설적이라는 것은 대안을 갖고 있는 것을 의미한다.

3) Functionality(기능적 사고)

경영학 서적을 처음 보는 사람들은 진지하면 진지할수록 엉성한 부분이 너무 많다. 기업 문화라고 하니까, 문화란 무엇인가? 그래서 기업의 문화란 무엇이다라는 연역적이고도 논리적인 탐구를 하려고 한다. 그러다 보면 경영학자들과 실무자들이 하는 말들은 도무지 앞뒤가 맞지를 않는다. 그런데 경영의 세계에 살고 있는 당사자들은 이런 문제를 심각하게 생각하지도 않는다. 왜 그런가? 그냥 말이 통하면 되는 것이다. 이것저것 따질 것 없고, 바빠서 그러고 싶지도 않고, 그럴 필요도 없다. 기업 문화란 재무적인 수치와 직접적인 연관이 없으면서도 기업 경영에 영향을 주는 그저 그런 모든 것들을 말하거나, 그중의 일부를 골라서 말하는 것뿐이다. 굳이 이를 학술적으로 표현하자면 functional definition인 것이다. 기능과 필요에 따라 그 정의를 내리면 되는 것이다.

손익분기점을 보면 경제학자들은 기겁을 할 것이다. 어떻게 비용 곡선이 단 한 줄 직선으로 표시되어 있는가? 이런 경제학자들에게 우리는 이렇게 묻는다. "그렇다면 정확한 손익분기점이 어디인지 당신이 한번 계산해 보십시오!" 그러면 자료를 달라, 컴퓨터를 달라, 시간을 달라고 한다. "여보세요. 내일 모레까지 손익분기점이 대강 어디인지 알아야 하고, 자료라고 해 보아야 여기 비슷한 회계 자료가 있으니 가서 연구해 보십시오." "이런 엉터리 자료를 갖고 어떻게 손익분기점을 계산합니까?" "그것 보십시오. 우리는 지금 당장 손익분기점을 대강이라도 알아야 합니다. 그래서 엉성해 보이기는 하지만 이런 방식으로 계산해 보는 것입니다. 정확하게 계산했다고 돈이 더 잘 벌리는 것도 아니고, 누가 상을 주는 것도 아닙니다. 대강 필요한 정도의 정확성이면 되는 것입니다. 그리고 사실 계산해 보면 고정비와 변동비가 그리 쉽게 구분되는 것도 아닙니다. 사무실 임대료를 고정비로 알고 있지만 영업 규모가 커지면 그만큼 사무실이 더 커지니 그때는 변동비가 아닙니까? 보십시오. 우리는 limited rationality 속에서 사는 것입니다."

4) 대안의 선택

필자가 연봉제에 대한 consulting을 할 때면 직원들에게 나누어 줄 설문지 앞장에 앞서 나온 당나귀 이야기를 싣는다. 새로운 임금 체계나 인사 관리의 문제들을 개선하면 사방에서 이런저런 말이 많아지고 자칫 배가 산으로 간다. 이때 당나귀 이야기를 들려주며 이보다 더 좋은 대안이 있는지 말해 보라고 한다. 물론 귀기울여 들어야 한다. 대안을 비교하는 것이 문제일 뿐이다. 결점이 없는 인사 제도를 찾는 것이 아니라 어느 것이 더 좋은 대안이냐는 것이다. 경영학적인 사고는 대안의 선택이라는 것으로 문제의 범위를 축소한다. 어떤 선택을 하든 장·단점이 있다. 그렇다고 정답이 없는 것은 아니다. 분명한 답이 있다. 가장 나은 선택인 것이다.

한 고을의 원님이 공자를 찾아가 "우리 마을 사람들 중에는 나의 처사를 못마땅하게 여기는 사람이 꼭 있습니다."라고 하면서 고민을 털어놓았다. 공자는 몇 명이나 되느냐고 물었다. 원님 왈, "몇 명이 아니라 30%는 족히 됩니다."라고 했다. 공자는 "그대는 무엇을 바라는가? 왜 당신을 따르는 70%의 사람에 만족하지 못하느냐?"고 하였다. 이것도 욕심이다. 모든 사람이 찬성하는 제도를 찾는 것부터가, 또는 완벽한 제도를 찾는 것 자체가 욕심이다. 경영의 세계에서는 보다 나은 선택이 무엇이냐는 질문이 있을 뿐이다.

보다 나은 대안을 찾는다는 것과 얼렁뚱땅과는 근본적으로 성격이 다르다. 대안의 선택은 치밀한 계산에서 나온다. 치밀하다는 의미와 완벽주의는 다른 것이다. 기업 문화에서 완벽주의는 일종의 **defensive mechanism**이다. 방어적이라는 뜻이다. 왜 방어적이냐 하면 자신은 완벽하다고 완벽 자체를 강조하기 때문이다. 무엇 때문에 완벽해야 하는지 그 의미는 상실한 채 말이다. 바둑으로 말하면, 중반전이 치열해지면서 대마의 사활이 걸렸거나, 대세 점을 방기한 채 끝내기 몇 집에 몰두하는 형국이다. 실제 상황에서 수도 없이 경험하는 일들이다. 특히나 규정 때문에 별 의미도 없는 서류 정비에 완벽을 기해야 한다. 계획의 단계에서도 의미 없는 수치를 나열한다. 분석의 수위를 먼저 생각하여야 한다. 적절한 분석의 수위가 치밀한 것이다. 지나치게 상세한 수치에 빠져 드는 것은 치밀하지 못하다.

주위를 둘러보면 의외로 이런 경우가 많은 것을 보고 놀란다. 기본이 제대로 안 되어 있는 한국 경영의 현주소를 발견한다.

Q : H. Simon이 말한 것입니까?

A : 아닙니다. Simon은 limited rationality만을 말했고, 경영과 우리 생활에 대한 의미는 저자의 해석입니다.

Q : 실용적 사고를 말하는 것이지만 인간의 이성은 이보다 범위가 더 넓지 않습니까?

A : 저자는 '비실용성의 실용성'이라는 글을 동덕여대 '산업연구(2001)'에 발표했습니다. 기초 과학 내지는 철학적 사유가 경영학 교육에 필요하다는 의미에서 실용적이라는 내용입니다. 그러나 여기서 말하는 의미는 practical한 것이건 speculative한 것이건 적절한 사고의 유형과 부적절한 사고의 유형을 설명한 것입니다. 물론 실용적 사고에 더 잘 적용됩니다.
엉뚱한 창조적 사고에 있어서도 무엇인가 유용한 것을 찾아내려는 것, 호기심만으로도 연구하고 조사하는 것, 사물에 대한 궁극적인 설명…. 이런 것들의 유용성과 필요성을 제한하려는 것은 아닙니다. 물에 빠졌다…. 이런 순간의 적절한 사고는 빨리 헤어 나올 방법을 강구하는 것입니다. 그러나 호기심에 대해서는 좀 다른 각도에서 적절한 사고 방식이 설명되어야 할 것입니다. 그 부분은 잘 모르겠습니다.

제3장 Business의 기본 체계

1. 축구 경기: 교환의 세계

축구 경기:

한 · 일전이 신나게 벌어지고 있다. TV를 보던 아주머니가 "쟤, 빼!" 그런다. 풀백이 공격은 잘 막아 내어 공을 빼앗고는 자꾸만 아군도 없는 미드필드로 냅다 걷어찬다. 감독이 선수를 교체했더니 풀백이 하는 말이, 내가 무엇을 잘못했느냐는 것이다. 왜 미드필드로 냅다 걷어차기만 하냐니까 멍청한 놈들이, 그거야 미드필드 잘못이 아니냐고 한다. 자기는 공을 잡은 뒤 신호를 보냈고 미드필드로 공을 찼으니 미드필드에 있는 우리 선수들이 알아서 해야 한다는 것이다. 감독은 기가 막혀 혀를 내두른다. 아주머니도 알고 있는 것을 대표 선수가 모르다니….

설렁탕집 아주머니:

점심 시간이 되어 맛있는 설렁탕집을 찾았다. 사람들이 가득 차 앉을 곳이 없길래 돌아 나오는데 아주머니가 "아이 참, 저기 다 먹었잖아. 이리 오시라요." 10분이 지나서야 자리가 났고, 기어이 아주머니는 몇 그릇을 팔고야 만다. 이를 쑤시고 나오면서 아주머니를 위로한다.

"참 힘드시겠어요."

"뭐가요?"

"손님이 이리 많아 눈코 뜰 새가 없으니까요. 우리 회사에서는 밤 늦게까지 일하는 사람들을 보면 이렇게 위로한답니다."

"어느 회사입니까? 어째 대학 나와 좋은 회사 다닌다는 사람들이 일거리가 많다고 위로를 받습니까?"

이상의 두 이야기는 자본주의의 기본 상식이 무너져 있는 우리 조직 내의 현실을 꼬집은 것이다. 자본주의는 교환의 경제이다. 많이 만들어도 그것을 팔아야 부가 가치가 생긴다. 판다는 것은 교환해야 하는 것, 즉 유효하게 건네야 하는 것이고, 이것을 많이 건네준 사람이 부가 가치, 즉 성과를 많이 내는 것이다. 성과를 많이 내면 그만큼 보상이 커져야 하는데 그렇지 못한 것이 우리 조직의 현실이다.

공문을 보냈다고 한다. 그 날짜가 찍힌 팩스를 내밀며 "이래도 오리발이냐? 책임은 너희 부서에 있다."는 것이다. 모두들 자리를 비워서 공문을 받지 못했다고 했다. 왜 팩스를 보낸 사람은 전화를 해보지 않았을까? 전달이 잘 되었는지 말이다. 보내는 행위, 그것만이 자신의 책임이란다. 풀백 선수와 다를 것이 없지 않은가?

부가 가치는 내가 무엇을 했다는 '생산' 개념에서 발생하지 않는다. 내가 무엇을 해서 고객에게 유효하게 전달되어졌을 때 발생한다. 외부 고객이 누구인지는 모두가 안다. 고객 만족, 고객을 위한 가치 창조라는 말은 수도 없이 들어 봐서 외부의 고객이 누구이고 얼마나 중요하다는 것도 다 안다. 그런데 내부 고객이 누구인지를 잘 모른다. 모든 부가 가치는 발생되는 경로, 즉 유통 경로가 있다. '나'라는 사람이 이 조직에서 일하여 부가 가치를 생성시키려면 '누군가'에게 유용한 것을 잘 전달해야 하는데, 이 누군가가 나의 업무상 내부 고객인 것이다. 만일 이 내부 고객이 없다면 나는 파리 날리고 있는 셈이다.

그렇다면 가장 중요한 내 업무상의 고객은 누구일까? 가슴에 손을 얹고 생각해 보라. '그 새끼'다. 매일 와서 나한테 지랄하는 놈이다. 빨리 해달라, 이게 뭐냐, 좀 제대로 해달라며 닥달하고 가는 녀석이다. 이 사람이 바로 나의 업무상 고객인 것이다. 설렁탕집 아주머니가 그리도 반기는 손님이다. 그런데 왜 우리는 이 업무상의 고객이 '그 새끼'로 보이는가? 이유는 간단하다. 우리의 평가 시스템이 내가 일을 잘하고 있는지를 생산의 관점에서 보고 있기 때문이다. 그리고 아무리 열심히 일을 해도 적절한 보상이 뒤따르지 않고 희생만을 강요하기 때문에 울상이 된 것이다. 왜 설렁탕집 아주머니는 손님이 줄지어 서 있으면 울상은커녕 신이 나서 흥얼거리는 것일까? 한 그릇 팔 때마다 돈이 들어오기 때문이다. 그러나 우리들의 조직은 일을 많이 하나 적게 하나 월급이 같으니 한 그릇 더 팔아 봐야 같은 것을, 왜 고생하고 싶겠는가?

웬만한 기업에서는 '벽 없는 조직'이라는 표어를 여러 곳에 붙여 놓았다. 부문 간에 협조하라고 한다. 벽을 허물기 위해서 단합 대회를 하고 꼭 같이 술을 퍼마셔야 하는가? 그것도 필요할 것이다. 그러나 이런 식의 캠페인이 무성하더라도 정작 필요한 조처는 빠져 있다. 평가란 무엇을 했느냐는 생산의 관점이 아닌 교환의 관점에서 이루어져야 하고, 이 평가에 맞는 적절한 보상이 차등적으로 따라야 한다. 그래야 내 업무상의 고객이 '고객'으로 보인다. 그 친구에게 무언가 유용한 것을 적절하게 건네주었을 때 점수를 따고 평가로 이어지는 process가 깨져 있기 때문이다. 요즈음 '360도 평가'가 유행이다. 그런데 평가란 원래 항상 360도 평가이다. 누구나 좌우 상하

360도로 관련 있는 사람들이 있게 마련이고, 각각 당사자의 입장에서 이 사람을 평가해 보아야 교환의 관점에서 평가할 수 있기 때문이다. 다만 평가자 중 한 사람이 직속 상사면 된다. 이 직속 상사가 360도 각도에서 바라보면서 360도로 관련되어 있는 사람들의 평가를 종합하면 된다.

자본주의는 영리를 합법화하고, 이윤 동기가 자본주의를 이끌어 간다. 그런데 왜 회사는 개인의 희생을 요구하며 이기적인 행동들을 나무라는가? 이기적인 행동 자체가 문제가 아니라 개인의 이기적 이윤 동기를 조직 목적에 align시켜 놓아야 한다. 흔히 조직론에서 경영자는 조직 구성원 개인의 목적과 조직의 목적을 일치시켜야 한다고 말하는데, 바로 이 문제이다. 조직에 공헌을 많이 해서 자신의 영리를 달성할 수 있도록 해야 한다. 간단한 이야기이다. 일 잘하는 사람을 승진시키고 돈을 더 주면 된다. 시스템은 그렇지 못하면서 조직을 위한 희생만 요구하니 필자라도 어리둥절해 하는 것이다. 할 수 없다. 그런 척하고 속으로는 내 것을 챙기게 된다.

Q : 360도 평가에 대하여 비판적입니까?

A : 아닙니다. 원래의 평가가 360도 평가인데 새삼스럽게 360도 평가를 말해야 하는 현실이 안타깝습니다. 다만 360도 평가에서는 평가자가 control이 되지 않는다는 점을 유념해야 합니다. 교수들의 강의 평가에서도 특정 학부 학생들은 처음부터 비판적입니다. 평균 점수가 낮을 수밖에 없지요. 영업부 직원들이 좀 깐죽대지 않습니까?

Q : 내부 고객으로 처리하는 기업들이 있습니까?

A : Kimberely Clark 사의 목표 관리 양식에는 아예 내부 고객을 명시하도록 되어 있습니다. 국내 기업들도 시행하는 곳이 많습니다. 제 팀이 대우전자를 컨설팅했을 때, 사장님과 중역분들이 이 부분이 가장 유용하다고 칭찬하기도 하였습니다. 좋은 것입니다.

2. 포장마차 아주머니: Profit과 Business 계산의 흐름

"아주머니, 아주머니는 예산도 많이 쓰시고 사람도 많이 쓰세요!"

"예산이 뭔가?"

"돈 쓰는 것 말이에요."

"그럼 자네가 돈 대신 내주겠다는 건가?"

"아뇨. 아주머니 장사니까 아주머니 예산을 쓰셔야지요. 그리구 좋은 사람 있는데, 사람도 많이 쓰세요."

"이 친구, 누구 망하는 꼴 보고 싶은가?"

"그럴 리야 있겠습니까? 오늘도 회사에서 하도 예산과 인원 충원으로 실랑이를 하다 지쳐서 여기 포장마차에 와서 한잔하고 보니 아주머니라도 예산과 인원을 풍족하게 쓰시라고 한 겁니다."

"말이야 고맙네만, 하여간 어째 그 똑똑한 사람들이 회사에 들어가기만 하면 그리 멍청해지는지 모르겠네."

1) Profit=Revenue-Cost

기업의 사회적인 책임은 무엇일까? 물론 공정 거래법과 같은 법규도 준수해야 하지만, 근본적으로는 첫째도 이익이고 둘째도 이익이다. 이익이 나지 않으면 문을 닫아야 한다. 그러면 실업자가 발생하고, IMF에서 뼈저리게 경험한 사회적 혼란이 뒤따른다. 이익을 내면 주가가 오르고, 외국 자본이 유입되면서 경제의 규모도 자연스레 확장된다. 제발 돈 좀 벌라고 온 국민이 손이야 발이야 빌고 있으니 기업에 계신 분들께 부탁드리고 싶다.

그런데 이익은 'revenue-cost'이다. 이 간단하고 평범한 상식이 우리 기업 경영에서는 어떻게 되어 가는지 실상을 보도록 하자. 부문마다 예산과 사람을 더 달라고 아우성이다. 어떤 부문장은 연말 회의가 끝난 후 풀이 죽어 돌아온다. 예산이 삭감되고 인력 지원이 안 되는 것이다. 반면 어떤 부문장은 의기양양해서 돌아온다. 사장이 필요한 예산과 인력 지원을 약속한 것이다.

그런데 이 이야기를 중소 기업 사장이나 포장마차 아주머니에게 해보라. 미친 놈이라 욕할 것이다. 주인은 예산과 인력의 낭비를 막으려고 안간힘을 쓰는데, 관리자들은 왜 예산과 인력을 더 많이 쓰려고 하는가? 평가에서 cost 개념이 제대로 반영되지 않기 때문이다.

고도 성장기의 경영 관행이 가져다 준 병폐이다. 매출액을 늘리면 장사가 잘되어 결국 이것저것으로 돈을 벌게 되어 있었다. 그러니 어서 어서 revenue를 늘리라는 것이다. 그런데 IMF 이후 상황은 급변했다. 주변에서 대마불사라던 재벌 그룹들이 세계무역센터처럼 휘청거리는 것을 목격했다. '억, 억' 하더니 이제는 몇 십조 원이 분식되었다는 것이다. 기가 막혀….

구조 조정이라는 화두가 풍미한다. 매출액 대신 당기 순이익을 늘리라는 것이다. 여기서 기업의 상층부에는 cost 개념이 즉각적으로 다가오지만 기업의 하부 조직에서는 아직 그 개념이 정확하게 전달되지 않고 있다. 비용이라고 하니까 으레 전력 요금, 소모품, 접대비 줄이기에 신경 쓴다.

근본적으로는 비용 자체가 문제가 아니라 cost/benefit 분석에 의한 효율성이 문제이다. 이 효율성을 어떻게 높여 나가고, 이를 평가와 어떻게 연계하여 하부 조직에 침투시킬 것인가가 문제되는 것이다. 그리고 비용 구조에 있어서 중요한 것은 인력 규모에 있다고도 보여진다. 회사 전체의 인당 생산성이 결국 부문별 팀별 인당 생산성으로 환원되어져야 순리적으로 하부 조직에 효율성 원리가 정착될 수 있는 것이다.

2) 손익분기점

손익분기점이란 '손익이 분기하는 매출이 얼마인가' 이다. '설렁탕집에서 몇 그릇을 팔아야 본전인가?' 이다. 한 그릇 못 팔아도 처들인 돈이 있으니 못 팔면 밑진다. 이를 고정비라고 한다. 대신 한 그릇 팔 때마다 남기는 것이 있는데, 한 그릇 값에서 재료비 등이 들어간다. 이 비용을 변동비라고 한다. 그러니까 '매출액=총비용=고정비+변동비' 가 되는 시점이다. 변동비는 매출액에 비례하니까 산식을 다시 쓰면 '매출액=고정비+매출액×변동 비율' 이 된다. 이 산식에 고정비 액수와 변동 비율을 집어넣으면 손익분기점이 되는 매출액을 계산할 수 있다.

이렇게 엉성한 산식으로 경영을 한다? 그렇게 말하는 사람들에게 그러면 당신이 한번 정확하게 계산해 보라고 한다. 사실 이 산식에서조차도 고정비와 변동비는 잘 구분되지 않는다. 임대료는 고정비인가? 아니다. 매출 규모가 커지면 늘어나는 변동적인 성격이 있다. 실제로 손익분기점을 계산할 때 $y=ax+b$라는 산식에 두 지점의 y와 x값을 넣고 연립 방적식을 풀어서 계산하는 것이 더 편리하다. 고정비와 변동비가 잘 구분되지 않기 때문이다.

3) EVA(Economic Value Added)

회계는 경리부 직원이나 회계사, 세무사가 아니더라도, 차변, 대변과 같은 회계 원리를 잘 모르더라도 충분히 회계 자료를 읽고 활용할 수가 있다. 사실 재무 제표를 읽는 데는 그다지 어려운 지식이 필요하지 않다. 자산은 회사가 보유하고 있는 재산이라고 생각하면 된다. 부채는 꾼 돈, 자본금은 내 돈, 잉여금은 남긴 돈이다. 매출은 판 돈, 매출 원가는 팔아먹은 상품의 원가이다. 일반 관리비와 판매비는 원가 이외에 물건을 팔고 사무실을 운영하는 데 들어간 돈이다. 영업 외 비용과 수익은 늘 일어나는 영업 활동을 제외하고 따로 발생한 비용 또는 수입이다. 이것들을 빼고 더하면 당기 순이익이 계산되고, 벌었으면 세금을 낸다. 그리고 당기의 정상적인 활동과 관계없이 발생한 특별 손실과 이익이 있다. 이 돈으로 배당금을 주고 나면 남는 돈이 있는데, 이를 잉여금에 집어넣는다. 그런데 이보다 더 중요한 사실을 반드시 알아야 한다.

손익 계산서를 보면 당기 순이익이라고 표시되어 있다. 당기, 즉 올해의 장사를 결산한 결과 발생한 이익이라는 것이다. 이 이익은 무엇을 의미하는가? 이것은 단지 회계의 원칙에 따라 계산된 이익일 뿐이다. 진짜 이익은 아닌 것이다. 왜 진짜 이익이 아닐까? 또 웃기는 일이 있다. 왜 하필 차변과 대변으로 표시하여 복잡하게 장부를 기록하는지 알 수가 없다. 차변과 대변 말고 여러 가지 방법, 예를 들어 3차원, 4차원으로 거래를 분개하면 더 편리할텐데…. 여기에는 숨은 이야기가 있다.

증권 거래소에서 싸움이 벌어졌다. 회사가 내놓은 장부를 보고 투자했는데 알고 보니 그 회사가 보유하고 있는 땅과 건물, 그리고 기계 장치들을 표기해 놓은 시가보다 훨씬 싼 가격으로밖에 팔 수가 없어 투자자들의 손실이 매우 커졌다. 졸지에 주가는 떨어지고, 투자자들은 경영자에게 항의했다. 경영자는 오리발을 내밀며 당시의 땅값이 그만하였고 감정사들도 그렇다고 하였단다. 내막은 영업에서 손실을 많이 낸 경영자가 쫓겨날까 봐 부동산의 감정 가격을 뻥튀기한 것이다. 그 후 투자자들은 다시는 그런 짓을 못하도록 자산 재평가 전에는 구입했을 당시의 가격을 장부에 적어 놓으라고 하였다. 그리고 장부에도 차변과 대변으로 기록하여 자기 검정 기능을 강화하도록 하였다. 이렇게 하여 비록 경제적인 상식과는 거리가 조금 먼 방식이지만 회계는 데이터와 거래 기록을 확실하게 정리하도록 하였다.

우선 이익이란 무엇인가부터 살펴보자. 이익은 화폐 가치의 하락분보다 커진 것을 의미한다. 연초에 1,000만 원을 갖고 있었는데 연말에 1,030만 원이 되었다. 회계학으로 보면 30만 원의 이익이 발생한 것이지만 우리는 이것을 보고 이득이라고는 하지 않는다. 화폐 가치, 즉 물가가 이것보다 올라서 1,000만 원의 구매력은 오히려 감소한 것이다. 그런데 사업을 하여 물가 상승분보다 더 많은 이익을 내더라도 장사하는 사람의 입장에서 보면 장사에 따른 위험 부담을 감안하여야만 한다. 그러니까 위험 부담에 상응하는 이익과 물가 상승률을 제한 부분이 이익이 되는 셈이다. 그러니 정상 이윤을 이익이라고 보기는 어렵다. 그저 노동의 대가와 위험 부담에 대한 대가를 챙겨 가는 것뿐이다. 이 정도로 기업의 모험심을 자극하기에는 충분하지 않다. 이것보다 큰 초과 이윤이 발생해야 하는 것이다.

그러니 이런 재무 제표를 읽는 사람들은 알아서 판독하여야 한다. 정말 고정 자산의 가치가 얼마나 되는지 알아봐야 하는 것이다. 현재의 시가도 알아보아야 하겠지만, 기계 장치 같은 것은 부도가 난 뒤 경매에 부치면 그야말로 헐값이다. 그런가 하면 감가 상각비라고 하여 고정 자산의 내구 연수에 따라 해마다 비용으로 떨어 버려 일정 시점이 지나면 장부 가격이 0으로 되도록 하였다. 그런데 자산의 내구 연수는 자기 맘이다. 어떤 자산은 감가 상각이 다 끝났어도 멀쩡한 것이 있는가 하면, 어떤 것은 몇 년 지나지 않았는데도 이미 자산 가치를 상실한 것도 많다. 그리고 감가 상각비를 적립하여 놓은 감가 상각 충당금이라는 돈은, 이 돈을 가지고 새로 물건을 구입하는 것도 아니고 이 돈이 어딘가 따로 적립되어 있는 것도 아니다. 그저 사 놓은 자산을 비용 처리하기 위하여 설정된 계정으로, 회계상의 약속일 뿐이다. 실제의 감각 상각비는 얼마인가? 아무도 정확히는 모른다. 한국전력은 이익이 많이 나는 기업으로 소문나 있다. 그러나 실상은 그렇지 않다. 회계상 이익을 많이 표기할 뿐 실제 이익은 잘 나지 않는다. 그 이유는 감가상각비가 과소 계상되기 때문이다. 수십년 전에 세운 발전소와 변전소, 그리고 송전 설비 등의 장부 가격은 형편없이 낮다. 이 가격을 기준으로 감가상각을 하니 적게 계산될 수밖에 없다. 이런 기계를 대체할 때 얼마가 드는지를 근거로 감가 상각비를 계산하면 더 정확할 것이다(replacement cost accounting).

'진짜 이익'을 찾기가 만만치 않다. 필자가 정확한 수돗물 값의 원가를 계산하려다가 질려 버린 경험이 있다. 또 있다. 해마다 화폐 가치는 하락한다. 인플레이션이 있기 때문에 자신이 투자한 돈의 가치로 보면 화폐 가치를 조정해야 정확한 계산이 나온다(price level change accounting).

일반인들은 대개 건물과 토지의 가격이 현재의 시가로 대략 얼마인지 가늠해 보고, 기계 장치가 많은 기업일수록 실제의 이익이 이보다 더 적어질 것이라는 정도의 판단을 우선하면 된다고 보여진다. 그 다음, EVA라는 중요한 개념을 머리에 넣어 두어야 한다. 투자한 돈, 즉 자본금과 잉여금의 합계는 투자자의 입장에서 봤을 때 은행에 넣어 두어도 땅 짚고 헤엄치기로 벌어들이는 이자 수입이 있을 수 있는데, 이를 자본에 대한 기회 비용(opportunity cost)이라고도 할 수 있다. 빌려온 돈에 대해서는 이자를 지불하고 이것을 비용으로 계산하는데, 자본에 대한 자본 비용도 비용인 것이다. 이 비용을 빼고 남은 돈이 정말 경제적으로 부가 가치를 생성한다. EVA인 것이다. 10억을 투자해서 슈퍼를 차린 남편이 연말에 와서 "여보, 우리 500만 원 이익을 냈다."고 좋아하면 마누라는 "저것도 남편이라고 믿고 살아? 그 돈 그냥 은행에다 두지 무엇하러 장사해!" 문자 써서 EVA가 적자 났다는 것이다.

직원들이여, 자본가의 입장을 이해해 주시라. 자신들이 슈퍼를 차려 장사할 때면 으레 EVA를 계산하면서 눈치 보는데, 우리 회사의 경영 상태를 말할 때면 으레 당기 순이익 기준으로 말하지 않는가? "올해 적자야, 아니면 흑자야?" "월급 더 올려 달라고 해? 성과 배분으로 보너스 더 안 주나?" 덩달아 자기 부문에서 흑자가 났다고 한다. 부어 넣은 투자 비용에 대한 자본 비용을 빼고 남아야만 돈을 번 것이 아닌가? 빌려온 돈에 대한 이자는 꼬박꼬박 계산하면서 자본으로 투자한 돈에 대한 이자 비용은 왜 계산 하지 않는가? profit center의 개념에서는 이렇게 항상 EVA로 셈을 하여야 한다.

1년간의 계산으로 보면 EVA는 그런대로 단순하다. 그런데 이것이 몇 년 간의 기간이 되면 계산은 조금 복잡해진다. 필자가 어느 종합 무역 상사에서 연불 수출을 할 때였다. 도저히 단가를 맞출 수가 없어 편법으로 상사에게 이런 말을 하였다. "상식적으로는 손실이지만 우리 회사의 현행 회계 시스템에서는 이익으로 표기될 테니 가격을 더 낮추어 오퍼를 내십시오." 그때 그 부장님은 나를 힐끗 보고 힐책하더니만 낮은 가격으로 오퍼를 내고 실적을 올렸다. 회계상 이익으로 표기되었고, 선망의 대상이 되었다. 못된 놈! 무엇이 문제인가? 연불 수출에 의해 들어오는 수입은 장래의 수익이고 장래의 수익은 discount되어야 한다. 10년 후 1억의 수입은 올해 1억의 수입과는 다르지 않는가? 요즘은 이런 것을 어떻게 회계 처리하는지 궁금하다.

4) 미래 가치 · 현재 가치

현재 가치와 미래 가치의 차이이다. 미래 가치를 일정한 요율로 discount 해야 현재 가치가 나온다. 이 현재 가치를 투자 금액으로 나눈 것을 internal rate of return이라 해서 투자의 효율성을 판독하는 기준으로 활용하기도 한다. 그러나 많은 기업들이 복잡한 internal rate of return을 계산하기보다는 좀더 간편한 방법을 사용한다. pay-back period라고 한다. discount 없이 그저 투자한 금액이 회수되는 기간이 얼마나 긴지 보는 것이다. 엉성해 보여도 이유는 그럴듯하다. 미래의 먼 시점에 무슨 일이 일어날 것이라고 계산하는 것이 매우 불확실하다니 그저 투자 자금의 회수를 위해서 몇 년이 필요한지를 가늠해 보는 것이 편리하다는 것이다. 사실 going concern, 즉 기업에 영속성이 있다고 보는 공준은 허무맹랑하다. 기업은 부침 속에서 수도 없이 퇴출당한다. 그러니 먼 미래의 가치를 판단하는 것보다 가까운 장래의 수익을 더 주의 깊게 살펴보는 것이 당연하기도 하다. 한편 경영자는 자신의 근무 기간이 무한하지 않다는 것을 잘 안다. 당기의 순이익으로 경영자의 경영 능력을 판단하려 드는 조급한 주주들을 위해 빠른 승부를 알려 주어야 하기도 한다.

5) 위험률과 평균 수익률

위험률을 r(risk), 평균적으로 얻을 수 있다고 판단되는 수익률을 p라고 한다면 균형 상태에서 p/r이 일정한 것은 재무 관리의 기본이다. 위험한 장사가 많이 남는다는 것이다. 위험은 예상되는 수익의 진폭이 크다는 것을 의미한다. 평균적으로 은행에 예금하면 수익이 낮다. 왜냐하면 은행의 이자는 일정하게 보장되어 있기 때문이다. 반면 회사채나 주식의 평균 수익률은 은행의 이자율보다 좀더 높은 것이 일반적이다. 위험률이 은행 예금보다 높기 때문이다. 그래서 자본 시장이 균형 상태일 때 p/r이 일정하다는 것이다.

자본 시장에서뿐만 아니라 우리가 받는 월급도 유사하다. 공무원의 경우 봉급은 조금 낮지만 '철 밥통'까지는 아니더라도 '사기그릇 같은 밥통'은 아니다. 정년이 웬만하면 보장되어 있기 때문에 봉급이 조금 낮아도 공무원을 선호할 수도 있다.

Q : Profit의 계산보다는 그 포괄적인 의미의 해석이 중요하지 않습니까?

A : 그렇습니다. 명확한 계산이 아니기 때문에 무모하거나 등한하게 되는 것이 문제입니다. 미래에 어떤 일이 있을지 불확실하거나 정치적인 특혜로 돌파구를 열 수 있거나 다른 수익이 있을 거라는 기대감에서 불확실성에 제대로 대처하지 않고 도박을 한 것이 문제입니다. 또, profit center 단위 이하의 팀 레벨에서 수익과 비용이 정확한 수치로 잡히지 않기 때문에 이에 대한 관리가 소홀해진 것입니다.
경영은 확정적 수치보다 불확정적 수치로 다루어야 할 것이 훨씬 더 많은 것 같습니다. 불확정적인 것에 대한 대처가 진정한 경영 능력입니다. 그 기반은 합리적 계산이어야 하는 것입니다.

Q : Balanced Score Card와의 관계는 어떻습니까?

A : BSC는 재무적 관점, 고객 관점, 내부 프로세스 관점, 조직의 학습과 성장의 관점에서 이른바 재무 일변도에 치우치지 않고 balanced된 관점에서 기업의 성과를 파악한다는 뜻입니다. 여기서는 재무적인 맥을 해석하여 놓았습니다.
그런데 미래 수익이라는 것은 결국 BSC에 있어서의 비재무적인 관점을 포괄합니다. 바로 미래 수익을 위하여 고객 관점에서 보는 것입니다. 내부 프로세스와 조직의 학습은 주로 재무적인 관점과 고객 관점에 대한 인과 관계의 원인이기도 하고 장기적인 면을 나타내기도 합니다. 사실 기업에서 네 가지의 balance가 있는 것이 아닙니다. 재무적인 관점, EVA가 있을 뿐이고 이것의 중장기적인 흐름과 그 위험률이 있을 뿐입니다. 회사를 운영하는 manager가 어떤 action을 취할 것인가라는 점에서 이를 정리하다 보니 Balanced Score Card를 말하게 된 것입니다.

3. 너 뭐 하니?: 제품 개념

"너 뭐 하니?"

"밥 먹고 있다."

"아니, 요새 뭐 하면서 사느냐구?"

"레스토랑 차렸다. 한번 놀러 와라."

레스토랑이라고 해서 잘 차려 입고 찾아갔다. 삐걱거리는 문을 열고 들어갔더니 아무도 쳐다보지를 않는다. 메뉴판에 햄버그 스테이크라고 해서 시켰더니 고기가 아니라 밀가루 섞은 고기를 튀겨서 준다. 한참 있다가 이번에는 또 다른 친구가 레스토랑을 한다고 한번 오라고 해서 지우산 들고 비 맞으며 레스토랑에 들어갔더니 이번에는 처음부터 포도주 메뉴판을 내민다. 행색이 너무했다.

무엇일까? 너 뭐 하는 인생이냐고 누가 물으면 어떻게 답해 줘야 할까? 교수다, 레스토랑이다 하는 것은 직업의 종류를 말한다. 어느 과 교수라고 해도 그것은 자신이 만들어 내는 product를 말하고 있을 뿐이다. 이것으로는 미비하다. 어떤 종류의 레스토랑이라고 해야 감이 확 온다. product concept인 것이다.

이 제품 개념이 기업 경영의 핵심에 자리잡고 있다고 해도 과언이 아니다. 제품이라고 하면 막연하다. 같은 제품이라고 해도 천차만별이다. 자동차는 티코에서부터 벤츠, 리무진 또는 페라리 스포츠카도 있다. 제품의 개념, 즉 product concept가 다른 것이다. product concept는 그 제품의 용도, 가격, 스타일 등이 모두 포함되어 있는 개념이다. 기업뿐만 아니라 사람들의 identity도 마찬가지이다. 그 사람 누구야? 이름을 알고 싶어하는 것이 아니라 그 사람이 하는 일을 알고 싶어하는 것이다. 선생이야. 무슨 선생인

데? 대학 교수래. 어느 대학? 무엇을 가르치는데? 그리고 또 무슨 일을 하는데? 이쯤 되어야 궁금증이 조금 풀린다.

경영학은 마케팅, 생산, 재무, 인사, 회계 분야로 나눌 수 있다. 경영 정책도 있다. 그런데 이중에서 회계는 경영에 필요한 것이지 경영의 분야는 아니다. 재무를 관리하기 위한 수단, 즉 기업의 나침반 정도로 이해하면 된다. 재무와 인사는 기업 경영에서 중요하기는 하지만 현업이라고 하지 않고 지원 부서라고 한다. 그러면 기업의 본령은 무엇인가? 만들어 파는 것이다. 무엇을? 이것이 바로 **product concept**이다. 친구가 이런저런 말을 하면서 무슨 장사를 하려고 한다. 듣고 있다. 그건 말이 안 된다고 한다. 뭐가 말이 안 된다는 것인가? **product concept**가 틀렸다는 것이다. 팔리지도 않을 물건을 구상하고 있거나, 만들 수도 없거나, 원가가 너무 비싸게 들거나, 법에 저촉되거나, 너무 위험하거나, 수익성이 없거나, 몇 년만 지나면 종 치고 말 것이라고…. 대충 이런 이야기이다.

광의(廣義)로 **product design**이라고 할 수 있다. 현대적인 기업에서 **product design** 기능은 마케팅의 기능으로 분류된다. 시장을 보아야 한다는 것이다. 고객이 원하는 물건을 내놓아야지 고객이 필요로 하지 않는 물건을 내놓고 광고, **discount**, 원가 절감 등으로 노력하는 것은 부차적인 문제이다. 자금을 잘 끌어들여도, 사람을 아무리 잘 활용하고 리더십을 발휘하더라도 소용없다는 의미이다.

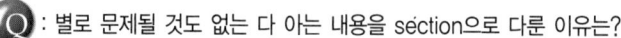

Q : 별로 문제될 것도 없는 다 아는 내용을 séction으로 다룬 이유는?

A : 경영은 상식을 기초로 이루어진다는 원리를 설명하고 있습니다. 알고는 있다 하더라도 특정 문제에 집착하면서 전체의 상식적인 그림을 잊어버리는 경우를 허다하게 목격했기 때문입니다. 실물의 내용에는 profit의 산식과 더불어 이 product concept가 자리잡고 있기 때문입니다. 비전을 설정할 때에도, 전략을 세울 때에도, 마케팅과 생산을 할 때에도, 인사를 관리할 때에도 우리 회사는 무엇을 하는 기업인가? product concept에서 온다는 상식을 잊지 말기를 바라는 마음에서입니다.

4. 2+3 그리고 병신과 머저리: 창조성의 원리

2+3:

'탱크 박사'라고 하는 임무생 이사님을 찾아 뵈었다. 공기방울 세탁기, 싹싹이 진공청소기 등 대우전자가 내놓은 히트 상품의 대부분이 임무생 이사의 작품이다. "어떻게 이런 창조적인 발상을 할 수 있습니까?" 이분의 대답이 '2+3'이다. "그게 뭡니까?" 팀의 구성을 고참 2명과 신참 3명의 비율로 섞으라는 것이다. 고참이 없으면 신참들이 헤매고, 또 고참이 더 많으면 팀이 진부해진다는 것이다. 신참은 아는 게 교과서밖에 없으니 교과서를 따라 연구하게 될 것이다. 이분은 대학 교과서가 바래도록 읽고 또 읽는다. 신제품을 개발하는 데 웬 교과서? 최신 저널은 어디 가고 낡은 교과서를 뒤적이고 또 뒤적이는가? 이분의 지론은 창조적 발상의 출발은 기본에 있다는 것이다.

디자이너 이야기:

회사 로고를 잘 그려 대는 디자이너에게 물었다. "어떻게 그런 기발한 착상이 나옵니까?" "발로 뛰었지요!" "아니, 손으로 그리는 게 아니구요? 발로는 무얼 한다는 말씀인가요?" 부지런히 이곳저곳을 둘러보고 많은 것을 살펴보며 다녔다는 것이다. 에디슨을 보면 이해가 간다. 잡동사니가 가득한 연구실에서 계란 대신 시계를 삶아 먹고 이것저것 떼었다 붙였다 하다가 어느 날 대박이 터진다. 1,000개의 아이디어 중에서 그럴듯한 아이디어는 10개 미만이란다. 이들 중에서 두세 개가 시제품으로 나오고, 한 개정도가 히트를 친다. 하나의 히트 제품이 나오는 데 1,000개의 아이디어가 필요하다는 뜻이다. 이것을 보면 창조는 생산과 같은 process라는 것을 알게 된다.

기업이 생존하려면 다음과 같은 부등식이 존재해야 한다.

[재화나 용역의 가치 > 가격 > 비용]

소비자는 자신이 느끼고 실제로 지불할 수 있는 가치가 가격보다 낮으면 물건을 사지 않는다. 그리고 기업은 물건을 생산하여 판매하는 비용 전체가 가격보다 높으면 손실이 발생한다. 이 '생존 부등식'에서 왼쪽 부등식에 관한 사항을 주로 마케팅에서 담당한다. 제품의 디자인도 마케팅 부서의 임무라고 할 수 있다. 기업은 신제품의 생산, 광고나 유통 채널의 합리화 등의 노력으로 상품의 가치를 증가시킬 수 있으며, 이 부분의 일들은 창조적인 성격이 강하게 나타난다. 반면 생존 부등식의 오른쪽에 표시된 가격과 비용의 문제에서는 생산성의 원리가 지배한다고 보여진다. 생산 단가를 저렴하게 하는 노력인 것이다. 일본은 Kaizen 방식을 통하여 모든 부문에서 나름대로 생산성의 원리를 극대화하였다. 이에 비해 미국은 reengineering 방식을 통하여 전사적인 최적 시스템의 개발로 일거에 경영 시스템을 개조시켜 나갔다.

요소 부문에서의 최적화 역시 필요한 일이다. 그러나 그 후에 필요한 창조적인 파괴는 이러한 근면과 성실성만으로는 해결되지 않는다. 창조성의 원리가 있어 보인다. 벤처 기업들을 필두로 새로운 사업 기회가 많이 생겨나고 있다. 기업들은 새로운 제품과 새로운 시장, 새로운 공법 개발에 진력하면서 어떻게 하면 창조적인 활동을 우리 기업 내에 퍼뜨릴 수 있을지 골몰한다. 지식 경영을 추진하기도 한다.

여기서 우리는 창조성의 원리를 다시 한번 생각하게 된다. 과연 창조성은 어떻게 발현되는가? 이를 위해 기업 조직은 무엇을 하여야 하는가?

얼핏 보면 창조성은 게으르거나 산만한 것으로 보여지지만 그렇지가 않다. 머리가 좋고 응용력이 뛰어나야 한다고 생각되기도 한다. 그런데 창조성의 내재적인 원리는 오히려 근면성과 기본 원리의 터득과 활용에 있어 보인다.

우선 우수한 디자인을 그려 낸 사람들의 말을 들어 보자. 대개 디자이너들은 creative라는 표현을 쓴다. 창조적이라는 뜻이지만, 이들은 발로 뛰었다고 한다. 발로 뛰다니? 가만히 앉아서 디자인을 하면 되는데 웬 발? 대부분의 디자인들은 언젠가, 어디에선가 보았던 것이다. 기억 속에 남아 있으나 잊혀진 듯한 것. 그런데 어느 날 그 문양과 그 색상이 떠오르는 것이다. 디자이너가 새로운 것을 창조했다고 하지만 사실은 창조가 아니다. 두뇌의 컴퓨터 속에 이미 다른 사람이 해 놓은 것들을 입력시켜 놓고, 이것을 데이터 베이스처럼 활용하여 이런저런 조합을 만들어 낸다. 그래서 발로 뛰어다녔다고 표현한다. 부지런히 이것저것을 보고 말하며 다니다가 어느 날 책상머리에 앉아 정리하는 것뿐이다. 자신이 만들어 내기도 하지만 수많은 모방의 조합이기도 하다. 이상하게도 패션 디자인 업계는 이탈리아 사람들과 프랑스 사람들이 꽉 쥐고 있다. 그 이유가 무엇일까? 로마와 파리를 여행해 본 사람들은 그 이유를 금방 눈치챈다. 도시 전체가 조각품이다. 이들은 어려서부터 예술 작품들을 수없이 보면서 자라났다. 이것이 디자인을 만들어 내는 것이다. 많이 보고 많이 듣고 많이 이야기해야 한다.

다음으로 에디슨과 아인슈타인을 생각해 보자. 병신과 머저리가 있다. 머저리는 아무것도 하지 않는 것이고, 병신은 하기는 하는데 그 결과가 실패 덩어리인 것이다. 아인슈타인과 에디슨은 머저리가 아니라 병신이다. 성공한 벤처 기업가들도 '병신'에 속한다. 성공한 측면만 보면 위대해 보이지만 이들은 수많은 실패 속에서 살아간다. 아인슈타인을 모셔 오면서 "무엇이 필요하십니까?"라고 물었다. 그는 커다란 쓰레기통이 필요하다고 하였다. 매일 이것저것 계산하다가 틀린 공식들이 수북이 쌓여 가니 이것들을 버릴 커다란 쓰레기통이 필요한 것이다. 천재들이 어떤 발상을 하면 그것이 곧바로 성공으로 이어진다고 생각하는 것은 오해이다. 오히려 이들은 보통 사람들보다 더 많은 시행 착오 속에서 살아간다. 에디슨을 보라. 그의 연구실에 있는 온갖 잡동사니들을 이리 붙이고 저리 붙이다가 어느 날 대박이 터지는 것이다. 아이러니컬하게도 창조성의 원리는 생산성과 마찬가지로 성실함이 필요하다. 먼 산 바라보며 담배 피운다고 담배 연기처럼 떠오르는 것이 아니다. 불철주야 골몰하여 이것저것들을 부지런히 조합해 보면서 수많은 시행 착오 속에 떠오르는 것이 창조적인 작업의 기본 성격으로 보여진다.

공기방울 세탁기와 싹쓸이 진공청소기를 만들어 낸 임무생 이사는 '2+3'을 주장했다. 그는 이것 말고도 많은 전자 제품들을 만들어 낸 탱크 박사이다. 신참과 고참을 3대 2의 비율로 섞어 개발팀을 만들라고 한다. 그 이유가 걸작이다. 신참들이 아는 것은 교과서뿐이란다. 그런데 3대 2의 비율로 한 것은 신참들의 의견이 주류를 형성하게 하려는 의도이다. 바로 교과서로 연구하라는 것이다. 실제로 그는 대학에서 배운 교과서가 너덜너덜하도록 읽고 또 읽고, 연구할 때마다 펼쳐 든다. 우리는 실무자들이 하는 이야기를 수도 없이 들어 왔다. "교수님, 그것은 교과서적입니다. 뭐 좀 새로운 것 없습니까?" 이렇게 말하고 싶어진다. "오죽하면 그것을 교과서에 실어 놓았겠습니까? 꼭 알아야 하고 꼭 활용해야 할 기본이기에 교과서에 수록해 놓은 것입니다." "교과서라니오?" "그것 말고 또 다른 뾰족한 방법이 있단 말입니까?" 창조적인 발상은 새로운 이론에서 오는 것이 아니라 기본 원리의 철저한 이해에서 온다는 의미이다. 응용을 배울 것이 아니라 기본 원리를 배워야 새로운 것을 창출해 낼 수 있다. "교보문고에 가 보세요. 경제경영 코너에 수북이 쌓여 있는 베스트셀러들…." 유행처럼 왔다가 가 버

리는 책들 속에서 겉멋 들지 말고, 지금이라도 늦지 않았으니 경영학의 고
전들을 다시 한번 읽어 보라고 권하고 싶다. "연봉제? 엉터리 원숭이들의
이야기입니다. Milcovich의 「Compensation」이라는 책을 보면 임금을 처리
하는 방법이 잘 적혀 있습니다. 임금은 merit pay와 incentive가 있을 뿐입
니다. 어떻게 전산화할 것인가? 데이터웨어하우징 교과서를 먼저 읽어 보
십시오."

Q : 예비 단계나 실험실에서 시행착오를 겪는 것과 실제에서 병신처럼 실수하는 것은 다르지 않습니까?

A : 그렇습니다. 천재의 속성, 창조성의 속성이 병신이라는 것은 좀 과장된 표현입니다. 다만 강조하려는 것은, 우연의 결과가 아니라는 것입니다. 신규 투자 같은 문제는 치밀한 분석과 준비를 거쳐 시행되어야 하겠지요. 시행착오를 통해 균형을 찾아갈 수 있는 문제가 아닙니다.

제2부 매도당한 대가들의 이야기

제2부 매도당한 대가들의 이야기

경영학은 발전하는 것이 아니라 보완되는 것이다.

관료주의라는 말만 들어도 신물이 난다. Bureaucracy의 종말이라는 테마는 미국 유명 대학들의 M.B.A. 오리엔테이션 제목이기도 하다. 그러나 Max Weber의 관료주의는 참된 의미에서 조직 사회의 근간이며, 우리 사회와 기업 내부의 병폐는 이 관료주의를 정착시키지 못하였기 때문에 발생한다. Taylor 역시 마찬가지이다. 산업 사회의 지도 원리는 거의 모두 Taylorism(제2장에서는 간략히 언급하고, 이 책의 [부록]에서 좀더 자세히 다룬다)과 연관되어 있다. 인간관계론은 언뜻 보기에 그럴듯하지만 야리꾸리한 말들이다. 우선 생산성을 높여야 하고 줄 돈 주고 받을 돈 받아야 한다. 그리고 나서 인간적으로 해야 한다. 또한, Fayol이 한 말들도 지금까지 유효하다. 팀제라고 하여 Fayol의 경영 원리가 필요 없는 것은 아니다.

경영 조직론은 발전하는 것이 아니다. 보완되고 있는 것이다. 조직론에서는 폐쇄 시스템과 개방 시스템, 그리고 합리적 모델과 사회 심리적 모델로 구분하고 있다. 개방 시스템이면서 사회 심리적 모델로 발전해야 한다고 한다. 그러나 사실 폐쇄 시스템이란 어떤 경우에도 해당되는 원리를 말하고, 개방 시스템이란 상황에 따라 달라지는 면을 부각시킨 것이다. 그러니 두 가지 다 필요한 것이고 우선은 폐쇄 시스템의 원리부터 출발시켜야 하는 것이 당연하다. 또한 합리적 모델이 간과한 요인들을 사회 심리적 모델이 보완해야 하는 것이 순서이다.

그러니 경영 조직론의 기초를 세운 Weber, Taylor, Fayol의 원리들은 잘 소화해야 할 대상이지 폐기되어야 할 대상이 아니다. 우리 기업들이 당면한 문제를 보면 우선 이들이 말한 기본적인 명제들을 정착시키는 것이 무엇보다 시급하다. 조직은 비인격적이어야 한다. 누구를 봐주지 말라는 것이다. 연고 관계에 따른 봐주기식 인사, 비과학적이고 철저하지 못한 생산 방식과 품질 관리, 성과에 따른 보상 미비, unity of control과 span of control이 깨져 있는 상태…. 이러한 문제들은 소위 경영학의 대가들이라 하는 세 사람에 의해 그 기초가 세워졌다. 그러니 이들의 이야기를 우선 잘 소화하여 당면한 기업 경영의 문제들을 기본에서부터 풀어 가야 하지 않겠는가? 히딩크의 리더십이 이런 것 아닌가?

제1장 조직의 합리성(Max Weber)과 그 공방

Weber의 관료제 모델을 비판만 하기 전에 먼저 이해하라. 좋은 것이 많다.

흔히 관료적이라고 말하면 부정적인 의미의 표현이다. 형식만을 고집하고, 내용과 실제는 보지도 않으며, 직책상의 권위만을 내세우고, 최소한의 요건만을 갖춘 채 무사 안일에 빠진 공무원을 볼 때 관료적이라고 말한다. 그런데 Weber의 관료제(Bureaucracy)는 원래의 의미로는 합리적 조직 형태의 화신이다. 화신이라고 표현한 것은 이상적인 모형이라는 것이다. 현실 세계에서는 이 합리성이 다소간 깨져 있는 상태이다. 그러니 기실 Weber의 관료제 모형이 제대로만 돌아간다면 관료적이라는 부정적인 의미와는 정반대의 결과를 가져오는 이상적인 조직 형태가 된다.

이 이상적인 형태(ideal type)가 현실의 불완전성 때문에 오히려 역기능을 초래하기도 한다. 이것을 '의도하지 않은 효과'라고 표현한다. 청개구리이다. 의도한 바는 동쪽으로 가라고 했으나 오히려 서쪽으로 가고 있다. 조직의 움직임이 원하는 방향으로 가지 않는 다는 것이다. Weber 이후 많은 조직론자들이 이 관료제 모형의 역기능에 대하여 설명하고 있다. 여러 가지 이유가 있다는 것이다. 그러면 어떻게 하라는 말인가? 이상적인 관료제 모델을 포기할 것인가? Crozier는 포기하라고 권유하는 듯하다. 그러나 다른 학자들은 '말하자면 그렇다는 것'이라는 뉘앙스를 풍긴다. 관료제의 역기능을 막아 보려는 것이다.

쉽게 생각해 보자. 사랑, 사랑하지만 현실에서 '로미오와 줄리엣' 같은 사랑이 흔하겠는가? 그러면 어쩌라는 말인가? 그래도 안간힘을 써 가며 로미오와 줄리엣같이 사랑하려고 하는 수밖에 더 있겠는가? 인간은 향상하려고 하는 한 방황한다고 했던가? 방황하는 한 향상한다고 했던가? 괴테의 고백인지, 파우스트의 고백인지…. 별수 없지 않은가? 합리성의 토대 위에 조직을 구축해 가는 수밖에. 꼼수를 근간으로 이어갈 수는 없지 않은가?

그런데 이 관료제의 역기능은 눈여겨볼 만하다. 상당한 피해가 있는 것이 사실이다. 도처에서 관료제의 병폐가 기업들을 괴롭힌다. 시정되어야 할 대상이다. 시정 방법은 참다운 관료제를 허무는 것이 아니라 병폐를 없애야 하는 것이고, 그 방향은 오히려 관료제의 참된 정신인 합리성과 실질적 내용으로의 접근이어야 하는 것이다. 그러면 Weber가 말한 합리성에 토대를 둔 관료제 모형이 무엇인지 살펴보자.

1. 니캉 내캉 남이가?: Max Weber의 Ideal Type

"니캉 내캉 남이가?"

정치인들이 선거철에 쓰는 말이다. 어느 국회 의원이 아버님 돌아가신 상가에 꽃을 가져왔다. 한쪽에 밀어 두었더니 비서가 와서,

"국회의원님 꽃인데요."

"그래서요?"

다음 말은 참아 두었다. 국회 의원이 국정이나 돌볼 것이지 초상집은 왜 돌아다닙니까?

국민들의 잘못이다. 유권자들은 합리적으로 선택하는 것이 아니라 나와 친한 사람인지를 보고 '니캉 내캉 남이가'에 휩쓸려 투표를 한다. 호남, 영남…. 지겹다. 후백제, 후신라를 만들어 거기 가서들 살아라! 「쿠오바디스 코리아」[1]라는 논문을 '현상과 인식'에 쓰신 분이 하는 말이, 한국 사회는 최소한의 근대 정신이 결여되어 있다는 것이다. 그 사람이 누구이냐에 따라 달라진다. 인적인 요소가 합리적인 요소를 지배한다는 뜻이다. 회사 내부를 보라. 주요 의사 결정이 어떻게 내려지고 있는가? 사람 중심이라는 휴머니티를 가장하여 그럴 듯한 호소력으로 다가온다. 이제 Max Weber로 돌아가 보아야 한다.

Weber[2]의 관료제 모델의 개념을 이해하는 출발점은 권위에 대한 정당성(legitimacy)이다. '통속적인 의미의 권위'와 'Weber의 권위'는 반대의 뉘앙스를 갖고 있다. 그 사람 권위적이라고 한다면 신분이 높다고 하여 말도 안 되는 것을 복종시키려 한다는 의미이다. 그러나 Weber의 권위란 충분히 그럴 만하다고 인정되는 것에 대한 복종을 의미한다. 아버지의 권위, 스승의

---

1) 김덕영, 「쿠오바디스 코리아(현상과 인식, 2001 봄·여름호, 한국인문사회과학회)」
2) H. Gerth and C. Wrigth Mills, Max Weber, 「Essays in Sociology(1946)」

권위, 승려나 사제의 권위…. 이런 것들이다. 그래서 권위와 정당성은 같은 의미를 갖는다. 정당(legitime)하기에 권위가 있는 것이다. 또, 권위를 부여하기에 합당하니까 정당한 것이다.

Weber는 정당한 권위의 출처를 세 가지로 보았다. 첫째, 질서를 제공하는 인물이 지닌 신성한 혹은 비범한 특징들에 대한 믿음으로서 복종이 정당화된다. 이는 Weber가 '카리스마적 권위'라고 이름 붙인 권위의 유형이다. 둘째, 어떤 명령은 전통에 대한 존경의 무게 때문에 복종될 수 있다. 이를 Weber는 '전통적 권위'라고 이름 붙였다. 셋째, 이것은 현대 조직론에서 가장 중요한 것인데, 질서를 부여하는 인물이 명문화된 합법적 규칙과 규제의 법규에서 의무에 상응한 행동을 한다고 믿기 때문에 질서에 복종하는 것이다.

1) 비인격성

물론 Weber는 세 번째의 합리성에 근거한 권위를 강조하고자 하는 것이고 이를 토대로 관료제 모형을 제시하였다. 저자의 안목으로는 카리스마와 전통을 부정적으로 파악하게 되면 得보다는 失이 많다고 보여진다. 합리성이 카리스마 또는 카리스마 집단에 의해 선도되고 전통의 흐름에 편승하고 있다면 이보다 더 나은 상황이 전개된다고 볼 수 있다. Weber는 전통 또는 카리스마에 반하여 합리성이 출현할 수도 있음을 말하고자 함인 것 같다. 그러나 카리스마와 전통과 합리성은 상호 배타적이지만은 않다. 인과의 선후로 보면 카리스마가 출현하고 이는 오랜 역사의 흐름에서 전통으로 이어진다. 전통은 과거로의 회귀가 아니라 과거로부터 발전하고 생성되어져 가는 오늘의 흐름인 것이다. 이 토대와 토양 위에서 합리성이 출현한다. 어느 날 하늘에서 뚝 떨어지는 것이 아니다.

이러한 복종 형태는 다섯 가지 신념(가정)에 의존한다. 앨브로우(Albrow, M. C.)[3]는 이것들을 다음과 같이 요약하였다.

① 복종을 요구할 수 있는 법규를 조직 구성원으로 하여금 만들어지게 할 수 있다.

② 법률은 추상적 규칙들로 이루어진 체계이다. 이 규칙들은 특정 사례에 적용되며 행정은 법률의 한계 내에서 조직의 이익을 돌본다.

③ 권위를 행사하는 사람 또는 이러한 비인격적인 질서에 복종한다.

④ 구성원은 성원의 자격으로서만 법률에 복종한다.

⑤ 권위를 지닌 인물 때문이 아니라 그에게 이런 지위를 부여한 비인격적인 질서 때문에 복종이 행해진다.

다섯 가지라고는 하나, 그 핵심은 비인격적인 규칙에 있다. 비인격적이라는 말을 자칫 人本主義에 반하는 비인간적인 것으로 오해를 불러 올 수도 있다. 하늘을 닮은 인간, 인간을 닮은 하늘의 모습이 무자비하다고 논어는 말한다. '법 앞에서의 평등'은 근대 정신의 근간이 되는 개념이다. 이런 개념 없이 봐주기 식으로 운영되는 조직이 질서를 제대로 갖추기는 어려운 일이다. 아주 간단한 말이지만 쓰러져 가는 정권 말기에 또는 겉은 번듯한 듯해도 속은 곪아 가고 있는 기업체들에 공통적으로 나타나는 현상이 아닌가?

---

3) Albrow, M. C., 「Bureaucracy(London, Pall Mall, 1970, p.40)」

2) 합리적 권위 체계

Albrow[4]는 "이러한 정당성 개념을 기초로 하여 Weber는 합리적 권위 체계를 조직하는 데에 8개의 명제를 정식화할 수 있었다"고 지적한다. 이 명제들은 다음과 같다.

① 공식적 업무들은 연속적이고 규칙적인 기초 위에 조직된다.

② 이 업무들은 기능적으로 서로 구별되는 영역들로 나누어지는데, 각 영역은 필수적인 권위와 제재들을 갖추고 있다.

③ 직책들은 위계적으로 배열되며 그들 사이에 통제권과 고충 호소의 권리가 분화된다.

④ 작업 수행을 지배하는 규칙들은 기술적인 것일 수도 있고 법적인 것일 수도 있다. 두 경우 모두 훈련받은 사람들이 필요하다.

⑤ 조직의 자원은 그 구성원이 사인(私人)으로서 가지는 자원과 확연히 구별된다.

⑥ 직책을 맡고 있는 사람은 그 직책을 전용할 수 없다.

⑦ 행정은 문서화된 기록에 기초하며 이로 인해 사무실(bureau)이 근대 조직의 중심지가 된다.

⑧ 법적 권위 체계는 여러 형태를 취할 수 있지만 그 순수한 형태는 관료제적 행정 스태프에서 발견된다.

---

4) ibid, pp.43~44.

이상 권위의 개념을 살펴보면서 참으로 재미있는 현상을 발견한다. 우리가 통상 말하는 권위적이라는 의미와는 반대되는 개념의 권위를 말하고 있는 것이다. 우선 권위의 출처가 정당성에서 기인하고 개인적이고 인격적인 속성과는 무관하다는 점 이외에도, 직책과 작업 수행에 관련하여 그 한계 내에서 행사되고 있다. 그런데 흔히 좋지 않은 의미로 말하는 권위는 그 사람의 사회적 지위와 관련하여 발생하는 것이다. 그 사람 권위적이라는 말은 합리적이지 못하고 직책상이나 직위상 또는 어른이라는 명분으로 하급자들의 합리적인 의견을 밟아 뭉개 버리는 유형의 사람을 말하는 것이다.

우리는 Weber의 관료제 모형이 갖고 있는 취약점을 잘 이해하고 이를 극복할 방법들을 모색하여야 할 것이다. 그러나 우선 Weber의 관료제 모형을 제대로 이해하고 권위의 의미를 참된 모습으로 되돌려 놓는 작업부터 선행하여야 한다. 우리 사회와 조직에서 흔히 발견되는 불합리한 권위에 대하여 역으로 Weber가 말한 관료제 원칙을 따라가면 오히려 불합리한 권위를 축출하고 대신 합리적 권위를 세울 수가 있을 것이다. 권위 자체가 불필요한 것이 아니라 합리적 토대 위에서 행사되고 있지 않기 때문에 문제인 것이다. 진짜 권위가 가짜 권위를 대치하여야 한다. 그렇지 않고 권위를 불필요하다고 한다면 조직과 사회는 무정부적인 지향성을 갖고 마치 그것이 권위에 대한 도전이라는 그럴 듯한 미명을 갖게 된다.

3) 관료제의 운영 형태

정당성의 다섯 가지 개념과 권위의 여덟 가지 원리가 존재한다고 하여 그것만으로 좋은 관료제가 운영되는 것은 아니다. 체계적이고 합리적인 관료제의 형태는 정당성과 권위에 대하여 앞서의 개념을 전제로 하며, 부가적으로 다음의 특징들을 가지고 있다.

① 스태프의 성원들은 자기 직책에 따른 비인격적 의무만을 준수하면서 개인적으로는 자유롭다.

② 직책들은 분명한 위계 구조를 이룬다.

③ 각 직책의 기능들은 명백하게 전문화되어 있다.

④ 관리들은 계약을 기초로 임명된다.

⑤ 그들은 전문 자격을 기초로 선발되며, 그 자격은 이상적으로 시험을 거쳐 획득한 자격증에 의해 구체화된다.

⑥ 그들은 화폐 봉급을 받으며 보통 연금을 받을 권리가 있다. 봉급은 위계 구조의 위치에 따라 등급화된다. 관리는 항상 그 직위를 떠날 수 있으며, 어떤 상황하에서는 그 직위가 종식될 수도 있다.

⑦ 관리의 직위는 그의 유일한 또는 주된 직업이다.

⑧ 어떤 경력의 구조가 있어 연공이나 공적, 상급의 판단에 따라 승진이 가능하다.

⑨ 관리는 직위나 그 직위에 수반되는 자원을 전용할 수 없다.

⑩ 그는 통일적인 통제 및 규율의 체계에 복종해야 한다(Albrow, 1970, pp.44~45).

위계 구조의 등급화와 연공에 의한 승진 등은 요즈음 말하는 연봉제의 개념과는 배치되는 개념들이다. 그러나 이 문제는 Weber 시대의 상황과 요즈음의 상황이 다르다는 점을 이해하여야 하고, Weber의 근간 개념이 합리성에 있었다는 것을 전제로 하였을 때 일 잘하는 사람에게 더 준다는 합리성에 따라 시행하는 연봉제는 Weber의 정신과 다른 것이 아닐 것이다. 여기서 한가지 환기하고 넘어가야 할 것은, 정태적 사회나 조직에서는 연공과 직위 등급이 성과를 내는 가장 주요한 변수일 수 있음을 유념하여야 한다. 다시 말하자면, 일을 잘한다는 성과는 여러 가지 요인에 의해 발생할 수 있다. 예를 들면 그의 능력과 태도, 연공, 직위 등이다. 오늘에 와서 보니 조직의 문제가 훨씬 복잡하고 dynamic하여 연공과 직위 등급이 반드시 일치하지 않는 것을 자주 발견할 수 있다. 성과를 중심으로 월급을 산정하는 것이 합리적이지만, 이는 원천적으로 연공과 직위 등급을 무시하는 것이 아니다. 다시 말하자면, 평균적으로 연공과 직위 등급이 높을수록 성과가 높다고 보나, 구체적 상황에 이르면 이를 개별적으로 파악하여야 한다는 의미가 있는 것이다.

4) 객관성

Weber[5](1948, p.204)는 관료제가 '근대 유럽 국가들과 절대군주제 이후 모든 공공 단체들에서 더욱 순수한 형태로 존재하며, 대규모 자본주의 기업은 크기가 커지고 복잡해질수록 더욱 순수한 형태로 존재한다'고 논의한다. Weber는 그에 대하여 한 가지 특수한 이유를 들고 있다.

관료제 조직이 진전되는 결정적 이유는 언제나 다른 모든 형태의 조직보다 순수하게 기술적으로 우위성을 가지기 때문이다. 완전하게 발전한 관료제적 mechanism이 다른 조직과 비교하여 지닌 우위성은 기계제 생산 양식이 비기계제 생산 양식보다 우위성을 지니는 것과 정확하게 같다(Weber, 1948, p.214).

---

5) Weber, M., 「Essays in Socoilogy(Routledge & Kegan Paul, 1948)」

이러한 형태의 합리성, 즉 근대 관료제 조직의 출현이 요구되는 이유에 대하여 Weber는 다음과 같이 말하고 있다. '근대적 문화의 특수성, 특히 그 기술적·경제적 기초의 특수성'이 바로 이러한 결과에 대한 '계산 가능성을 요구한다'(Weber, 1948, p.215). 오늘날 행정의 공적 사업을 정확하고 분명하게 연속적으로, 그리고 가능한 빠르게 수행하도록 요구하는 것은 일차적으로 자본주의 시장 경제이다. 일반적으로 근대 자본주의 대기업들은 그 자체가 엄밀한 관료제적 조직의 전형적인 양식들이다. 기업 관리는 내내 정확도와 확실성, 그리고 특히 작업 속도의 증대에 의존하고 있다. 관료제화는 무엇보다도 순수하게 객관적인 고려 사항들에 따라 행정 기능을 전문화한다는 원칙을 끝까지 관철할 수 있도록 최적의 가능성을 제공한다. 개별적인 일들은 전문 훈련을 받고 일을 실행하면서 점점 많은 것을 배우는 전문 기능인으로 배분된다. 일의 '객관적' 수행은 계산 가능한 규칙들에 따르는 것을 의미한다(Weber, 1948, p.215).

이제 이 객관성의 문제는 두고두고 말썽을 피운다. 객관적 수치에 의한 평가…. 한마디로 우리 사회의 병폐의 근원이 되고 있다. 아인슈타인이 이 땅에 태어났다면 자장면 배달부도 못했을 것이라고 한다. 수능 시험 몇 점, 종합생활기록부 몇 등급으로 대입 시험을 치루었을테니 아인슈타인이 대학에 들어갔을 리가 없다. 외형적인 지수에 편향된 우리의 가치 판단을 두고 하는 말이다. 다른 이론들도 마찬가지이지만 그 이론의 밑바탕에 무엇이 깔려 있는지를 잘 살펴보고 이를 이해하여야만 한다. 그렇지 않으면 본말이 전도되어 지엽적으로 구체화된 형식을 원칙으로 고수하게 될 것이고, 이것이 마치 그 이론의 핵심인 양 무게를 실을 것이다. 공자에 관한 문제도 이와 유사하다고 본다. 仁이라는 공자의 기본 개념에 대한 충실한 이해도 없이 삼강오륜만 달달 외워 공자 왈 맹자 왈 하면서 무게를 두는 것은 지배자들의 이데올로기로 변질될 우려가 있지 않을까?

Weber가 말한 관료제의 중심 개념에는 합리성이 있다. 합리적인 정신이 없는 객관성이 문제가 되는 것이다. Weber는 '미국의 과학적 관리 체계'에서 이러한 '비인격성'을 '가장 극단적인 형태'로 발견하였다. 그리고 Weber의 관료제 모형은 근대성의 근저에서 그것을 규정하는 정신(Geist), 즉 합리성을 구체화시킨 것이다. 이와 같이 Weber는 조직의 합법성과 공정성을 높이는 것이 조직의 합리성과 효율성을 높이는 것으로 전제하고, 전문화된 직무 설계로부터 권한 계층과 규칙에 의한 관리에 이르기까지 철저한 경영 관리를 주장하였다. 개인의 임의적인 판단과 변칙적인 의사 결정을 없애고, 객관성에 대하여 일관성과 예측성이 높은 합리적 조직 체계(rational organization)로 형성시키려고 노력하였다.

2. 죄수의 딜레마: 관료제의 함정

죄수의 딜레마:

게임 이론에서는 꽤 유명한 예시이다. 죄수 둘이 잡혔다. 둘 다 오리발을 내밀면 증거가 없어 무죄이다. 그런데 검사가 와서 꼬드겼다. 공범이 불었다고 한다. 만일 계속 잡아떼면 10년형이고, 불면 정상을 참작해서 5년으로 깎아 준다고 한다. 죄수들은 둘 다 오리발을 내밀면 풀려날 수 있건만, 서로가 상대방을 믿지 못하여 아마도 둘 다 불고 5년을 살다 나올 것이라는 이야기이다.

이것을 '의도하지 않은 결과(unexpected outcome)'라고 한다. 죄수들의 입장에서 보면 둘 다 범행을 저지르기 전에 만일 잡힐 경우 입을 맞추어 서로 오리발 내밀기로 약속했을 것이다. 그러나 실제 상황은 의도한 대로 되지 않고 의도하지 않은 방향으로 둘 다 5년을 살게 된다.

최근까지도 관료제의 역기능에 대한 논의가 그치지 않는 것을 보면 Weber의 관료제 모형이 얼마나 유명한가를 알 수 있다. 조직론의 한 줄거리가 이 관료제 모형에 대한 비판과 공방으로 이어지고 있으니…. 하여간에 우리는 이 공방을 추적하면서 관료제의 참뜻과 실용성을 위한 나름대로의 해석을 찾아가기로 하자.

우선 Simon과 March[6]가 Merton, Gouldner, Selznick의 관료제의 역기능을 산뜻하게 정리하여 놓은 내용을 살펴보면 다음과 같다.

---

6) Cyert, R. M., March, J. G., 「A Behavioral Theory of the Firm(Englewood Cliff, N. J., Prenticehall, 1966)」

1) 형식주의, 목표가 된 수단, 최저 수준의 충족

필자는 어느 회사에 컨설팅을 하러 가서 임원분에게 직격탄을 날렸다: 어쩌면 빈틈없이 논리적으로 그리도 설명을 잘하십니까? 오히려 그 점이 더 얄밉습니다. 우리는 지금 국정 감사를 받고 있는 것도, 브리핑을 하는 것도 아닙니다. 제가 찾고 싶은 것은 문제를 해결하려는 고심의 흔적입니다. 목표 관리는 형식이 아닙니다. 내용을 잘 표현하기 위한 수단입니다. 문제를 감추려 하지 마십시오. 임원님이 담당하고 계신 부문이 얼마나 어려운 상황에서 얼마나 잘했고, 문제의 책임은 타 부서에 있다는 내용이 아닙니까? 우리들이 귀중한 시간에 이렇게 모여 각 부문의 근사한 넋두리나 듣자고 있는 것입니까?

Merton은 규칙의 엄수는 형식주의를 가져오고 그 규칙은 구성원들이 달성해야 하는 조직의 목표보다 더 중요시되어 수단이 목표로 치환되는 역기능이 있다고 말한다. 인격적 관계의 감소가 관료제의 특징이라는 점은 이미 설명하였다. 비인격성을 근간으로 하고 있는 것이다. 이러한 인격적 관계의 감소는 조직 구성원을 이름 없는 사람으로 전락시킬 수 있다. 이름도 없고 얼굴도 없으면 도덕적이기가 힘들다. 호텔 종업원들에게 명찰을 붙이고 일하라는 것도 서비스 개선의 일환이다. 관공서에서 가끔 대하는 차가운 얼굴들의 정체가 이것이다(동사무소는 매우 친절하다). 규칙의 엄수는 그래서 인간적인 배려나 고려가 전혀 없는 것이다. 또 하나의 문제는 규칙 자체가 의미를 부여받고 규칙을 위한 규칙으로 전락한다는 점이다.

Merton과 달리 Selznick은 수단이 목표로 치환되는 이유를 권한의 위임이 전문 능력에 대한 훈련량을 많게 하여 이해 관계가 분리되는 역기능으로 설명하고 있다. 상위 목표와 하위 목표가 분리되는 것이다. 요즈음 부서 간의 벽을 허물라는 말이 이것이다. 전체 최적과 부분 최적이 다르다는 것도 이 문제이다. 어느 조직에 가보면 하나하나가 성을 쌓고 그 안에 각각의 영주가 있는 것처럼 보인다. 다른 부서에 어떤 자료를 보낼 때면 검열을 거쳐 나가기도 한다. 자기 부서가 잘했고 타부서가 잘못했다고 비난하고 협조도 안 한다. 전문성으로 분리되어 각각 울타리를 치게 된 것이다.

Gouldner는 규칙에 대하여 고위층이 원하는 것 이외에 그들이 수락할 수 있는 최저 수준(minimum level)도 함께 규정하여 책임 회피의 수단이 되는 역기능을 설명하고 있다. 소위 책잡힐 일만 하지 않으면 된다는 복지부동의 유형이 발생한다. 그는 조직의 유형을 모의적 유형, 대의적 유형, 징계 중심적 유형으로 분류했다. 모의적 유형이란 조직의 규칙이 외부에서 강요되어진 형태이다. 대의적 유형이란 구성원들이 만들어 낸 규칙에 의해 움직이는 형태이다. 징계 중심적 유형이란 관리자가 부하 직원들을 통제하고 혼내 주기 위해 규칙을 만들어 운영하는 조직 형태를 의미한다. 우리 회사는 어떤 유형인지를 살펴보라. 특히 징계 중심적 유형과 모의적 유형에서 조직 구성원들은 가장 방어적인 자세를 갖게 되고 최저 수준을 유지하려는 행동을 유발한다.

이상의 세 가지 역기능을 살펴보면 남의 일 같지가 않다. 도처에서 이런 문제들이 상존하고 있다. 분명 관료제의 역기능이라고 할 수가 있다. 관료제의 역기능은 심각한 수준에 있다. 기업과 공공 조직에서도 예외 없이 그 병폐가 드러나고 있다. 그런데 문제는 이것이 Weber가 설정한 관료제 때문인가? 아니면 관료제 말고 다른 모델이 있겠는가? 그렇지는 않다. Weber의 관료제 모형을 오해하거나 제대로 운영하지 않기 때문에 나타나는 결과이다. 어찌 되었건 융통성 없고 고지식한 사람이 그것도 행정 편의를 위해 저지르는 악덕이 대부분 Weber의 장점을 팔아먹고 있는 것이 아닌가? 상식으로 돌아와 보면 논리적으로 그리 문제가 되는 것도 아니다. 다만 어떤 불변의 법칙이나 어느 누구도 아무 말 못하고 따를 수 밖에 없는 객관성을 강조하니까 발생하는 문제인 것이다. 경영이란 art인 것을….

어찌 보면 Merton이라는 학자도 멍청한 것 같다. 형식과 규칙이 무조건 필요 없는 것이 아니고 적절한 내용을 담지 않았을 때에 문제가 되는 것이 아닌가? 규칙에는 해석의 여지가 있고 정 안 되면 규칙을 바꿀 수도 있는 것이 아닌가? 그렇다고 규칙과 형식이 불필요한 것은 아니지 않는가? '비인격성'과 '비인격적 관계'의 의미는 다르지 않은가? 종업원이 명찰을 달고 자기 이름에 책임 지며 일하는 것과 자의적으로 일 처리를 하지 않는다는 것과는 다른 것이 아닌가? 비인격적이라는 것은 봐주지 말고 사리에 맞게 하라는 것이 아닌가? 비인격성에 대한 오해는 이후 Taylor의 과학적 관리법에 대한 공박으로도 이어지고 있다. 생산성 향상, 합리적 운영…. 이런 것에 항상 따라붙는 비인간적이라는 공박이다. 비인격성이란 비인간적인 것을 말하지 않는다. 인간적인 감정이나 변덕스런 personality에 근거하지 않고 합리적인 규칙에 따라 공정하게 일을 처리한다는 것이 비인간적인 것일까?

Selznick이 지적하고 있는 역기능은 무엇인가? 부문 간의 장벽이다. 하위 시스템이 상호 조율되지 않은 상태에서 외견상 각자 최선을 다하는 것처럼 보이려는 데에서 발생하는 문제이다. 요즈음도 연봉제를 도입하면 팀워크가 깨진다고 말한다. 연봉제를 하는 축구팀이 팀워크가 깨지던가? 선수들에게 몇 골을 넣었는지 물으면, 풀백도 패스는 안하고 비키라고 한다. 나도 한 골 넣어야겠다고…. 팀에 얼마나 공헌했는가? 필요한 때에 패스를 얼마나 잘했는지 물으면 팀워크를 키우려고 서로 경쟁할 것이다. 관료제를 잘못 운영하니 부문 간 서로 벽을 쌓는다. 부문의 성과를 전체에 대한 공헌으로 표현하면 되지 않는가?

Gouldner의 역기능은 징계 중심적이라는 조직의 유형 자체가 문제이다. 구성원들이 내면화할 수 있는 가치를 창출하지 않고 규칙으로 조직을 위협하며 움직이려고 하기 때문이다. Selznick의 표현대로라면 최고경영자의 임무는 관리가 아닌 이른바 institutionalization(가치의 내재화)인 것이다. 바람직한 가치, 요즈음 말로 기업 문화, core value, competency의 정돈이다. 어찌 되었건 규칙은 여러 가지의 사건들을 모두 포괄할 수가 없다. 일일이 법조문처럼 작성해 보아야 소용없고 더욱 복잡해지기만 한다. 원칙 중심(Principle−Centered Leadership/Stephen R. Covey)으로 해결해야 한다. 해석이 필요하고, 그래서 경영을 art라고 한다.

2) 핵심 쟁점들

이 외에도 훨씬 많은 연구들이 이 주제에 관심을 보였다. 그렇지만 간결성을 꾀하기 위해 우리는 관료제 모델의 수정이 전개되면서 중심이 되었던 핵심적 쟁점들을 관료제를 공박하는 요지와 이에 대한 필자의 응답으로 다음과 같이 요약한다.

① 사람들은 자동 기계가 아니다: 관료제적 모델에 대해 퍼부어진 중요한 비판 중의 하나인 개인을 기계의 톱니바퀴처럼 다루는 그 모델의 경향과 관련된다는 말이 반드시 옳지는 않을 것이다. 실제로 초기의 조직 및 관료제 이론들은 자주 '기계론(machine theories)'이라고 불린다. 이 문제는 Taylorism에 대한 공박과도 같은 문제이다. 인간적인 면을 고려하지 않은 것과 비인간적이라는 것은 다른 말이다. 인간적인 면은 차후에 추가하면 된다. 다만 관료제의 토대 위에서 행하여져야 한다.

Weber는 인간관계론이 말하는 요소들을 배제하라고 말한 적이 없다.

② 조직은 비공식 집단의 형성을 초래한다: Hawthorn 연구에서 비공식 집단이 '발견'된 이후로 조직 내에서 비공식 집단의 존재가 뚜렷하게 인정되고 설명되어 왔다. Taylorism의 공박에서 상세히 다루도록 하자.

③ 효율성과 혁신은 동의어가 아니다: Burns와 Stalker(1961)는 만일 어떤 조직이 변화하는 환경 속에서 생존하고 발전하려면 좀더 유기적인 조직 형태가 필요하다고 주장하였다. 관료제(혹은 Burns와 Stalker의 용어로는 기계적 조직)는 그것이 최대의 효율성을 만들어 내기 위해 수립되었을 것이라는 사실에도 불구하고 조직 내부에서든 외부에서든 변화에 느리게 적응한다. 일단 조직 외적 변화가 발생하면 조직의 효율성이 감소되기 쉽다.

④ 관료제는 일면적 실체가 아니다: 조직은 체계라는 맥락에서 볼 때 상호 의존적인 하위 체계들로 구성된다. 체계 혹은 조직 부문들 간의 이러한 상호 의존성은 관료제적 모델에서는 파악되지 않는 경향이 있다. 상호 의존적으로 파악하면 된다.

⑤ 개인들은 의사 결정자일 수 있다: 두 번째 쟁점에서 제시했듯이, 많은 조직 업무들의 상례화 경향에도 불구하고 개인들은 조직 내에서 때때로 의사 결정을 해야 할 필요가 있다. 관료제 모델은 이러한 기회의 거부를 함축한다고 한다. 복잡한 문제도 아니다. 거부하지 않으면 된다.

⑥ 관료제는 대규모 조직에 더욱 적합하다: 조직이(다양한 방법으로 측정되는) 규모 면에서 증대됨에 따라 조직은 더욱 공식화되고 상례화되는, 즉 관료제화하는 경향이 있다. 따라서 더 작고 덜 복잡한 조직에서는 관료제가 적합한 종류의 구조가 아닐 것이다. 실제로 이런 조직에

서는 관료제적 조직에 결부되어 있는 많은 특징들이 점점 덜 필요하게 되는 경향이 나타날 것이다.

이상과 같은 일반적 쟁점들은 Gouldner와 Blau 같은 저자들의 연구에 담겨진 더욱 실질적인 비판들과 더불어 공식적 관료제 모델에 퍼부어진 비판의 실체를 구성한다. 그러한 관료제 모델은 초기에는 Weber의 저작에서 전형적으로 나타났고, 공식적 행정·이론 및 과학적 관리론에서는 다소 약화되어 나타났다. Weber적인 사회학자들이 이러한 비판에 주목하지 않거나 아무런 응답도 하지 않은 것은 아니다. 그런데 저자가 보기에는 이들 사회학자들이 너무 깊이 생각하고 있는 것 같다. 우리 같은 날나리 경영학자는 이런 말을 들으면 한 마디로 "보완하면 되잖아! 누가 관료제만이라고 했나? 우선 그것부터 정돈하자고 했지. 그 다음 비판자들이 지적한 것들을 필요에 따라 보완하는 것이지, 뭐."

3) Ideal Type과 Verstehn의 문제

Weber에 대한 오해는 그가 사용한 두 가지 개념을 제대로 이해하지 못하기 때문으로 보여진다. '이상적 모델(ideal type)'과 '이해한다(verstehn)'의 개념이다.

복잡하게 생각하지 말고 상식적으로 말하여 보자. ideal type은 현실에서 실제로 존재하지 않는다. 기하학적인 실체와 비슷하다. 실제로 직선은 존재하지 않는다. 현미경으로 보면 모든 선이 다소간 굴곡이 있다. 그런 이야기이다. 그러니 현실에서 발생하는 실제 상황이 ideal type과 괴리가 있다고 하여 ideal type에 문제가 있다고는 할 수 없다. 참고하고 그 방향으로 가라는 것인데, 그것을 두고 ideal type대로 안 되었다고 하여 용도 폐기할 필요는 없는 것이다. 그러니 이해하시라는 것이다(verstehn). 그럴 수도 있다는 점을 충분히 헤아리고 의도만큼은 ideal type을 향해 노력했다는 점을 알아 주라는 것이다. 양해하여 달라는 것과는 다르다. 양해는 실수나 잘못을 봐 달라는 것이고, 이해해 달라는 것은 전체적인 정황과 현실적 한계성 등을 모두 헤아려 보았을 때 이것이 최선의 선택이자 결론이었다는 것이다. 비록 ideal한 것과는 거리가 있지만….

Q : 관료제 병폐의 원인을 설명한 Merton, Gouldner, Selznick은 우리들의 현실을 적 나라하게 지적하고 있지 않습니까?

A : 최소한의 요건만을 채워 책임을 면하려고만 하는 행위, 규칙이 목적이 되고 규칙을 위한 규칙이 되어 실제 내용에서 이탈하는 형식주의, 부문 간의 장벽으로 협조와 의 사 소통이 안 되는 것 같은 관료제의 병폐를 지적하고 있습니다. 관료제의 핵심인 합 리성을 근거로 한 비인격성의 근간을 실현시키려는 과정에서 발생하는 문제들입니다 만, 사실 기대하지 않은 효과인 관료제의 병폐를 시정하기 위해 합리성과 비인격성을 훼손할 필요는 없지 않습니까?

'철 밥통'이라고 하지 않습니까? 어떻게 하건 면책 사유만 없다고 지위를 보전하고 때가 되었다고 승진하게 되면 Merton이 지적한 병폐가 나타납니다. 연봉제 같은 것 으로 처리할 수도 있겠지요?

수단이 목적이 되고 규칙을 위한 규칙으로 형식주의에 빠져들기도 합니다. 어느 기업 에 consulting을 갔을 때, 중역분이 근사하게 브리핑을 하셨으나 정직 중요하고 문 젯거리가 되는 이야기는 빠져 있었습니다. 국회 청문회 자리냐고 핀잔했습니다. 근사 한 말 듣자고 목표 관리 하는 것이 아니라는 것이지요. 잭 웰치가 한국의 기업가들에 게 전한 고언입니다. 일은 안하고 회의 때마다 자기 부문의 변명만 늘어 놓고 잘난 척 만 합니다. Philips 사의 목표 관리 양식에는 'It's not a form, nor a procedure' 이라는 말이 적혀 있습니다. 양식을 어떻게 채워 넣고 언제 어떻게 처리하느냐는 절차 가 아니라는 뜻입니다. 실제 내용이 문제인 것이지요.

3. 여비서 이야기: 조직 실체의 파악[7](Real Organization)

여비서 이야기/Who commands who?:

연구원 시절, 바람 쏘이려 밖에 돌아다닐 때 원장이 나를 급히 찾는 경우가 많았다. 나는 연구조원(비서)에게 list를 건네 준다: 노동부, 치과, LG, 국회 도서관…. 그리고는 정말 내가 있는 곳(사우나)의 전화번호를 남겨 둔다. 원장이 나를 찾으면 조원은 즉각 순서대로 말한다. 그리고 내게 전화해서 원장이 찾는다고 알려 준다. 추석 즈음 조원이 기차표를 구하지 못하여 고향에 못 간다고 한다. 얼른 비행기표를 사 준다. 가끔 몸이 아프다고 하면 일부러 심부름을 시키고는 끝난 후 집에 가라고 한다. 원장도 다 안다. 그렇지만 박사들을 달달 볶아야 좋을 것도 없고 우리들과 술 맛만 떨어지고 만다. 원장이 술 먹으러 가자고 할 때 가기 싫으면 안 가도 되니까 원장은 심심해진다. 무얼 물어 보면 퉁명스럽게 답해 버린다. Who commands who? 어떤 조직에서 어느 녀석이 봉창 두드리는 소리를 하면 "쟤는 뭘 몰라" 그런다. 무엇을 모른다는 것인가? 조직의 숨어 있는 rule을 모른다는 것이다. Crozier가 말하는 game rule이다. 이것을 조직의 실체라고 한다. 이상의 예는 별로 좋지 않은 예이기는 하나, game rule이 모두 나쁜 것은 아니다.

조직은 성장하면서 관료화(bureaucracy)되어 간다. 관료 조직은 Weber의 합리성의 개념에서 나온 이상적인 조직 형태이다(ideal type). 그러나 실제로 관료화된 조직에서는 뜻대로 움직이지 않는 악순환이 지속된다. 흔히 관료화되었다는 의미는 이런 것을 뜻한다. 그 원인(unexpected results; 기대하지 않은 효과)에 대하여 조직론에서는 Merton, Selznick, Gouldner 등과 같

---

7) 이 내용은 프랑스 Aix Marseille 3 대학에 계신 Romelair 교수가 Crozier 교수의 이론을 요약 정리하여 학생들에게 나누어 준 교재의 일부분을 번역하여 발췌한 것이다. Crozier의 대표적인 저서로는 「Phenomene Bureaucratique」와 「Actors & Systems」가 있다.

은 학자들에 의하여 다양하게 설명되어 왔다. 여기서는 그것보다 훨씬 현실적인 해석을 해 놓은 Crozier의 이론과 방법론을 소개한다.

Crozier를 이해하면서 개인과 개인, 개인과 집단, 집단과 집단 간의 관계를 포괄적이고도 현실적으로 파악하게 된다. 바로 구성원 개인과 구성원들 간의 관계성에서부터 조직 실체를 설명하고 있기 때문이다. 개인 행동과 조직 행동은 따로 분리할 수가 없다. 물론 편의상 개인 수준에서 다루어야 할 문제와 집단 행동 수준에서 다루어야 할 문제가 있다. 그러나 현실적으로 집단 내에서 개인이 행동하고 개인들 간의 관계가 집단 행동을 구성한다.

1) 개요

조직은 넓은 의미의 기술적인 문제일 뿐만 아니라 사람의 문제이기도 하다. 그래서 기업 내에서 개개인의 행동과 집단의 관계를 조정하는 것이 문제 해결의 실마리이기도 하다.

이것은 커뮤니케이션의 개선, 공식적인 권위의 행사, 개인과 집단, 집단과 집단간의 갈등 해결, 새로운 기술과 제도 도입, 조직의 변화 유도, 그리고 심지어 한 개인의 의사 결정이 아닌 집단이 함께 문제를 정의하고 의사 결정을 내리는 문제에 있어서도 고려해야 할 사항인 것이며, 리더십을 포함한 모든 형태의 개인 행동에도 적용되는 문제이다.

다음의 세 가지 이유 때문에 조직의 문제는 복잡한 것이다.

① 개개인의 노력은 나름대로 특이하다(different).

② 모든 문제도 역시 어느 정도 특이하다.

③ 제도적으로(공식적인 권위, 제도, 절차 등) 문제 해결을 하는 것만으로는 미흡하다. 왜냐하면 공식적인 조직은 조직의 실체를 구성하는 하나의 요소일 뿐이기 때문이다.

현실을 충분히 직시하고 파악하지 않고서는 효율적인 행동을 전개할 수가 없다. 예기치 못한 저항이 의외로 강하게 나타나거나 아무런 문제도 아닐 것이라고 생각하던 사항들이 문제가 되어, 의도했던 바가 빗나가거나 좌절되기도 하고 애초에 시도했던 것과는 다른 주제가 부상되기도 한다.

한마디로 모든 행동은 기술적(광의)으로는 완벽하게 보여도 실제로는 예상하지 못한 결과로 인해 실패할 가능성이 있다. 이런 결과는 가끔 사전에 준비한 자료나 정보가 불충분했기 때문이기도 하다. 그러나 주요 원인은 무엇보다도 한 조직이 해당 상황에서 어떻게 움직이고 반응하여 가는지 조직 행동에 대해 구체적으로 이해하지 못했기 때문이다. Crozier 교수는 이 구체적인 조직 행동을 '게임'이라고 불렀다.

2) 개인의 행동 전략과 개인 간의 관계

① 개인의 행동 전략

경험으로 볼 때, 개인은 시키는 일이나 규범에 따라 수동적으로 움직이지는 않는다. 개인은 흔히 말하는 동기 부여에 따른 행동 또는 수동적 입장만 취하는 것이 아니고 제 나름대로의 행동 반경이 있으며 이것을 적극적이고도 조직적으로 활용하고 있다. 그런 이유 때문에 적극적 개인 행동과 그의 전략적 행위에 대하여 말하게 된 것이다. 자세히 관찰하여 보면 다음과 같은 현상을 발견하게 된다.

• 개인은 명확한 목적이나 목표를 지속적으로 갖고 있는 것이 아니다. 대개 여러 목표가 다소 불명확하거나 자체 내에 모순이 있기도 하다. 행동하다 보면 수정되거나 없어지고 또 때로는 새로운 목표들을 찾게 되는데, 이것은 불확실한 미래 때문에 개인 행동의 입지를 바꾸거나 행동 자체를 수정해야 하기 때문이다. 그래서 한 시점의 방법은 목적이 되고 역으로 목적이 수단화되기도 한다. 그래서 개인 행동이 명확하고 정돈된 의식 속에서 사전에 잘 계산되어진 계획 하에 움직인다고 하는 것은 환상이다.

• 그럼에도 그 행동은 능동적이다. 항상 제약받고 있지만 좀처럼 결정되지 않는다. 수동적인 행동인 경우에도 그것은 어느 정도 선택에 의한 수용인 것이다.

• 행동에는 항상 의미가 있다. 명확한 목적에 부합하지 않는다고 비합리적이라고 할 수는 없고 오히려 그가 당면한 기회에 비추어 보면 확실히 합리적이라고 할 수도 있다. 그가 설정하고 해석한 상황에 비추어 주어진 기회에 어떻게 행동하느냐를 보면 나름대로의 합리성이 있음을 알 수 있다. 타인의 행동과 서로간 설정한 '게임'을 감안하여 보면 분명해진다.

• 개인 행동은 양면성이 있다. 기회를 포착하고 상황을 호전시키려는 능동성과 현상을 유지하거나 자신의 행동 반경 자체를 보호하려는 수동성이 있다.

• 어떤 의미로 보면 비합리적인 행동은 없다. 그래서 겉으로 보기에 매우 합리적인 행동이나 전혀 엉뚱한 행동에도 행동 전략이라는 개념을 보다 광범위하게 적용할 수가 있다. 유머나 감성적 반응도 행동 전략이라는 점에서 자세히 보면 나름대로의 규칙성이 있다. 이 규칙성이란 사후

적으로 표면에 나타난 횟수를 말하는 것이 아니다. 또한 전략적 행동이란 '의지'라는 개념과는 다르고, 반드시 의식적인 행동이라고도 할 수 없다.

개인은 상황을 인식하고 행동 전략을 결정한다(상황이란 자신의 가용 자원, 능력, 제약 조건, 주어진 기회, 조직 내의 인간관계 등). 이러한 점에서 개인의 말과 행동을 좌우하는 태도를 파악하는 것이 전략적 행동을 이해하는 데에 중요한 요인이 된다. 개인은 자신의 태도를 과거에(사회화 과정, 과거의 경험 등) 의존하지 않고, 자신이 벌이고 있는 게임 상황에서 현재와 미래의 기회를 보고 태도를 결정하여 자신의 행동 전략을 다듬어 간다. 태도는 자신이 가용할 수 있는 자원과 기회를 가늠하여 형성한 전략적 행동의 방향성을 결정한다.

② 개인 간의 관계는 협상의 산물이다.

제도에 의하여 사전적으로 명시되어 있든 그렇지 않든, 구성원 간의 관계를 공식 조직으로 모두 통제할 수 있는 것은 아니다. 개인이 조직 내에서 자신의 위상을 설정하여 활동하는 것은 타인과의 관계에 의해서이다. 이러한 관계는 개인의 행동 범위에 결정적으로 영향을 주고 상황을 설정하는 주요한 요인이 되어 개인의 전략적 행동을 유도한다. 이러한 관계 속에서 구성원들은 나름대로의 행동을 하게 되는데, 아무리 단순한 만남이라고 해도 이것은 기본적으로 협상인 것이다. 이 협상의 성격을 보면 다음과 같다.

• 개인은 여러 가지 명시된 활동과 목표, 역할을 갖고 있다. 가능한 범위 내에서 이러한 역할들은 개인에 의하여 해석되고 재고되며 행위로 표현된다.

- 목표를 달성하는 과정에서 개인은 타인과 관계를 설정해 간다. 이러한 협조는 정보의 요구, 개입, 참을성, 중립을 지켜주는 것, 인적 · 물적 자원을 지원하여 주는 것 등을 말한다. 이러한 협력은 권리에 의하여만 반드시 얻어지는 것은 아니다.

- 이러한 협력은 반대급부를 요한다. 그러나 그 교환이 항상 등가는 아니다. 오히려 사람들 간의 권력 관계의 산물이라고 보아야 한다.

- 이 권력 관계라는 개념에 대하여 알아보자. 권력이란 사람들에게 부여된 어떤 특성도 아니며 특정 지위에 신비롭게 부여되어 양으로 표현할 수 있는 것도 아니다. 권력이란 관련된 사람들로 하여금 하나의 목표를 달성하도록 개인적인 목표를 조절하게 하는 관계성에 있는 것이다. 실제로 어떤 사람들은 다른 사람보다 많은 권력을 가지고 있으나 '절대적인 권력'은 없다고 보아야 한다. A는 B와의 관계를 설정하면서 구체적인 목적이 있다. B로 하여금 자신의 행동 반경에 의존하도록 하는 것이다. 그러나 B는 자신의 목적을 달성하는 여러 수단들이 있다. A의 요구에 대하여 B가 구사할 수 있는 행동 반경은 A로 보면 B의 불확정 영역이 되고, 그 범위 내에서 B는 A와의 관계에 힘을 발휘할 수 있게 되는 셈이다. 따라서 개인이나 집단의 힘은 상대적 관련성 하에서 그가 보유한 불확정 영역의 크기와 비례한다고 볼 수 있다. 이 불확정 영역에는 아무 것이나 해당되는 것이 아니고 상황에 적합한 의미가 있다. 다시 말하면 특정 문제를 해결하는 데에 있어서 상대편의 이해 관계에 영향을 줄 수 있는 자신의 행동 반경을 의미하는 것으로, 이것이 상대방에게 영향력을 행사할 수 있는 힘이 된다. 이 불확정 영역, 즉 힘의 원천이 되는 것은 예를 들어 다음과 같은 것이 있다. 내부 커뮤니케이션, 외부 커뮤니케이션, 전문성과 정보의 공유, 일반적인 조직 운영 규율의 활용 등이다.

- 이렇게 보면 구성원 간의 관계는 힘의 역학이 작용하는 협상이며, 협력과 상호간의 주고 받음은 단순한 접촉이 아니다. 협상이며 전략적인 게임으로서, 이 안에서 서로가 영향을 주고 받는 관계이다. 이러한 협상은 부분적으로는 구조화되어 있지만(제도, 절차, 규율, 공식적 권위 등) 개개인 모두가 나름대로의 행동 반경이 있기 때문에 전적으로 그렇다고는 할 수 없다. 반면 개인 간의 관계는 일반적으로 지속적이며 정형화되어 있다. 이러한 관계에 의하여 협상 과정에서 자신의 행동 반경을 활용하는 법을 차츰 구조화시켜 나간다. 개인은 자신이 처한 환경과 타인의 행동 전략, 그리고 게임의 규칙을 고려하여 행동 전략을 설정한다. 이렇게 사람들은 상호 관련이 있는 어느 정도 정형화된 행동 전략들을 통하여 구조를 만들어 가고 있다.

3) 조직 실체의 성격

조직 실체는 우선 개별적인 특수성이 있고 매우 불확정적인데, 그것은 구성원이 나름대로의 자율성을 갖고 개인적인 안목으로 현실을 파악하여 개인적인 행동 전략을 수립하기 때문이다. 또한 나름대로 특수한 다른 게임의 영향도 받고 있다.

두 번째로는 어느 정도 안정적이라는 점이다. 사람들은 나름대로 적절한 행동 양식이 있다. 경험적으로 보면 행동 양식에는 규칙성이 있는데, 이것으로 개인의 행동 전략을 파악할 수 있다. 규칙성이 발생하는 이유는 모든 사람들은 보호가 필요하기 때문이다. 사람이란 특히 사회적 학습 과정에서 항상 새로운 문제를 야기하고 실험하며 갈 수만은 없다. 사람들은 매번 자신의 행동 반경 내에서 새로운 협상을 해 나가며 게임을 풀어 가는 과정 자체는 변경할 수 있으나, 결국은 서로간에 관계를 맺어가면서 정형화시켜 나간다.

개개의 조직 실체는 조직 전체의 한 요소이다. 이것은 공식 조직에 의해 영향을 받고 있으나, 그것과 다른 이유는 최초에 설정된 문제를 당사자들이 일정한 방법으로 풀어 가는 과정에서 그 문제 자체가 변형되어 가기 때문이다. 그래서 조직이란 당사자들에 의해 구체화된 행동 과정에서 새로이 설정되어진 문제라고 보아야 한다.

① 조직 실체는 게임들의 유기적 결합체

조직 실체는 게임들의 유기적 결합체로서 다음과 같은 특징이 있다.

- 제약: 게임의 규칙을 어기면 제재가 따른다.

- 개인은 나름대로의 행동 반경이 있다.

- 이해 관계에 얽힌 핵심 사안이 있다.

게임에는 규칙이 있어 당사자들은 다음 사항을 계산한다.

- 이기고 질 확률

- 이기거나 피해를 최소화할 일련의 전략들

- 전략들 가운데서 선택의 범위

'게임'이라는 개념으로 보면 당사자들의 행동은 보다 선명하게 이해된다. 개인은 나름대로 행동하면서 자신의 이익을 추구하여 간다. 이러한 가운데 싫든 좋든 집단의 목적이 수행되도록 자신들의 행동 전략들이 제한되고 조절되어 간다. 구체적으로 어떤 게임이 있는 것일까? 우선 공식적인 게임이 있다(예산, 신제품 개발 등). 이러한 게임의 주제나 규율은 공식 조직의 일부여서 특히 가시적으로 드러나고 있다. 그러나 이것이 전부는 아니며 항상 가장 중요한 게임이라고 할 수는 없다. 조직의 실체를 구성하는 일련의 게임들은 사전에 확정되어 드러나 있는 것이 아니며 외부인이나 내부 구성원에게조차 가려져 있을 수도 있다. 이것을 찾는 방법은 다음과 같다; 협상하는 사람들 간의 관계성에서 찾을 수 있고 '불확정 영역'을 중심으로 형성되어 있다. 또한 조직이 공식적으로 어떻게 움직여야 한다는 조직 체계와 규율이 권력 관계가 형성되어 가는 場을 결정짓기도 한다. 특정 행동이 보다 선명하게 수행되도록 절차를 마련하게 되는데, 이것을 출발점으로 하여 조직의 불확정 영역이 발생하고, 이에 따라 개인과 집단은 자신들의 적절한 행동 전략을 세워 나가며, 권력 관계들을 형성하여 간다. '불확정 영역'이라는 개념이 적절한 표현이다. 왜냐하면 게임들이란 관계성에 의하여 형성되어지는데 이 관계성조차 다른 게임들을 수반하기 때문이다. 관계성과 마찬가지로 게임들도 부분적으로는 공식 조직에 의하여 정형화된다. 그러나 개인들은 나름대로의 행동 전략으로 게임을 풀어 나가는 과정을 설정하는데 게임 자체가 지속적이면 게임을 풀어 가는 과정도 정형화된다. 사람들이 만든 이 게임과 게임을 풀어 가는 과정이 조직의 실체이다.

② 게임들과 게임들을 풀어 가는 과정에 대한 규제

조직에 대한 이해는 조금 더 세밀하게 관찰하여야 한다. 왜냐하면 조직은 게임들과 게임들을 풀어 가는 과정들의 단순한 집합이 아니기 때문이다. 이것들은 여러 가지 요인들의 영향을 받고 있다. 지속적인 관계 속에 살아가는 구성원들은 관계 끊기를 주저하고 수정되기를 바라고 있다. 구성원들은 암묵적으로 합의한 행동 양식에서 상대방이 벗어나거나 관계를 저버리려고 하면 상대에게 벌을 가할 수단을 강구한다. 이처럼 구성원들이 설정한 구조는 거꾸로 구성원들의 행동 반경에 제약을 가한다.

게임을 풀어 가는 과정들은 서로간 영향을 준다. 판매하는 사람이 고객과 갖는 관계가 기업 내에서의 관계에 영향을 주고, 역으로도 그렇다. 이렇게 구성원 모두가 상호 관련되어 있다. 대부분의 경우 외부 환경이 변하거나 구성원이 변하여도 조직 자체는 어느 정도의 안정성을 지속한다. 이 안정성이 있다는 것 자체가 조직을 규제하는 힘이 존재한다는 것을 의미한다.

요약하면 개인의 행동과 인간관계들은 공식 조직에 의하여 전적으로 규제된다고 할 수가 없으며, 조직의 현실은 게임과 게임을 풀어 가는 과정, 그리고 규율의 mechanism으로 이루어진다. 공식 조직과 조직 실체는 연관성이 있다. 전자는 후자를 결정짓는 것이 아니라 영향을 준다. 다시 말하면 조직과 규율은 잠정적인 유기적 결합체를 구성함으로써 제한된 범위 내에서 구성원들이 가용 자원들과 협상 능력을 나름대로 구사하도록 하여 일련의 목적을 추구하여 간다.

현실성을 제대로 감안하지 않은 이론들을 가지고 조직을 파악하면 '기대하지 않은 반응'을 포착할 수 없다는 것이 Crozier 조직론의 핵심이다. 조직 실체를 움직이지 않고 조직 실체가 움직이고 있는 일련의 제약 조건들만 변경한다는 것은 결국 기대하지 않는 반응을 불러일으키는 결과를 초래한다. 대부분 조직에서 나타나는 현상들을 통해 사람들은 바람직하지는 않지만 그나마 좀더 나은 상황으로 갈 수 있도록 적응되고 있다. 우회적인 의사 결정, 방해, 비합리적 반응 등이 그렇다. Crozier의 시각은 이러한 현상들을 이해하게 하고 이것을 통하여 조직 실체가 움직이는 현실을 볼 수 있게 한다. 이해한다고 문제가 해결되는 것은 아니지만 맨 처음 하여야 할 작업이다.

Q : Crozier가 파악한 역기능에 순응하라는 의미입니까?

A : 그렇지는 않습니다. 제대로 보라는 의미입니다. 우직한 합리성을 구축하려고 해도 뱀 같은 지혜를 겸비하라는 뜻입니다. Crozier는 관료제의 역기능을 조직 내에 내재하는 구성원 간의 game으로 설명하고 이것을 조직의 실체로 보고 있습니다. 조직의 실체는 조직의 공식적인 rule을 기축으로 조직 구성원들 간에 game 상황이 벌어지고, 이 모종의 game-rule이 좋은 것이든 나쁜 것이든 조직의 실체를 구성하게 됩니다. 그러나 어떠한 형태의 조직 개발(Weber의 모형 포함)도 조직의 이러한 현실을 도외시하고 넘어갈 수는 없습니다. 또, 그래서는 안 된다는 당위론적인 주장보다는 실질적으로 현존하는 game-rule을 어떻게 바람직한 방향으로 변화시키느냐가 핵심적인 사안인 것입니다.

Q : 개인의 행동 전략의 목표를 힘(power)의 증강에 의한 영향력 범위의 확대에 있다고 하는데, 힘의 원천을 왜 '불확정적 영역'이라고 하십니까?

A : 우선 '나'와 관련 있는 당사자의 입장에서 봤을 때 불확정적이라는 의미입니다. 당사자의 입장에서 어쩔 수 없이 받아들여야 하는 가변적인 요소를 의미합니다. 그리고 그 가변성에 의해 당사자의 이해 관계가 상당히 달라질 수 있는 것이라면, 그때가 바로 내가 당사자에게 상당한 힘을 발휘할 수 있는 상황이라는 것입니다. 예를 들어 내가 누구의 비리를 알고 있는데, 이를 고발할 수도 있고 그냥 넘어갈 수도 있다면(불확정적 영역), 나는 당사자에 대한 힘(영향력)이 있다고 볼 수 있습니다.

이 힘의 원천은 여러 가지입니다. 조직의 공식적인 권한일 수도 있고, 남들이 넘볼 수 없는 전문성일 수도 있고, 조직의 외부와의 접촉 과정에서 발생하는 information과 negotiation의 폭일 수도 있습니다.

Q : 그렇다면 직원들 간의 담합으로 조직의 실체가 구성된다는 것입니까?

A : game-rule을 규제하는 또 다른 mechanism도 존재합니다. 개인 간의 담합이 조직에 부정적인 영향을 미치고, 그것이 드러나면 직원들 간에 또는 조직의 長, 아니면 사회적인 압력에 의해 변화합니다.

Q : 모든 사람들이 이렇게 전략적입니까?

A : 정도의 차이가 있고, 그 정도가 미미하면 사실 전략적이라고 표현하는 것은 부적절합니다. Sainsaulieu의 연구에 의하면, 전략적 행동 패턴은 관리직과 영업직에 나타나는 두드러진 특징이라고 합니다.

Q : 정신병자도 그의 행동이 합리적입니까?

A : 병적인 사고와 행동으로 충격을 회피해야 한다는 전략적인 행동으로 보면 그것이 무의식이기는 하나 합리적이라는 것이지요. 그러나 이런 것까지 합리적인 범주에 포함시키는 것은 확대 해석입니다.
Crozier의 이론을 관리직과 영업직, 조직 생활 정도로 국한해서 해석하면 무리가 없을 것입니다. 그리고 프랑스보다는 우리 나라가 덜합니다. 다른 범주에 속하는 사람들의 사고와 행동 패턴은 Sainsaulieu의 「Identite au Travail」을 참조하십시오. 또, 졸저 「기업 문화와 성과급(한국노동연구원, 1993)」 31, 32쪽을 참조하십시오.

Q : Crozier의 이론이 왠지 생존경쟁을 부추기는 성향이 보이는데요?

A : 그렇습니다. 프랑스 정치학자 중에 Alain Tourane는 좌파를 대변하고, Crozier는 우파를 대변합니다. 개인적으로는 Crozier의 아이디어를 이어받아 노동자 생활까지 했던 Renault Sainsaulieu를 더 좋아합니다. 그리고 이 책의 근간이 되는 개념들은 Touraine의 개념이기도 합니다. 그렇지만 좌파든 우파든 Crozier가 이 부분을 설명한 틀이 워낙에 탁월합니다. 이념을 따지기 전에 좋은 것은 배우는 것이 더 중요합니다.

제2장 과학적 관리와 인간관계론:
역사는 돈다

F. Taylor는 자의반 타의반 미국 의회의 청문회에 나섰다. 자신에 대한 오해를 풀기 위해서였다. 흔히 Taylor를 공박하는 사람들은 그가 인간을 기계화하였고, 공장 생산성을 높여 노동자를 착취하는 사용자의 주구라고까지 흥분하며 욕하기도 하였다. 비인간화의 대명사 F. Taylor. 지금도 경영학 교과서에서는 그에 대한 마지막 비판을 인간관계론이 이어받는다. Taylor는 기가 막혔다. 과학적 관리법은 산업 평화를 위해 마련한 이론이란다. 과학적 관리로 생산성을 높이고 표준을 설정해서 공정하게(fair) 노사가 더 많이 나눌 방도를 마련했단다. 일류 인간이란 인간에게 등급을 매기려 한 것이 아니라 적성에 맞는 일을 찾아 숙련된 솜씨로 일하는 사람을 말한다. 일을 잘하는 사람에게 차별적으로 성과급을 더 주라고 한다. 노조원을 분열시키려고 그런 것이 아니라고 했다.

Max Weber와 마찬가지로 Taylorism에 대한 공방을 보면 역사는 돈다는 것이 실감난다. 요즈음에도 한참 되풀이되는 공방이다. 다만 Weber나 Taylor를 들먹이지는 않는다. 그러나 그 내용이 어쩌면 이리도 유사한지….

1. 청문회에 나간 F. Taylor

Taylor는 도제에서 출발하여(그러나 그의 출신 배경은 부유한 집안이었다) 큰 강철 회사의 수석 기술자가 될 정도로 충분히 뻗어 나갔다. Taylor는 명성을 얻기 전에 이미 관리에 대한 자신의 생각을 발전시키고 그것을 신봉했다. 그의 기법은 1880년대에 처음으로 적용된 것으로 보인다. 그러나 그가 회사를 창설하여 자신의 관리 기법과 관리 개념을 사용한 것은 1889년이었다. Taylor는 오늘날 「과학적 관리의 원칙들(1911)」이라는 저서로 가장 잘 알려져 있지만, 첫 간행물은 1895년 American Society of Engineers(미국 기술자 협회)에서 발표한 「성과급제도: 노동문제의 부분적 해결을 향한 한 걸음」이라는 제목의 논문이었다. Taylor는 '과학적 관리', 즉 작업에 대한 시간 및 동작 연구의 창시자였다. 그 연구는 '단위 시간에 대한 정확하고 과학적인 연구'라는 점에서 스스로 과학임을 주장한다. 과학적 관리 기법은 수동 작업을 동작의 가장 작고 단순한 구성 요소들로 분해하여 '노동자의 작업을 개선하여 생산성을 높이려는 목적으로' 행하여졌다. 20세기 초 미국의 공장이 점차 대량 생산 체계를 중심으로 급성장하면서 Taylor는 합리적이고 효율적인 공장 경영과 생산 체계를 갖추기 위하여 여러 사람의 아이디어를 종합하여 공장 경영에 새로운 과학적 관리법을 제안한 것이다. 즉, 길브레스(F. Gilbreth), 에머슨(H. Emerson), 간트(H. Gantt), 타운(H. Towne) 등 생산 전문가들이 창안한 여러 가지의 합리적인 공장 경영 기법을 종합·정리하여 체계적인 경영 원리를 발표하게 된 것이다. 과학적 관리법의 주요 내용을 요약해 본다.

1) 과업 관리

과학적 관리법의 첫째 원리는 경영자와 근로자의 직책이 분업화되어야 한다는 과업 관리(task management)이다. 즉, 경영자는 근로자의 직무와 직무 수행 방법을 근로자 자신에게 맡길 것이 아니라, 근로자의 직무를 설계하고 직무 수행 방법도 구체적으로 설정하는 기획 업무에 치중해야 한다. 그리고 근로자는 경영자가 설정한 직무를 그대로 수행해야 하는 것이 그들의 과업이다.

이 원리는 공장의 모든 업무가 주로 근로자 자신에게 맡겨져서 그들의 주먹구구식(rule of thumb)의 임의적인 업무 처리에 의존했던 20세기 초의 공장 실정에 획기적인 변화를 가져왔다. 즉, 시간 및 동작 연구(time and motion study)를 통해 직무의 내용은 물론 직무 수행에 사용되는 도구 등 작업 환경도 표준화하여 가장 합리적인 직무 수행 방법(one best method)을 설계하고 이를 기준으로 표준 생산량(production standard)을 설정하는 등 경영자의 기획 기능을 강조하였다. 이와 같이 경영자와 근로자의 직책과 기능을 분명히 구분하여 근로자의 임의적인 판단을 방지하고, 경영자의 적극적인 직무 연구와 직무 설계를 통하여 공장의 생산 관리를 합리화 및 효율화시켜야 한다는 것이 과업 관리의 원리이다.

2) 과학적 선발과 훈련

과학적 관리법의 둘째 원리는 동작 연구에 의하여 설계된 직무 내용과 합리적인 직무 수행 방법을 기준으로 하여 직무를 만족스럽게 수행하는 데에 필요한 근로자의 자격 조건을 명시하고, 이에 따라 근로자들을 선발하고 훈련시켜야 한다는 원리이다. 따라서 과학적 선발과 훈련(scientific selection and training)은 직무 내용과 작업 조건을 중심으로 인간 공학(human engineering)측면에서 직무에 요구되는 육체적ㆍ지능적 자격을 갖춘 근로자들을 선발하고, 또 직무 조건에 맞추어 표준 생산량을 감당할 수 있도록 근로자들을 훈련시키는 공장 경영의 과학적인 인사 관리 원리이다.

3) 성과에 의한 보상

과학적 관리법의 셋째 원리는 근로자를 보상하는 데 있어서 성과에 비례하여 임금을 지불해야 한다는 것이다. Taylor는 근로자의 성과를 생산량으로 측정했고 이것을 기준으로 성과급제를 주장하였다. 그런데 Taylor는 단순히 생산량에 정비례하여 지불하는 단순 성과급제(straight piece-work payment system)를 초월하여 일정한 표준량을 설정하고 표준량을 초과하는 부분에 대하여 더 높은 임금을 적용하는 차별 성과급제(differential piece-work payment system)를 창안하였다. 물론 차별 성과급제에서 적용되는 표준량과 임금률은 동작 연구를 통하여 설정된다. 이와 같은 성과급제를 통하여 근로자의 경제적인 동기를 유발시키고 공장의 생산성을 극대화시키려는 것이 과학적 관리법의 중요한 목적이다.

4) 노사 간의 화합

경영자와 근로자의 목적은 서로 화합을 이룰 수 있고 이 화합 관계는 근로자의 생산 업적에 대한 정당한 보상을 통하여 실제로 이루어질 수 있다는 것이 과학적 관리법의 기본 전제이다. Taylor는 기업의 목적은 생산성과 이에 따른 이익을 극대화시키는 데 있고, 근로자의 목적은 경제적 인간(economic man)으로서 자신의 보상을 극대화시키는 데 있다고 보았다. 따라서 Taylor는 기업과 근로자 양측의 목적을 일치시키려면 생산 실적에 대하여 정당한 보수를 주어 근로자의 경제적 욕구를 충족시켜 줄 수 있는 성과급제, 특히 차별 성과급제가 사용되어야 한다고 주장하였다.

5) 기능적 감독자 제도

공장의 생산성을 올리기 위한 과학적 기법은 근로자의 직무 설계뿐만 아니라 공장의 관리 조직에도 적용되었다. Taylor는 공장의 생산성에 가장 중요한 역할을 하는 관리자는 일선 감독자(first-line foreman)이지만, 대부분의 경우 일선 감독자에게 주어진 임무가 너무 많기 때문에 감독자의 관리 기능이 제대로 발휘되지 못하게 되고 따라서 이것이 생산성을 저하시키는 요인이 된다고 보았다. 그리하여 Taylor는 감독자의 직무에도 분업(division of labor)의 원리를 적용하여 일선 감독자는 부하 근로자의 생산을 감독하는 감독 업무에만 치중하게 하고, 기타 생산 계획이나 품질 점검, 근로자 훈련 등 다른 관리 업무는 이를 전문적으로 취급하는 감독자들을 채용하여 그들에게 맡겨야 한다는 기능적 감독자 제도(functional foremanship)를 제안하였다. 따라서 일선 감독자의 직책을 여러 기능으로 전문화시켜 담당 감독자가 각기 맡은 기능을 전문적으로 수행함으로써 일선 감독 업무가 효율화될 수 있다는 것이 기능적 감독자 제도에 의한 과학적 관리법의 원리이다.

이상과 같이 과학적 관리법의 몇 가지 중요한 원리를 살펴보았다. 전반적으로 과학적 관리법은 주로 공장 경영을 대상으로 생산성을 극대화시킬 수 있는 합리적이고 효율적인 방법을 모색하고, 이를 구체적인 관리 기법으로 만듦으로써 체계적인 경영 조직 연구에 선구적 역할을 하였다.

Taylor라는 인물은 그리 뛰어난 사람은 아닌 것 같다. 그런데도 유명한 것은 이 사람이 말한 과학적 관리법이 사람들의 입에 자주 오르게 되어 유명해진 것 같다. 그의 이론(?)에는 특별한 것은 없어 보이는 그저 그런 산업 사회의 원리를 말하고 있을 뿐이다. 과학적으로 관리하라는 것이다. 하나마나 한 이야기이다. Fayol도 이런 점에서는 마찬가지일 것이고 잘 보면 경영의 원리라는 것이 이런 것들이다. 별로 신기할 것도 없는 다 아는 이야기들이다.

Taylor는 조금 악명이 높다. 흔히 인간관계론을 말하면서 으레 Taylor를 씹는다. 리엔지니어링을 말하면서도 Taylor를 공박한다. 무언가 새로운 기법이라고 과장해서 말하려고 그러는 것 같지만, Taylor를 잘 들여다 보면 신경영 기법들이라는 것이 Neo-Taylorism의 일환이라는 것을 간파하게 된다. 다시 말하자면 Taylorism의 변주인 것이다. 그만큼 과학적 관리법은 중요한 대목이며 이후의 경영 조직론은 Taylorism을 대체하는 것이 아니라 보완하는 것이다.

재미있는 사실이다. 경영 원리는 대체되는 것이 아니라 보완되어진다. Taylor가 미처 다하지 못한 이야기를 다른 경영 이론이 보완하는 성격이 크다. Taylor의 의미를 되새겨 보자.

2. 그가 남긴 유산

10년 전 학습지 시장에 대부분 우열을 가리기 어려울 정도로 몇몇 개의 유아 학습지 기업들이 출발하였다. 이중에서 현재는 대교가 선두를 차지하고 있으며 1조에 버금가는 매출을 올리고 당기 순이익도 10% 내외에 이른다. 비결은? 여러 가지가 있겠지만 incentive system이다. Taylor의 차별 성과급제이다. 아니 교육 시장에서도?

1) 돈

돈 때문에 그러는게 아니야! 그럼 무엇 때문에 핏대를 올려 가며 싸우고 있다는 말인가? motivation의 이론들은 갖가지 심리적인 요인들을 말한다. 그럼 과연 인간의 경제적인 활동의 동기는 무엇이란 말인가? 자아의 실현인가? 업무의 만족인가? 어림없는 소리이다. 돈 때문이다. 경제 원론의 1페이지에 나오는 말이 'demand와 supply는 가격의 함수'이다. 인간의 경제적 활동이라는 노동의 공급도 가격, 즉 돈의 함수라는 말이다. 돈만으로는 전부 설명할 수 없어서 돈 말고 다른 요인으로 보완하는 이론들이 흔히 말하는 인간관계론과 motivation 이론인 것이다. 인간을 homo economicus(경제적인 동물)가 아닌 homo sapiense(생각하는 동물)라고 해도 인간의 경제적인 속성을 부인하는 것이 아닌 것처럼 기업 내에서 종업원을 움직이는 힘, 즉 motivation의 기본은 돈인 것이다. 당장은 아니라도 장차 돈이 될 수 있는 유리한 위치를 선점하거나 기능을 배우는 것 등 모두 돈과 관련되어 있다.

Taylor는 차별 성과급제를 말하였다. 생산량에 비례하여 임금을 지불하다가 표준 이상으로 생산성이 높아지면 그 이상은 보다 더 높은 임금률을 적용하여 보상한다는 것이다. 우리의 상식으로 성과 평가란 기능공들을 잘 평가하는 것이 아니라 보통 높은 직급에 있는 사람들에게 적용하는 것이라고 생각한다. 연봉제라는 것이 상위 직급부터 적용된다. 공무원도 그렇고 대기업들도 모두 부장 이상에 먼저 적용하고, 그 다음 과장과 관리자들, 마지막에는 전 사원으로 확대한다고들 한다. 연봉제의 핵심은 무엇일까? 일 잘하는 사람 돈 더 준다는 성과주의인 것이다. 그런데 왜 기능직은 늦게 시작하려고 하는가? Taylor가 이런 말을 들으면 펄쩍 뛸 것이다. 오히려 기능직부터 시행하기가 더 좋다.

성과주의는 시대의 변천에 따라 앞으로 시행하여야 할 우리의 새로운 경영 관리 기법이 아니다. 그 옛날 Taylor가 말했던 그저 보편적인 경영의 원리인 것이다. 이것이 인간관계론으로 대체될 수 없다는 것은 쉽게 짐작이 갈 것이다. 21세기가 한참 지나도 역시 일 잘한 사람 돈 많이 주어야 한다는 것은 당연한 상식일 것이다. 한국이 다르고, 미국이 다르고, 중국이 다른 것이 아니다. 남녀노소 동서고금을 막론하고 그런 것이다.

  2) 과업과 직무

국내 기업들의 인사 정책이 서서히 변동한다. 직급 중심에서 직무 중심으로의 이행이다. 이미 직급의 파괴가 일어나고 있다. 팀제가 그 대표적인 예이고, LG 그룹은 직급을 직무의 난이도와 중요도에 의해 재편하고 있다. 인사 관리란 무엇인가? 사람을 관리하는 것이 아니고, 직무를 관리하는 것이다. 사람을 어떻게 관리한다는 것인가? 또 관리해서 무엇을 하자는 것인가? 일을 시키기 위해서이다. 직무인 것이다. 인사 관리 교과서에서 서론과 배경 등을 빼고 본론으로 들어가면 무엇이 나오는가? 직무 분석이다. 여기가 인사 관리의 핵심이고 출발점인 것이다. 과업의 관리와 Taylor가 제시한 이런저런 구체적인 방법의 타당성 여부를 떠나서 과업과 직무를 관리한다는 발상을 기본으로 삼아야 한다.

3) 노사 관계

Taylor가 과학적 관리법을 제시하게 된 동기는 노사 관계였다. 당시 미국에서는 노사 분쟁의 수위가 심각할 정도였던 것 같다. Taylor가 본 노사 관계의 핵심은 사용자, 즉 자본가는 임금을 적게 주려고 하고 노동자들은 많이 받으려고 하면서 서로 밀치고 당기다 보니 노사 분쟁이 발생한다고 본 것이다. 좀 순진하기는 하지만 Taylor는 문제의 출발이 어디에 있는 것인지를 정확하게 말하고 있었다. 그가 내놓은 노사 분쟁의 해결 방법은 합리적인 표준(standard)의 설정이었다. 표준보다 성과가 많으면 더 주고, 적으면 덜 준다는 분배의 방식을 제안한 것이다. 물론 이것만으로 노사 관계가 해결되지는 않는다. 그러나 적어도 합리적인 방법을 제시한 것에 유념해야 한다.

노사 관계를 담당하는 사람들을 볼 때 가끔 술을 너무 많이 마신다는 생각이 든다. 크게 도움이 안 된다. 술 깨면 제자리이다. Taylor가 지적하였듯이 과학적 관리법의 정착은 노사 양측이 모두 합리적인 사고와 행동으로 나와야 한다. 말처럼 쉽지는 않다. 그러나 이것 말고 또 다른 뾰족한 수가 있을까? 가끔 울화통이 치미는 실무자들이 뭐 좋은 방법이 없느냐고 전문가의 견해를 듣고 싶어하지만 나의 대답은 "글쎄요. 견디셔야지요. 그저 합리적으로 대처하는 수밖에 뭐 있겠습니까?"

노사 관계의 핵심은 임금에 있다. 줄 돈 주고 받을 돈 받는 것이 기본에 깔려 있다. 다시 말하자면 임금 정책의 합리화가 선결 과제라는 것이다. 이것을 등한시한 채 다른 방도를 강구하는 것은 근본적인 문제를 우회한 것이나 다름없다. 회사의 기강이 무너져 있습니다. 왜 그런가? 임금과 평가의 문제인 것이다. 제대로 평가하고 제대로 임금을 주는 것이 회사의 기강에 막대한 영향을 준다. 막말로 엉뚱한 사람 승진 시켜 놓고 잘해보자고 한다거나, 회사가 평가권은 방기한 채(모 기업의 단체 협약에는 기능직에 대한 평가로 근로 조건에 영향을 주어서는 안 된다는 조항이 들어 있다) 회사의 정당한 명령이 수용되리라고 기대하는 것은 환상이 아닌가? 정권이 친인척 비리로 휘말리면 국가의 기강은 여지없이 허물어지고 마는 것이다. 은행장과 국가 기관의 요직에 대한 인사가 엉망이면(평가의 일종임) 이미 그 정권의 도덕성은 땅에 떨어진 것이다. 그 후 서슬 퍼런 법 집행을 운운해 보아야 기강이 서지는 않는다. 회사를 조금만 다녀 본 사람들은 눈치로 이 회사가 어떤 동네인지를 금방 안다. 인사가 어떻게 이루어져 있고, 평가와 임금 주는 방법이 얼마나 합리적인지를 헤아려 본다. 직원들의 행동과 사고는 나름대로 합리적이라고 보는 것이 건전하다. 회사가 어떤 정책을 쓰느냐에 따라 직원들이 움직인다고 보아야 한다. 저자가 노사 관계에 대해 드리고 싶은 충고는 "꼼수 쓰지 맙시다"이다.

3. 시카고 거리: 학습 조직의 실천

시카고 거리는 바둑판처럼 짜여져 있다. 주소는 동서남북으로 얼마씩이라고 한다. 예를 들어 주소가 N3260 W2348이면 북쪽으로 3260까지 가서 서쪽으로 2348까지 가면 그 곳이다. 시카고에서 주소를 갖고 못 찾아가면 시카고 주민도 아니고 미국 사람도 아니고 외계인임에 분명하다. 서울 거리와 비교하면 얼마나 편리한지…. 조직에 새로 들어와서 일이 힘드는 것이 아니라 갖가지 꼼수가 섞여 사람이 더 힘들다. 조그만한 것 하나 배우는데 왜 이리도 힘드는가?

learning organization이란 표현이 나오게 되는 배경은 Chris Argyris[8]의 'deutro learning'이라는 용어에서부터이다. '고기를 잡아다 주는 것보다는 고기 잡는 법을 가르쳐 주라'는 것과 같이 이 말은 조직 스스로가 집단적으로 새로운 정보를 수집하고 업무 수행 방법을 개선해갈 수 있도록 조직 운영을 할 수 있게 하는 것이다. learning-mechanism을 조직 내에 built-in 시켜 놓는 것이 문제의 핵심이다.

필자가 접한 팀제와 목표 관리, 그리고 신인사 고과의 시행 과정에서 보면 팀장들이 가장 원하는 것은 sample이었다. 팀제, 목표 관리, 신인사 고과의 목적과 의미와 절차들을 설명하면 구체적으로 자신의 팀에 해당하는 예시를 보여 달라고 한다. 또 다양한 경영 혁신 기법들을 시도할 때에는 지금 하고 있는 것도 많은데 또 무슨 무슨 자료를 만들고 새로운 절차를 마련하라고 하느냐고 불평한다. module이다! 우리에게 필요한 것은 실제의 예시를 수록한 경영 혁신의 통합적인 module인 것이다. 유사한 업무를 하는

---

8) Argyris C., 「Inter-personal Competence and Organizational Effectiveness(1964)」

팀장들끼리 모여 자신들이 하는 업무의 계획에서 실천과 평가까지(plan-do-see), 또 새로운 경영 혁신의 방법들을 실제로 어떻게 적용하고 있는지를 의논하고(이때 전문가의 개입이 필요) 그 절차와 실례를 적어 놓은 것을 module이라고 부르자.

1) Module은 집단 학습의 장(field)이다

module은 예시를 제시했을 뿐 반드시 그렇게 하라는 표준은 아니다. 누구라도 그 방법이 적합하지 않다고 생각되면 다른 더 좋은 방법을 제시하면 된다. 또 모두에게 통용되는 것은 아니고 각자의 업무 특성에 맞도록 응용될 수도 있다. 다만 이때에 왜 다른 방법이 더 적절했는지를 같이 모인 사람들에게 설명하고 의논하며 서로 배워가면서 더 나은 방법들로 끊임없이 개선해 나가는 것이다. 이 module이 성공적이려면 유용한 정보와 know-how를 많이 제공한 사람을 대접하여야 한다. 다시 말하자면, 직접 수행한 업무 못지않게 coach로서 동료들의 업무 수행을 도와준 것을 높게 평가해야 한다는 것이다. 80년대 미국에서 활약하던 젊은 인력들을 수억을 제공하면서 scout하고는 이들이 얼마가지 않아 자신들의 know-how가 소진되자 조직에서 밀려나는 경우들을 목격했다. 기업체에서 이런 현상이 벌어지면 사람들은 자신의 know-how를 공개하려고 하지 않는다. 이 점에서 보면 대학 교수들은 좀더 개방적인 것 같다. 자신의 연구를 발표하여 인정받는다는 즐거움을 누리고 있는 것 같다. 그러나 기업에서 애써 쌓은 know-how를 남에게 전수해 주는 것보다는 자신이 활용하여 남보다 우월한 업적을 내야 하는 경쟁 사회인 것이다. 인색해질 수밖에 없는 상황이다. 유용한 정보와 know-how는 연구 보고서와 같은 형태에만 수록되는 것은 아니다. 지나가는 말 몇 마디에도 스며 있는 것이다. 바로 이런 것들이 조직 내에 흐르고 있고 쌓여 가야 한다. 누구라도 한 사람이 유용한 information을 가져오거나 좀더 나은 업무 방식들을 알고 있으면 이것이 필요한 사람들에게 빨리 전해져야 한다.

누구나 새로운 조직에 들어갔을 때의 어려움을 안다. 때로는 동료나 상사가 별것도 아닌 작은 것을 가르쳐 주는 대가로 지나친 복종과 수모를 요구하기도 한다. 지금도 옆에 있는 사람이 그것 좀 가르쳐 주거나 무엇을 알려주면 좋겠는데 잘 가르쳐 주지 않는다. 기업 문화의 목적이 내부 거래의 infra를 구축하는 것이라고 언급하였다. communication의 활성화란 것도 그 실체는 이것을 두고 하는 말이다. 개방적인 집단과 서로서로 등 돌리고 자기들끼리만 알고 가르쳐 주지 않는 집단과의 경쟁력의 차이는 명백하다.

2) Module은 예시이다

업무 절차라기보다는 예시이다. 물론 표준 업무 절차에서도 예시를 추가할 수 있으나, 업무가 단순하지 않을 때일수록 표준 업무를 마련하는 것이 어렵고 부적절할 뿐만 아니라 실제로 팀장들이 당면한 문제는 이를 소화하여 적용하는 예시인 것이다. 많은 사람들이 목표 관리와 평가에 대하여 오랜 교육 후에도 되풀이하여 묻는 것은 "그래서 이것을 어떻게 처리하란 말입니까?"이다. 우리는 이렇게 답하는 데 익숙해져 있다. "그런 것까지 어떻게 일일이 답해 줄 수 있겠는가?"라고. 그런데 그렇게만 해줄 수 있다면 예시해 주는 것이 좋은 것만은 분명하다. 우스개 소리로도 "이제부터 숙달된 조교의 시범을 보시도록 하겠습니다."라고 한다. 일일이 예시할 수는 없다. 그러나 큰 줄거리만이라도, 또 난해한 대목만이라도 예시가 있으면 훨씬 쉽게 숙달할 수 있는 것이다. PC나 간단한 가전제품을 사용해 본 사람이라면 설명서를 읽어 가며 사용 방법을 익히는 것보다 한번 어떻게 사용하는지를 본 다음 자신이 조작해 보면서 설명을 듣는 것이 한결 효과적이라는 것을 안다. 예시는 짧막하여도 이를 설명하면 길어질 수 있다. 때로는 설명서를 만들 필요도 있다. 예시라고 하여 창의력을 가로막는 것은 아니다. 예술가들이 사사할 때 대가(大家)를 모방하지만 때가 되면 스승을 앞지르고 자신의 예술 세계를 구축하곤 한다. 모방은 창조의 어머니라고 한다. 모범을 보이라는 것도 마찬가지의 이야기이다. 많은 말과 가르침보다 살아 있는 예시가 훨씬 설득력을 갖는다.

3) Module은 O.J.T.(On the Job Training)이다

사외 교육도 중요하다. 새로운 방법이나 근본적인 이해를 하는 데에는 강의나 실험 실습도 필요하다. 그러나 그러한 모든 교육과 훈련이 회사 업무에 직결되는 순간은 현장 교육에서 온다. 현장 교육은 업무에 가장 가깝다. module은 업무 수행에서 나타나는 자신의 문제를 다루기 때문에 현장 학습인 것이다. 기술 분야에서는 know-how가 중요하다는 것을 절감하고 있다. 그러나 기술 분야에만 국한된 것은 아니다. 모든 분야에서 know-how를 보다 광범하게 생각한다면 업무 방식을 포함하여 세세한 것까지도 숙련 형성에 필요한 것이다. 정보와 정보 자체에 대한 출처도 중요하다. 다시 말하자면 업무를 잘해 나가는 데 필요한 정보와 지식, 그리고 정보를 얻기 위하여 어떻게 인간관계를 끌고 가야 하는지, 그 source는 어디에 있는 것인지 등을 서로 배워야 한다. 그런데 이는 업무 수행의 여러 측면을 뭉뚱그려서 practice라는 행위로 예시한 것이다. strategy implementation 차원에서 보면 기업에서는 경영의 모든 노력이 이 action을 돕기 위해 필요한 것이 된다. 물론 기업에서 현재 교육 훈련에 많은 노력을 기울이고 있으나 아쉬운 점은 실천적인 측면이다. 목표 관리가 무엇이고 어떻게 하는 것이라는 교육이 필요하다. 그렇지만 그보다는 유사한 업무에 대해 어떻게 계획하고 어떻게 목표를 설정하였는지, 중요 정보는 무엇인데 출처가 어디이며 이를 어떻게 해석하고 활용하였는지 등을 목표 관리를 담당한 강사와 그 분야에 정통한 실무자와 같이 강의를 진행하면서 실습하면 교육의 효과는 배증한다. 목표 관리뿐만이 아니라 여러 가지 경영 혁신을 실제로 추진하는 구체적인 예시와 이론, 그리고 실습을 통해 실무자들을 교육 훈련시키는 것이다.

4) 일류 인간

Taylor는 일류 인간이라는 표현을 썼다. 일류 인간이란 자신이 하고 있는 일이 적성에 맞고 제대로 훈련된 사람을 말한다. 어떻게 일류 인간을 형성할 수 있을까? 과업과 작업을 연구하여 가장 좋은 작업 방법을 설정한다. 적성이 있는 사람을 그렇게 하도록 훈련하는 것이다. 이것이 표준(standard)이 된다. 여기에다 보상을 연결하였다.

보라, 현대는 자격증의 시대. 자격증을 많이 소지한다고 능력이 있는 사람일까? 자격증이 필요 없다는 말이 아니다. 자격증은 무엇을 위한 것일까? 자신이 하는 일을 잘하기 위하여 필요한 것이다. 모든 교육과 훈련은 조직에서 일을 잘하기 위하여 필요한 것이다. 여기서 우리는 교육 훈련, 모든 인사 제도의 기본 방향이 어디에 있는 것인지 명확하게 알 수 있다. 현장에서 일을 잘하도록 하기 위한 것이다. 그러면 우선 해결하여야 하는 문제는 무엇일까? 그가 일을 제대로 하도록 우선 모범을 보여주고 그대로 해보라고 한다. 그 다음 그가 왜 그렇게 못하는지를 보면서 잘할 수 있도록 하려면 어떤 훈련과 교육이 필요한지를 역으로 추적해 보는 것이다. F. Taylor는 자기 적성에 맞는 업무에 종사하고 정확한 방법으로 잘 숙련되어 있어 최고의 업무 효율을 내는 사람을 일류 인간이라고 불렀다. Taylor는 전문가를 통하여 이 사람의 동작을 연구하게 하고 표준 업무 기술서를 작성하여 다른 사람들도 이 교범을 따르도록 하였다. 이것을 기초로 표준 업무량을 계산하고 임금을 계산하였다. module이란 이런 idea를 말한다. 기능직뿐만 아니라 오히려 팀장들에게 더 필요한 방법으로 보인다. 다만 Taylor가 말한 표준 업무 기술서라는 형태는 타당하지 않다. 그러나 중요한 것은 그 업무를 가장 잘하는 사람에게 업무 수행 방식을 배워 오는 것이다. 여기에 전문가의 도움을 받아 체계화되고 보완되어진 sample을 내놓으면 관련 당사자들은 서로 의논하여 이보다 더 나은 방법들을 개발해 가는 것이다. Taylor의 이 방법은 당시 매우 효율적이었다. 생산성이 200%, 300% 향상되는 것도 흔했다.

당시에도 논란이 많았다. 인간을 기계화하고 노동 강도를 높이는 착취라고. 그리고 일류 인간이라면 나머지는 이류 인간 또는 쓰레기 인간인가 하면서 인간관계론이 대두되었다. 인간은 정서가 있다라고. 이런 비난들은 초점이 빗나가고 있다. 정확한 방식을 습득하는 것이 비인간적인가? 생산성이 높아져 더 많이 받아 가는 것이 싫은가? 자기 업무에 정통한 사람과 아닌 사람을 구분하여 제대로 훈련시킨다는 것이 자존심 상하는 일인가? 사실은 이것이 아니다. game의 핵심에는 know-how를 두고 이해 관계가 상충한다. 장인적인 know-how를 노출시키라는 Taylor의 요구인 것이다. 숙련 노동자의 hegemony가 표준 업무 기술서나 module을 움직이는 사람에게 넘어가게 된다. information은 私有化되지 않는다. know-how도 빼앗겨 버린다. 꼼수도 들통난다. 가르쳐 주고 싶은 사람에게만 가르쳐 주던 것이 무차별적으로 노출되는 것을 달가워할 리가 없다. 또 Ford 같은 사람이 나타나 생산성 향상만 무자비하게 달성하고 노동자를 억압하는 사태가 일어날 수도 있다.

때문에 회사는 응분의 사례를 흡족하게 지불해야 한다. 애써 쌓은 숙련을 공개한 만큼 공개 안했을 때보다 더 나은 이득을 주어야 하고, 생산성이 향상된 만큼 이를 성과 배분과 같은 것으로 보상해야 한다. 이 점을 F. Taylor가 강조하면서 자신의 과학적 관리법의 전제가 사용자의 정신 혁명, 즉 합리적인 자세라고 하였다. 반복되는 역사에서 우리도 그 교훈을 배울 수 있다.

Q : 어떤 식으로 module을 만들고 운영할 수 있습니까?

A : D기업을 consulting하면서 우선 팀장들 중에 job-family별로 생각이 있는 팀장들을 선발하였습니다. 목표 관리와 평가, activity-matrix의 운영 절차와 의미, 주의점을 상세하게 설명하고, 각자 팀별로 계획 수립 과정 절차를 수행하도록 하였습니다. 그리고 한 사람씩 발표하고 서로 토의하면서 수정·보완하여 module을 假설정합니다. 유사한 업무를 하는 팀장끼리 모인 후, 미리 선발한 팀장이 사내 강사가 되어 전 과정을 어떻게 처리하였는지를 설명하고 토의해 가면서 module을 수정·보완해 갑니다.

Q : 그렇다면 별것도 아니고 목표 관리 sample이 아닙니까?

A : 그렇습니다. 신기한 것을 제시한 것이 아닙니다. 잘하는 사람 것을 커닝 페이퍼처럼 돌려보고 더 보완하는 것입니다. 그러나 목표 관리 양식만이 아니라 어떻게 그러한 목표를 설정하게 되었는지와 information과 그 출처, 그리고 know-how 등 필요한 모든 것을 포함시키는 것입니다.

4. 손가락 한번 잘려 볼래?: 인간관계론

인간관계론과 motivation 이론을 들먹이는 사람들은 그럴듯하게 고상한 말들을 한다. 필자는 듣다못해 하고 싶은 말이 목구멍까지 치밀어 오르나 참는다. 교수 신분에 차마 "너, 손가락 한번 잘려 볼래?" 하지를 못하는 것이다. 인간은 자아 실현의 동기를 가지고 있으며, 위생 요인(돈과 안전)에 얽매이지 말고 만족 요인(사회적 인정, 성취감 등)을 추구해야 한다나…. 사람들은 Taylor의 이론을 비인간적이라며 비난했고, 그런 시류에 맞추어 인간관계론이 대두되었는데 인간은 수단이 아니라 목적이란다. 공장에서 일하는데 무슨 자아 성취이고 직무 만족이란 말인가? 봉창 두드리는 소리 그만 하고 산업 재해 1위라는 명예(?)부터 물려주어야 할 것 아닌가? 내가 돈 때문에 그러는 게 아니라구! 그럼 왜 그래? 임금이나 제대로 주고, 그 다음에 motivation인지 무언지를 이야기해 보자. Taylorism을 대체하는 것이 인간관계론이 아니래두. 된장국을 끓이려면 'Taylor' 된장을 넣고 그 다음에 '인간관계론' 양념을 쳐야지, 된장은 안 넣고 양념으로만 조직을 운영할 수 있단 말입니까?

Hawthorn 공장의 실험으로 유명한 Elton Mayo의 공헌은 경영학에서 흔히 볼 수 있는 이야기와 달리 거시적, 사회 문화적인 일면을 재조명한 것에 있다. 그의 실험과 연구는 자본주의에 대한 문화 인류학적인 접근에 있었던 것이다.

경영학 원론의 근간은 Taylorism에서 시작하여 인간관계론으로 이어진다. 이 부분이 첫 단추에 해당되기 때문에 보다 정확한 이해가 필요한 부분이다. 대체로 간결하고 알기 쉽게 서술되어 있다. 그러나 전체의 흐름을 지나치게 대비시켜 놓아 독자들이 수박 겉만 핥게 되는 것까지는 그렇다 치더라도 문제는 건전한 상식을 일탈할 위험이 있다는 것이다. 다음의 구체적인 예를 살펴보고 그 원인이 어디에 있었는지를 알아보자[9].

1) Hawthorn 공장 실험

경영학자들은 Hawthorn 공장의 실험 결과에 대한 Elton Mayo의 해석 (실제로 Mayo는 이 실험에 직접 참여한 것이 아니고 그 결과를 세상에 널리 알렸다)을 Taylorism과 대비시켜 놓으며 이른바 '인간관계론'의 출발점으로 삼고 있다. 초기 실험에서 작업 조건의 어떠한 변화(조명, 온도, 습도, 소음 등)에도 불구하고 생산성이 증가하고 있는 것을 발견했다. 오히려 작업 조건이 나빠지고 있었음에도 불구하고 생산성은 증가하고 있었다. 생산성에 영향을 미치고 있는 또 다른 변수가 있음을 말해 주고 있다. 아마도 유명한 대학의 교수들이 실험을 하고 있었다는 사실이 생산성 향상의 원인인 것 같았다 (Hawthorn Effect).

계전기 공장에서는 세 차례에 걸쳐 '집단 상여금 동기 유발 제도'와 '개인별 성과 상여금 제도' 실험이 있었다. 집단 상여금 실험에서는 생산성이 상당히 증가했으나, 개인별 성과 상여금 실험의 결과는 들쭉날쭉이었다. 집단 상여금 제도에 대한 두 번째의 실험이 도중에 중단되자 생산성은 오히려 저하했다. 이에 대해 Roethlisberger와 Dickson[10]은 노동자들이 일차적으로 경제적 이해 관계에 의해 움직인다는 실제적인 증거를 찾아 볼 수 없다고 하였다. 그 대신 감독과 사회적 요인들이 가장 중요하다고 결론짓고 있다. 그러나 자세히 보면 이 실험 자체와 그 결과 역시 Taylorism을 반증하기보다는 Alex Carey의 결론과 같이 적절한 감독뿐만 아니라 화폐적인 유인이

---

9) 인간관계론과 Taylorism에 대하여는 사회학자들의 문헌이 좀더 깊이 있게 다루고 있다. 스튜아트 클레그와 던 컬리가 지은 「Organization, Class and Control; Routledge & Kegan Paul(1980)」을 참조하기 바란다. 국내에서는 서울대학교의 김진균 교수와 허석력 씨가 번역한 풀빛사의 책이 있다.

10) Roethlisberger, F. G. and Dickson, W. J., 「Management and the Worker(Harvard University Press, 1939)」

동기 유발을 시킨 것이라고 보는 것이 타당하다. 어느 것이 맞는 결론인지는 독자들 스스로가 판별하여 보시기를 바란다.

그 다음 단계에서는 관찰실을 설치하고 근로자 14명의 행동을 관찰했다. 초과 생산한 '속도 위반자'와 과소 생산한 사람에게 비공식적인 제재가 가해지고 있었다. 원인은 당시 불황이었고, 근로자들의 자율 기준에 따른 생산량의 제한은 장래의 높은 실업 전망에 대한 경제적인 동기에 따른 합리적인 대응이었다. 경영학자들은 이 실험을 비공식 조직의 중요성에 대한 출발점으로 삼고 있다.

그런데 이 대부분의 내용들은 Taylorism을 대체하기보다는 보완적인 의미를 갖는다. 이것들을 자세하게 살펴보자. 우선 Hawthorn 공장 실험에서 작업 조건의 변화가 생산성과 무관했다는 것은 작업 조건 이외의 다른 변수가 생산성에 영향을 미칠 수 있다는 것일 뿐 작업 조건과 생산성이 관계가 있다는 그 자체를 부정하지는 않는다. 두 번째로 성과급제에 대한 연구에서 초기의 집단 성과제의 시행 결과를 보면 성과급제가 유효했다는 것이 필자의 판단이다. 이 실험 역시 성과급제만이 생산성 향상을 유인하는 것이 아니고 관리자의 감독이 중요했다는 것을 개인별 성과급제의 실험에서 알 수 있었다. 그러나 성과급제가 유효하지 않다는 실험 결과는 없어 보인다. 상식적으로 보더라도 금전적인 incentive가 생산성 향상의 유인이 되리라는 것을 부정하기는 어렵다. 세 번째로 비공식 조직이 작업 조직 반에서 영향을 미치고 있다는 사실 역시 인간관계론의 단면을 제시하기는 하나, Taylorism을 부정하지는 않는다.

Mayo의 관심과 공헌은 노동자들이 기술적 기능과 사회적 기능이 필요하다면 이중에서 사회적 기능, 다시 말해 좋은 친구가 되는 법을 가르친 것이지 Anti-Taylorism을 주장한 것은 아니다.

사실상의 Anti-Taylorism이 역사상 출현한 것은 자주 관리를 주창했던 이탈리아의 공장 평의회 조직에서였다. 공장 평의회에서는 기술적 합리성과 사회적 합리성이 기계적으로 직접적인 연관성을 갖고 있는 것으로 간주했다. Taylor의 기술적인 합리성은 기계론적인 구조로서, 그 안에 사는 사람들은 억압적인 기계 구조에 합리성이 매몰되는 것으로 보았다. 산업 혁명 당시 기계 파괴를 앞장섰던 챠티스트 운동(Chartism)을 연상시키는 대목이다. 그러나 공산주의 혁명에서 레닌조차도 Taylorism이 공산주의 혁명에 필요하다고 한 것을 보면 Taylorism 자체가 자본주의 구조하에서 노동 계급에 대한 착취 수단만은 아니라고 상식적으로도 유추할 수 있다. 그리고 보면 어떤 표현을 하였던 간에 공장 평의회와 아마도 무정부주의(anarchist)적인 발상을 하는 사람들을 제외하고는 실질적 내용에 있어서 Taylorism 자체를 정면으로 부정한 이론은 없어 보인다. Elton Mayo 역시 기술 진보와 생활 수준의 급속한 개선에 전적으로 찬성함으로써 Taylorism에 대해 부정하지 않음을 시사하고 있다.

인간관계론은 Taylor가 간과하고 있었거나 직접적인 해법을 제시하지 않은 부분에 대해 새롭게 조명하고 있을 뿐이다. 조직 내의 의사 소통과 협력인 것이다. 그러나 이 부분이 Taylor에 대한 공박으로 이어지면 핵심에서 빗나간다. Mayo가 우려했던 점은 전문적 기술의 발달로 인하여 새로운 질서가 조직 내에 부여되기 때문에 새로운 의사 소통 방법과 친구 만들기 방법을 익혀야 한다는 점이었다. 바로 인간관계의 출발은 작업 구조와 방법에 있는 것이지 막연한 인간 관계가 아닌 것이다. 비공식 조직을 볼 때에도 공식 조직과의 관련성을 보아야 한다. 공장에서의 인간관계는 작업의 분할과 역할의 갈등에서 일차적으로 출발한다. 물론 모든 인간관계가 공식 조직과 공식적인 역할의 부여에 종속되어져야 함을 의미하지는 않는다. 그러나 공장 내에서 업무와 관련한 인간관계와 공식적인 역할, 이에서 파생되는 갈등 내지는 상호작용을 이해하고 이를 처리하는 것이 인간관계론이 다루어야 하는 핵심적인 사안인 것이다.

2) Taylorism과 인간관계론의 현대적 의미

물론 Taylor가 당시에 말하였던 사항들 가운데에는 현대적으로 보아서 문제가 되는 부분들이 많이 있다. 특히 노동과 기획 기능의 분리가 그렇다. 노동은 단순 반복 작업으로 분할되고, 이전의 장인들이 누렸던 자신의 노동에 대한 스스로의 통제력을 감독자에게 빼앗기게 되었다. 요즈음 팀제의 활성화는 부분적으로 팀원들이 각자 자신의 업무를 기획하고 책임질 수 있는 면이 강조되고 있다. 직무 충실화(job enrichment)에서 직무의 수직적, 수평적 통합이 일어난다. 이런 것들이 부분적으로는 분명히 Taylor의 아이디어에 반대되는 요소들인 것이다.

그러나 Taylor에게 있어서 그의 중심 개념이 무엇이었는지를 가려낸다면 그의 사상과 기법을 올바로 이해할 수 있게 된다. 어떠한 이론도 시대적인 변화와 모든 여건들을 모두 설명하거나 충족하지는 못한다. 중요한 것은 중심 개념을 현대적으로 재해석하는 작업이다. Taylor의 일차적 관심은 노사의 평화였다. 그의 과학적 관리법은 우선 노사 양측, 특히 관리자의 인식의 혁명을 전제로 하고 있다. 합리적인 사고인 것이다. 이를 토대로 과학적인 관리에 의하여 생산성을 높이고, 이를 합리적인 기준에 의해 분배하는 것이다. 이 합리적 분배의 기준이 Taylor에게 있어서는 표준인 것이다. 기술적으로 보면 업무의 적절한 분할과 이에 적합한 인력의 배치와 훈련, 그리고 성과급에 의한 화폐적인 유인(motivation)과 보상으로의 연결이다.

요즈음 우리 나라 조직 관리에서 가장 문제가 되고 있는 부분은 업무가 체계적으로 관리되지 않고 있고 그에 따라 인력과 업무가 합리적으로 매치되지 않는다는 점이다. 그래서 채용할 때에도 부문과 관계없이 〇〇명으로 한다. 또 알고 보면 조직 내의 인간관계도 역할 갈등에서 연유하는 것이 크다. 감히 결론을 내린다면 현재 우리 나라는 Taylor를 공박할 때가 아니라 한시바삐 Taylorism을 제대로 흡수하고 소화해야 할 때이다.

BPR에 의한 업무의 통합 과정도 Taylor를 제대로 소화하고 있다면 process의 흐름에서 information technology가 투입될 경우 Taylor 당시와는 다른 방식이지만 어떻게 업무를 분할할 것인지 그의 과학적 관리법을 BPR에 활용하여 경영 혁신의 연속성과 연계성을 회복할 수 있다. 팀제의 운용에 있어서도 중요한 것은 팀 업무의 합리적인 배분과 운용이다. 만일 Anti-Taylorism의 아이디어로 팀제를 운용하면 팀 내부는 혼란을 겪게 된다. 팀제라고 하여 아무렇게나 업무를 배분하면 경력 관리도, 기술 축적도, 적절한 개인적 보상도 무시당한 채 혼란에 빠지게 된다.

현재 우리 나라 기업들이 도입한 연봉제는 대부분 성과가급이다. 뒤늦게나마 우리 나라 임금 · 직급 체계가 신인사 제도라 불리는 직능 자격 제도가 아닌 업무 성과에 임금의 개별화 내지는 차등화를 두는 쪽으로 변화하는 것은 환영할 만하다. Taylor를 회상하면 성과가급은 업무의 과학적 관리와 연계된 것을 직감할 수 있다. 직무의 정돈이 성과가급 운용의 핵심 사안이 된다. 국내 기업들이 현재 성과가급의 운용을 주관적인 인사 고과에 의존하고 있는 것과는 대조를 보이고 있음을 알 수 있다. 성과가급이라는 화폐적인 유인과 직무 관리가 연계되는 것이다. 안타까운 일이다. 우리는 경영 혁신을 할 때 으레 Taylorism을 공박하였던 것이다. 그리고 그 대안을 인간관계론에서, 그것도 좁은 의미의 개인 간의 심리(inter-personal psychology)의 영역에서 empowerment라는 용어를 써 가며 찾으려 한 흔적도 조금씩 보인다.

흔히 인간을 homo economicus라고 단정할 수 없다고 하는 이론이 있고 그 예도 들고 있으나, economic theory자체가 틀린 것은 아니고 그 중요성이 반감한 것도 아니다. 이런 것처럼 Taylor의 과학적 관리법이 기계론적인 구조를 강화하고 있고, Elton Mayo의 실험으로 오히려 기계론적인 구조는 보완되어지면서 성장을 거듭할 토대가 된다. 우리들은 문명이 공간적으로는 네모꼴로 compartment화하고 시간적으로는 초단위로 분할되는 상황에 대하여 불안감을 느끼기도 하나, 정작 우리를 비인간화하는 것은 네모난 공간도 분할된 시간도 아니다. 컨베이어 벨트로 공장을 자동화하여 그 속도를 가속시키면서 노동자들 가슴에 총을 겨눈 Henry Ford의 Fordism 뒤에는 그의 편집증적인 정신 분열과 초기 자본주의의 구조적인 모순이 있었기 때문이다. 이것을 개선하는 방법이 Taylorism을 폐기하고 인간관계론의 개인 심리로 대체하는 것은 아니다.

Elton Mayo의 후기 관심사에도 주목할 필요가 있다. 이점은 이후 인간관계론과 연관된 다른 학자들(Abraham Maslow와 Herzberg 등)에게도 마찬가지이지만, 그들의 관심사가 사화학적이란 거시적 안목에 있었음을 상기할 필요가 있다. 그렇게 보면 인간관계는 개인과 소집단에게만 국한되지 않고 사회 변동과 구조에 밀접한 연관성이 있음을 감지할 수 있게 된다. 이렇게 보아야 경영자들은 보다 폭넓고 통합적인 방법으로 필요한 총체적인 안목을 형성할 수 있게 된다. 인간관계론에 대한 이론적인 이해의 맥은 inter-discipline(심리학, 문화 인류학, 사회학)에 있다[11].

---

11) 조직론을 구성하고 있는 기초 학문은 심리학, 문화 인류학, 사회학이다. 그러나 조직론은 이것들의 단순한 집합이 아니고, 이 학문들 간의 연계(inter-disciplane)를 통해 사물을 설명하는 틀이다.

5. 싸구려 복제품: 경영학의 동기 이론

동기 이론을 소개한 경영학 교과서는 욕구를 이분하거나 세 단계 내지 다섯 단계로 분류하고 상위 욕구를 중시한다. 우선 Maslow의 욕구 5단계설[12]을 검토하여 보자. Maslow가 욕구 5단계설을 주장한 것은 그의 이론에서는 매우 지엽적인 문제였다. 또 그는 욕구가 반드시 하위 욕구에서 단계적으로 상위 욕구로 이행한다고 하지도 않았다. 그의 최초의 관심사는 범세계적인 종교들이 과연 핵심적으로 인간에게 무엇을 하려고 하는 것인가를 요약하는 과정에서 자아 실현의 욕구를 말하게 되고, 다른 욕구와의 관계를 설명하는 과정에서 하위 욕구에서 상위 욕구로의 이행과 그 역도 가능함을 말한 것뿐이다. 상식으로 돌아와 보자. 대개의 사람들이 자아 실현을 하는 모습을 보면 생명과 안전, 사회적인 인정 같은 것은 돌아보지 않고 위험을 무릅쓰거나 다른 욕구를 희생한다. 욕구가 단계적으로 이행되는 것은 아니다. 욕심 많은 부자들도 돈을 많이 벌면 더 벌려고 하는 수가 많다.

Hertzberg의 핵심은 그가 위생 요인을 '아담', 동기 요인을 '아브라함'의 조건이라는 종교적인 표현을 쓴 데 있다[13]. 당시나 지금이나 미국인들은 일요일에는 할렐루야를, 평일에는 이윤 추구의 회사 생활 속에서 가끔 돈과 하나님을 함께 섬기지 못한다는 종교적 의미에 헷갈리고 있다. Hertzberg는 이런 complex를 아담과 아브라함이라는 성서적인 해석을 내려 땀흘려 먹고 살리라는 아담의 조건을 위생 요인으로, 미지로 떠난 신앙의 조상 아브라함을 동기 요인의 화신으로 표현한 것이다. 우리는 경영학 교과서를 읽으며 왜 욕구가 동기 요인과 위생 요인으로 구분되는지, 또 하나마나한 이야기가 왜 이렇게 유명하게 되었는지를 의아하게 생각했었다. 아담과 아브

---

12) Abraham Maslow, 「Motivation and Personality(Harper & Row, 1970)」
13) Frederick Hertzberg, 「Work and the Nature of Man(World Publicshing Co., 1966)」

라함의 이야기가 빠져 있었기 때문이다. Maslow와 Hertzberg에게 모두 종교 문제가 경영학 교과서에서 삭제되었다. 종교적인 경영 원리는 없어 보인다. 그러나 종교적인 공백 상태에서 사람들의 이야기를 하는 것 역시 비현실적이지 않는가? 해석학(hermeneutics)의 차원이다. 이들 사회학자들의 관심은 종교적 가르침을 세속의 언어로 환원하고 있었던 것이다.

XY 이론에 대하여 경영학은 X와 Y를 상호 대비시켜 놓고 있지만, McGregor는 Y에 X를 포괄하는 개념으로 설명하고 있다[14]. 인간은 X라는 강요된 피동적 주체이기도 하지만 동시에 자율적 존재이기도 하다. 상식으로 보더라도 leadership의 발휘가 X이냐 Y이냐는 성악설과 성선설의 이분법적인 선택이 아닌 것이다. 조화와 균형이 있을 뿐이다.

경영학에서 말하듯 욕구는 고급 욕구와 저급 욕구로 나누어지지도 않고 단계별로 이해하기만 하는 것도 아니다. 또한 욕구 중에 어느 것만 중요한 것도 아니다. 돈과 안전은 저급하고 사회적 명예와 자아 실현은 고상하다고 한다면, 한번 손가락이 잘려 나간 산업 장애인에게 위생 요인이 하찮은 것이라고 말해 보라. 아니면 유능하고 유명한 경영자에게 일의 보람을 역설하면서 돈은 중요한 것이 아니니 연봉 천만 원의 고용 조건을 제시해 보라. 또, 전방을 지키는 군인들에게 자율권을 부여해 보라.

모든 경영학 교과서가 동기 이론을 단선적 논리로만 설명하는 것은 아니라 하더라도 필자가 접한 많은 사람들은 위에서 제시한 사고의 위험에 빠져들고 있다.

---

14) Douglas McGregor, 「The Human Side of Enterprise(McGraw-hill, 1960)」

자의적 해석의 원인

사람들은 자기 맘대로 받아들인다. 이러한 원인이 어디에 있었는가? S. Moscovici[15]는 대중은 복잡한 이론이나 사건을 단순화시키고(objectivisation) 이를 자신의 사고의 틀에 끼워 맞춘다고(anchorage process) 한다. 이러한 일이 가장 심하게 일어나고 있는 분야 중에 하나가 경영학 원론이다. 사회학, 심리학, 문화 인류학에서 연구된 매우 풍부한 이론들을 실용적인(사실 실질적 가치는 별로 없는) 틀로 단순화하다 보니 필요한 뉘앙스는 사라지거나 변질된다. 또 이 과정에서 개별 학문이 갖고 있었던 본래의 목적성(teleology)이 management 중심(이윤 추구)으로 바뀌어 재조립되어졌다. 지동설이 천동설로 뒤바뀐 것과 같다. management centric의 시각에서 보면 모든 학문이 management를 중심으로 운항되는 것처럼 보인다. 그러나 management는 세상의 한 일부일 뿐이다. business는 business일 뿐이다.

기업체에 계신 분들을 만나면 가끔 딱한 경우가 있다. 이분들은 바쁘니까 간단한 처방을 원한다. 당연한 요구이나 애초부터 경영은 복합적이고 dynamic하다. 이를 단순화하는 것부터가 무리이다. 시중에 나도는 best-seller 책들을 보면 가끔 현란한 미사여구가 많으나, 읽어 보면 균형 감각을 상실한 피상적인 내용들이 많다. 원래 속고 싶은 사람이 있어야 속이는 사람이 있다. 경영에는 왕도가 없다.

---

15) S. Moscovici, 「La Machine a Faire des Dieux(Fayard Paris, 1988)」

Ⓠ : 경영학 특히 경영 조직론이 틀렸거나 무용하다는 주장입니까?

Ⓐ : 경영학 분야에서도 기법들을 소개하거나 응용하는 분야는 매우 유용하다고 봅니다. 그런데 경영 조직론은 워낙에 사회 문화적인 요인을 배경으로 하고 있기 때문에 그 해석이 간단하지 않습니다. 왜 그러한 학설이 나왔고, 그 의미가 무엇인지를 살펴보려면 시대적인 context에 대한 해석이 필요하다고 봅니다. 미국의 경우 Taylorism이 상당히 정착해 있었고, 그 후에 이런 경향이 경직되어 기계적으로 Taylorism을 받아들이는 시각을 교정하기 위하여 인간관계론이 각광을 받게 된 것 같습니다. 그리고 자본주의를 옹호하는 propaganda의 차원에서 경영학이 과장된 이유도 있다고 보여집니다. 하여간 필자로서는 기존의 경영학 교과서가 이 부분에 대하여 과장되어 있어 원래의 의미가 심하게 왜곡되어졌고, 읽는 사람에게 혼동을 일으키기에 충분하다고 생각합니다.

case study를 위주로 공부하는 미국에서는 이러한 단선적인 논리에서 벗어나 상황을 좀더 real하게 인식할 수 있는 기회가 있다고 보여지나, 우리의 경우 교과서만을 이해하고 암기한다면 문제는 보다 심각할 수 있다고 보여집니다.

제3장 Henry Fayol과 경영의 원리

아인슈타인이 이 땅에 태어났다면 자장면 배달부도 못했을 것이란다. 왜? 점수, 점수가 모자라니까. 수능 시험 점수도, 종생부 등급도 형편없다. 무엇을 말하는가? 내용을 보지 않고 드러난 외형으로만 판단한다는 것이다. 경영의 기본 프로세스가 깨져 있다. 경영은 plan-do-see해서 feedback 하는 과정이고 이 feedback을 하기 위해 평가를 한다. 평가는 누가 하는가? 1차 고과자, 2차 고과자가 따로 있는 것이 아니고 명령을 내리는 사람, 즉 직속 상관이 한다. 그가 전권을 갖고 있지만, 차상급자가 그를 또 감독하게 되는 unity of command가 지켜져야 한다. 그러려면 관리자는 직접 통괄할 수 있는 span of control의 한계가 있다. 이 간단해 보이는 경영의 원리가 우선 지켜져야 한다.

1. 그의 산뜻하고 평범한 원리

Taylor가 미국에서 공장 경영을 중심으로 과학적 관리법을 제안하는 동안에 이와 때를 같이 하여 유럽에서는 프랑스의 앙리 파욜(Henry Fayol)[16]이

---

16) Fayol, H., 「General and Industrial Management(London, Pitman, 1949)」

자신의 기업 경험을 중심으로 기업 경영의 일반 원리를 연구, 발표하였다. Fayol은 50여 년 동안 대기업에서 경영 활동을 직접 통솔한 경험을 토대로 하여 성공적인 기업 경영의 일반 원리를 정리하였다. 경영이란 무엇인가라는 물음에 Fayol은 계획하고 실천하고 평가하여 이를 피드백(plan-do-see & feedback)하는 프로세스라고 답했다. 그는 특히 기업체의 건전한 조직 체계와 질서(soundness and good working order)를 강조했는데, 그가 정리한 합리적인 조직 경영의 주요 원리를 요약하면 다음과 같다.

1) 분업의 원리

일반 경영 이론(general management principles)의 첫째 원리는 분업의 원리(division of work)이다. Fayol은 조직의 성장과 발전에 가장 기본적인 것을 노동의 전문화로 보고 아담 스미스(Adam Smith)의 분업의 법칙을 실제로 조직체에 적용하였다. 따라서 일반 경영 이론에서 분업의 원리는 조직체 내의 업무를 세분화하고 구성원 각자에게 세분화된 직무를 배정함으로써, 조직의 능률과 생산성이 향상되고 그에 따라 사회도 발전할 수 있다는 것을 강조하고 있다.

2) 연결 계층의 원리

일반 경영 이론의 둘째 원리는 조직체는 위에서 아래까지 구성원 모두가 수직적 권한으로 연결되어 계층 구조를 형성해야 하고, 상하로 연결된 계층 구조에 따라 권한이 발휘되고 정보가 흐름으로써 의사 결정이 질서있게 이루어질 수 있다는 연결 계층의 원리(scalar chain principle)이다. 그러나 조직체에서 이와 같은 수직적 연결 계층에 의하여 의사 결정이 이루어진다면 사실상 시간이 많이 걸리고 그에 따라 의사 결정이 많이 지연될 수 있다. 그러므로 Fayol은 같은 지위 계층에서 일하는 구성원들 사이에는 수직적인 계층 경로를 거치지 않고 상사의 양해를 얻어서 횡적으로 직접 접촉하여 업무를 처리할 수 있는 지름길 원리(gangplank principle)도 제시하였다.

3) 명령 통일의 원리

조직 내의 각 구성원은 반드시 단 한 사람의 상사로부터 명령과 지시를 받아야 된다는 것(unity of command)이 일반 경영 이론의 또 하나의 원리이다. 만약 한 구성원이 상위 계층의 여러 사람들로부터 명령을 받게 된다면 권한 체계에 혼동이 있을 수 있고, 따라서 조직의 질서가 유지될 수 없기 때문에 각 구성원은 단지 한 사람의 상사만을 가져야 된다고 Fayol은 주장하였다.

4) 권한과 책임의 원리

직무에는 권한이 부여되어 상위 계층은 하위 계층에 대해 명령과 지시의 권한이 있고 하위 계층에게 복종을 요구할 수 있다. 그러나 권한은 단순히 직무에 의해 공식적으로만 부여되고 발휘되는 것이 아니라 직무 수행자의 성격이나 경험 등 개인적인 인적 상황에 따라 영향력이 적절히 발휘될 수 있다. 그리고 권한에는 반드시 책임이 수반된다. 권한과 책임 간에 균형 관계가 성립됨으로써 많은 권한이 부여되면 책임도 그만큼 커져야 된다는 것이 권한과 책임의 원리(commensurability in authority and responsibility)이다.

5) 집권화 원리

Fayol은 하위 계층에 부여되는 권한이 제한되어 그 중요성이 감소되는 상태를 집권화라고 부르며, 관리자는 조직의 질서와 성과를 목적으로 적절한 집권화 체계를 형성해야 한다는 집권화의 원리(centralization)를 발표하였다. Fayol은 관리자 자신의 성격, 관리자에 대한 부하의 의존도, 조직과 과업의 기본 성격 등 조직체의 여러 가지 요소에 의하여 집권화의 정도가 결정되어야 한다고 주장하였다.

6) 지휘 통일의 원리

조직 내의 업무는 통일된 명령과 지시에 의하여 수행되어야 한다. 따라서 통일된 명령 계통과 통일된 계획에 의하여 모든 업무 활동이 수행되어야 한다는 것이 지휘 통일의 원리이다.

7) 질서의 원리

조직체의 자원은 질서정연하게 정돈되어야 하고, 특히 구성원의 경우에는 각자의 직무 내용이 분명히 설정되어 상호간의 연결이 잘 이루어져야 한다. 이것이 조직도 표에 표시되어 모든 활동이 질서있게 전개되어야 한다는 것이 질서의 원리(order)이다.

8) 조직체와 구성원과의 관계

그 이외에 Fayol은 조직체와 구성원과의 관계에 관하여 몇 가지의 원리를 제시하였다. 즉, 구성원의 목적은 조직체의 목적에 귀속되어야 하고, 조직체는 구성원의 장기 근속을 위하여 적극 노력함으로써 인력의 안정을 기하는 동시에 구성원들과의 화합을 유지하면서 구성원의 충성심과 공헌도에 상응하는 공정한 대우를 해야 한다고 주장하였다.

9) 경영 관리 기능

이상의 조직 관리의 여러 원리와 더불어 Fayol은 경영자가 수행해야 할 기본 관리 기능(management function)으로서 기획, 조직, 지휘, 조정, 통제(planning, organizing, commanding, coordinating, controlling)를 제시하였다. 경영자의 관리 기능은 경영자에 따라 그 내용이 모두 다르다. 그렇지만 일반적으로 상위 계층일수록 기획 기능에 더 치중하게 되고 하위 계층일수록 지휘와 통제 기능에 치중하게 된다. 근본적으로 경영자가 이들 관리 기능을 얼마나 잘 발휘하느냐에 따라 조직의 성장과 발전이 결정된다고 Fayol은 주장하였다.

이와 같이 Fayol은 조직 경영에 있어서 경영자의 관리 기능을 합리화·체계화하고 관리 기능을 수행하는 데에 도움이 될 수 있는 여러 가지의 원리를 발표하였다. 이들 원리가 실제적으로 어떠한 성과를 가져오는지 그 결과에 대하여는 연구하지 않았지만, Fayol은 자기 자신의 오랜 기간에 걸친 기업 경험을 토대로 하여 일반적으로 적용될 수 있는 조직 경영 원리를 체계적으로 제시한 것이다.

2. 날마다 그렇게 사는데: Plan-Do-See와 Feedback의 의미

참 우스워 보이는 평범한 이야기를 교과서에 써 놓았다. 경영 원론이라는 모든 책들이 Fayol의 plan-do-see라는 경영 원리를 언급하고 있다. 지식 경영이다 디지털 경영이다 뭐다 새로운 경영 혁신 기법들이 많이 나왔다. 그러나 plan-do-see와 feedback이라는 Fayol의 경영 원리는 아무리 강조해도 지나침이 없다. 대부분 plan-do-see는 기억하는데 feedback은 아리송해 한다. 그런데 이 feedback이 주는 의미는 막대하다.

1) 나는 무엇을 위하여 움직이는가?

대부분의 조직은 이 feedback이 깨져 경영의 backbone이 부러져 있다. see라는 평가를 해서 feedback을 주지 않는다. 평가를 사후 처리하는 것이다. 분명히 Fayol은 feedback이라고 하였다. feedback의 의미는 평가가 feedback하기 위해서 평가한다는 것이다. 그러니 평가는 사후 처리가 아니라 경영 조직을 가능하게 하는 mechanism이다. 이것이 없이는 plan-do-see가 덕담과 우격다짐으로 굴러가게 되어 있다. 조직 구성원은 눈치를 살피면서 겉으로는 상사의 말을 듣는 척한다. 그러나 정작 자신을 평가하는 것이 무엇인지를 살피면서 이것을 챙긴다.

사람들은 본능적으로 자신의 근로 조건이 무엇에 의해 결정되는지를 살핀다. 이것을 두고 약삭빠르다느니 의식이 잘못되어 있다느니 하는 것은 전근대적인 발상이다. 자본주의 내에서 우리는 하나의 약속 아래 움직이는데 그것은 누구나 자신에게 유리한 방향으로 행동한다는 것이고, 경영자는 이를 이용하여 회사의 합목적적인 방향으로 조절하고 이끌어 간다는 것이다. 이것이 경영의 임무이다. 다시 말하자면 구성원들이 어떤 경우에도 자신을 희생하고 조직의 목적을 위해 일해주기 기대하는 것이 아니라 경영을 통하여 조직 구성원들의 이해 관계가 회사의 이해 관계와 일치하도록 하여 구성원의 개인적인 이해 관계를 따랐을 때 회사의 목적이 달성되도록 조율시켜 놓아야 하는 것이다. 사회도 마찬가지이다. 공동선에 위배되는 행동에 대하여 법이나 제도적인 장치로 그만한 penalty를 가하도록 해야지, 사회 구성원이 허준처럼 행동하여 주기를 기대하여서는 안 된다.

2) 자율 경영

수년 전 매킨지의 컨설턴트들이 국내 유수 그룹의 회장을 만나 자율 경영의 필요성을 역설하고, 회장은 모든 권한을 사장단에게 위임하며 자율 경영을 선포하였다. 그러면 그때까지는 어떻게 하였는가? 회장이 일일이 챙겼다. 그런데 그 후에도 회장단은 계열사의 임원 인사와 자본적인 지출, 감사의 권한을 놓지 않자, 직원들은 무슨 자율 경영이 이러느냐고 하였다.

권한 이양을 하는 경우에도 대체로 주요 인사권과 자본적인 지출은 중앙 집권으로 처리한다. 애초에 경영이라는 행위는 자율 경영 또는 empowerment를 전제로 하는 것이다. plan-do-see와 feedback이라는 것 자체가 경영 행위이고, 이는 혼자서 모든 일을 처리할 수가 없어서 권한과 책임을 위양하기 위한 행위인 것이다. plan하여 놓고 이것이 잘 굴러가는지 살피면서 적절한 feedback을 하는 것이다. 이 backbone이 제대로 서 있지 않으면 그때그때 직접적인 통제를 할 수밖에 없는 것이다.

그런데 잘 보면 plan-do-see와 feedback은 통제인 것이다. control mechanism을 강화하면서 자율 경영을 한다니? 그렇다. 통제와 자율은 동전의 양면과 같다. 만일 통제라는 integration mechanism이 없이 자율 경영을 한다면? 조직은 중구난방이 되어 버린다. 실제로 팀제라고 하면서 지나치게 팀장의 권한을 무분별하게 강화하여 조직이 혼란에 빠져들기도 하였다. 통제를 잘하면 자율 경영이 잘 이루어진다는 아이러니이기도 하다. 오너 중심 체제에서 전문 경영인 체제로의 전환이 요구되는 시점이기도 하다. 또 지식 경영이 번지면서 조직 구성원의 자발적인 움직임을 장려해야 한다. 이런 때에 필요한 것이 plan-do-see와 feedback이라는 control mechanism의 정비인 것이다. 이를 세련되게 실행하면 경영 원리의 틀에서 각자 자신의 소임을 전체 조직의 유기적인 관련 속에서 자율적으로 수행할 수가 있게 된다.

3) See라는 평가의 기본 방향은 무엇인가?

명백하다. feedback을 주기 위해 see하는 것이다. 그러니 평가란 planning의 guide가 되는 셈이다. 그런데 보라. 통상 평가에 있어서의 객관성을 운운하지 않는가? 사람들은 평가가 객관적이어야 한다는 의미로 말한다. 그런데 잘 보면 planning guide가 객관적이어야 하는가? 아니다. 객관성보다는 적합성이 더 주요한 과제이다. 아무리 객관적이라고 하여도 말이 안 되는 방향에서 planning을 guide하고 있다면, 회사라는 배와 팀이라는 배는 어디로 가겠는가?

담당 업무가 정형화되어 있으면 객관적인 지표를 가지고 주관적인 해석 없이 평가할 수 있다. 그런데 업무가 정형화될 수 없는 것이라면 이것을 어떻게 객관적인 지표로 평가할 수 있겠는가? 자동 판매기에 동전을 집어넣고서 커피를 뽑아 먹듯 planning을 guide할 수가 있겠는가? 객관적이지 못하면 어떤가? 평가받는 사람들이 이의를 제기할 수가 있다는 것 아닌가? 평가자의 주관성을 배제할 수는 있다. 평가자의 주관성을 배제한다는 말은 아무나 평가를 해도 된다는 것이다. 아무나 평가를 한다는 것은 아무나 planning을 guide해도 된다는 말 아닌가? 눈감고 또는 아무나 계획하라는 의미와 같은 것이 아닌가?

이런 경우 경영의 기본 원리가 엉망이 되어 있다는 것을 쉽게 눈치챌 수 있다. 실정이 이러하다. 한국 기업들의 경영의 현주소를 단적으로 말해 주고 있는 것이다.

3. 조직의 골격: Span of Control과 Unity of Command

관리의 범위는 무한정일 수 없고 부하 직원을 명령하는 통수 계통은 하나이어야 한다는 경영 관리의 원리이다. 기본적인 경영의 원리임에도 불구하고 계획과 평가(planning & evaluation)와 마찬가지로 우리 경영 현실에서 어떻게 유실되고 있는지를 살펴보자.

한국의 기업들은 현재 진행되고 있는 팀제와 함께 소위 말하는 lean production 시스템을 원용하여 대대적으로 중간 관리층을 축소하고 있다. 또 어떤 기업들은 팀제가 조직의 핵심이 되기 때문에 팀장이 사장에게 직접 보고하여 의사 결정을 내릴 수 있도록 하기도 하였다. 이에 따라 span of control이 무너져 내리는 사례들을 목격하고 있다. 군대를 예로 든다면 1개 군단은 3개 사단으로 이루어져 있고, 사단은 3개 연대, 연대는 4개 중대로 구성된다. 군단장은 3명의 사단장에게 명령하고 이들을 직접 지휘한다. 물론 군대 조직과 기업 조직이 같을 수는 없다. 그런데도 우리는 이 군 조직이 오랜 경험 속에서 나온 span of control의 원리에 따라 조직된 것이고, 결코 위인설관으로 조직의 승진 적채 현상을 해소하기 위하여 지휘관의 수를 늘린 것은 아니라는 것을 잘 안다. 그러면 군 조직과 일반 사기업 간의 차이를 살펴보고 필요한 만큼의 span of control을 늘려 가면 합리적일 것이다.

우선 결재 과정이 느리기 때문에 중간 관리자를 대폭 축소해야 한다는 의견이다. 그러나 사장에 이르는 단계가 길더라도 전결 규정에 의하여 권한을 대폭 이양하면 모든 결재를 사장에게서 받을 필요가 없다. 故 이병철 회장은 아무런 서류에도 서명하지 않았다고 한다. 그는 연초에 열리는 사장단 회의에서 각 사의 현황을 보고받고 기본 방향을 점검한 후 사장들의 자율 경영에 위임한 뒤, 나중에 그 공과를 물어 사장단에 대한 인사를 단행하였다고 한다. 이런 식의 권한 이양을 통하여 아무리 계층별 단계가 길더라도 신속하게 의사 결정을 내릴 수 있는 문제이다. 군대에서도 적군이 도발하였거나 비상사태가 일어나면 군의 총사령관은 이를 즉각 보고받고 신속한 대응을 명령한다. 비상 채널(channel)이 가동되고 있는지의 문제일 뿐 lean production 시스템과는 거리가 먼 것이다.

다음으로, 일을 하지 않는 관리자가 늘어나기 때문에 비용 부담이 커질 뿐 아니라 쓸모 없는 간섭(control)이 많아진다는 우려이다. 관리자에게도 관리 기능 이외에 담당 업무를 맡길 수가 있다. 미국의 관리자들은 직접 자신의 손으로 많은 일들을 처리하고 자신이 책임 맡고 있는 부서의 업무도 총괄한다. 이 문제 때문에 span of control이 줄어들어야 하는 이유는 없는 것이다. 문제는 참여에 있는 것이다. 현대 경영 조직은 명령이 아닌 참여(involvement)를 통해 직원들의 일에 대한 몰입을 높이고 창조적이고 적극적인 행동을 유발하도록 유도하고 있다. empowerment, participation, involvement 등의 구호는 이러한 맥락에서 선호되어지고 있는 것이다. 이런 점에서 보면 명령을 많이 해야 하는 중간 관리층의 축소가 바람직하기는 하다. 그러나 다시 군 조직으로 돌아가 소대 병력으로 가 보면 분대장은 12명 정도의 병력에게 직접 명령한다. 그리고 소대장은 1개 소대의 병력을 분대장을 통해 명령하지 않고 직접 명령하기도 한다. 하급 장교일수록 직접 명령의 범위는 커지고 고급 장교일수록 직접 명령의 범위는 줄어든다. 왜냐하면 업무의 속성이 복잡해지기 때문이다. 알아서 하도록 내버려두면 되지만 사실 자율 경영이라는 경영 원리와는 거리가 멀다. 현대의 기업 조직은 점차 업무가 복잡하여 간다. 그리고 지식의 축적 정도가 크면 클수록 직접 명령의 범위가 줄어들 수밖에 없는 것이다. 예전에 공장장을 지내던 상무한 분이 종합 무역 상사의 중화학 사업 본부장으로 오셨다. 하는 일마다 마음에 안 든다. 부하 직원을 다 합쳐도 50명이 안 되는데 공장장 휘하에는

10,000명의 직원이 자신의 명령에 따라 일사불란하게 움직였었다. 화를 내는 정도가 늘어나고 부하 직원들을 불러다 업무를 챙기기 시작하시더니 축구를 하면 센터 포워드를 하시던 그 체력이 3개월이 지나자 병원에 입원하기에 이르렀다. 업무가 복잡할수록 span of control의 범위를 축소하여야 한다. 다만 lean production에서는 대단위의 팀을 두고 팀 내에는 파트 리더(part-leader)라고 하여 사실상의 span of control의 범위를 축소하는 것은 아니다. 部를 팀, 課나 係를 파트(part)라고 부르고, 팀 내의 결속과 의사 소통, 그리고 협조가 잘 이루어 질 수가 있다는 상징적인 효과는 있을 것이다. 그리고 쓸모 없다고 판단되는 중간 관리자를 제거하기에도 편한 방법일 수가 있다. 일본과 우리 나라의 기업들은 오랫동안 연공서열 체제로 인하여 중간 관리층에 무능한 관리자가 많아졌다. 이를 극복하기 위하여 lean production 시스템을 흉내내고 있는데, 조직을 효율화하는 효과는 있을 것이다. 그러나 어떤 경우든 몇 명이 직접 명령의 적정 범위라는 정해진 원칙은 없어도 직접 명령의 범위를 무리하게 확대하면 조직은 혼란에 빠지는 것이 상례이다.

unity of command는 하나의 업무에 대하여 명령하는 사람이 하나이어야 한다는 것이다. 둘 이상이면 부하 직원은 어느 장단에 춤을 추어야 할지 모르게 된다. 이론상 충분히 이해되어지고 외견상 이러한 원칙이 잘 지켜지는 것처럼 보인다. 그러나 조직 내부에 들어가 보면 의외로 복잡하다.

우선 평가의 문제를 살펴보자. 평가의 지수를 설정하는 단계에서 현업이 이해하지 못하거나 동의할 수 없는 평가 지표를 설정하면 부하 직원은 평소 상사의 지시를 따를 것인가? 평가 지표를 가이드로 삼아 자신의 업무를 추진할 것인지에 대해 망설이게 된다. 형식이나 외견상의 문제가 아니라 실질적인 당근과 채찍(carrot & stick)이 어디에 있는 것인지가 중요한 것이다. 상사의 업무 지시가 실질적인 평가에 의한 근로 조건의 변화에 무관하다면 직원은 상사의 업무 지시를 따르지 않는다. unity of command가 유실된 것이다. 미국에서는 직속 상사를 보스(boss)라고 부른다. 미국과 같이 한국에 비해 덜 권위적인 나라에서 상사를 보스라고 부르는 이유는, 그가 자신의 근로 조건에 대한 실질적인 권한을 갖고 있기 때문에 그의 정당한 업무 지시를 따르지 않으면 승진이나 연봉에 불이익을 당하게 되어 있다는 것이다. 실질적인 unity of command가 이루어져 있다는 것이다. 당연히 평가의 지표가 일반적인 원리에 적합하게 설정되어 있을 뿐 업무 지시를 하는 상사의 경영권을 이래라저래라 할 정도로 견제하거나 기계적이지 않다. 결국 최종 판단은 직속 상사의 주관적인 판단에 의존하게 된다. 그러면 만일 직속 상사가 자기 멋대로 평가하면 어떻게 되는가? 아마 이 점이 우리 나라의 기업에서 가장 우려하는 문제일 것이다. 그래서 가급적 객관적인 지표를 만들어 이것으로 평가자의 주관적 판단의 임의성을 배제하려는 것이다. 미국에서는 직속 상사의 평가가 맘에 안들면 차상급자에게 어필(appeal)할 수가 있다. 그리고 차상급자는 항상 부하 관리자가 평가를 제대로 하고 있는지를 감시하고 있다. 이런 식으로 사실상의 unity of command를 지켜 나가는 것이다.

우리 기업에서 가끔 벌어지는 일 중 하나가, 사장이 순시를 하다 직원에게 무엇을 물어 보고 사장이 그 자리에서 직접 업무 지시를 하는 경우이다. 이때도 unity of command가 깨진다. 이런 경우 사장은 그 부서와 관련된 담당 임원을 불러 자초지종을 듣고 그를 통해 새로운 업무 지시를 내려야 한다. 그렇지 않으면 담당 임원과 그 부하 관리자는 벙벙해지게 된다. 이후 부하 직원들은 힘있는 사람이 누구인지 두리번거리다가 자신의 의사를 관철시킬 일이 생기면 슬며시 그를 찾아가 부탁하여 직속 상사의 뒤통수를 때리게 된다. 이쯤 되면 조직은 정치적으로 변하고 조직의 위계 질서는 엉망이 된다. 조직의 위계 질서는 숨죽이고 윗사람의 눈치를 보게 만들도록 서슬 퍼런 위협을 가한다고 서는 것이 아니다. 마음으로 이미 다른 생각을 하게 되는 이유는 조직 내의 실질적인 unity of command가 깨졌기 때문이다. 스태프 부서의 월권에서도 온다. 청와대가 장관을 압도하여 장관이 소신을 펴지 못하는 경우와 같다. 마찬가지로 스태프 부서의 역할이 라인 계통을 밟아 의사가 제대로 전달되지 않으면 unity of command가 깨진다.

아마 어떤 이는 이러한 사항에 대하여 현대적인 조직은 유연해야 하고 이와 같은 관료제적인 발상이 전환되어야 한다고 생각할는지 모른다. 하지만 이 문제는 조직의 유연성과는 문제의 핵심이 다른 것이다. 아무리 조직이 발달하고 매트릭스 형태의 팀제가 발달하여도, 아니 오히려 이렇게 발전하면 할수록 unity of command가 지켜져야 조직의 유연성이 살아난다. 이런 경우는 있다. 급해서 직속 상사에게 문의하지 않고 무엇인가 다른 부서 사람에게 지시를 해야 하는 경우가 있다. 그러나 잘 보면 이런 문제는 상사에게 물어 볼 시간이 없거나 물어 볼 필요도 없는 사항이다. 단지 규정이나 상사의 명령을 기계적으로 받아들이는 것이 문제이지, 그 내용 자체는 지시라기보다 업무 협조 요청인 것이다. 다만 자신보다 높은 직급의 사람이기 때문에 명령처럼 들릴 수도 있지만, 이를 상사의 지시라고 무조건 받아들일 필요도 없고 사안에 따라서는 직속 상사의 명령을 기다릴 필요가 없는 것도 있다.

4. 제3의 물결은 고전적인 조직의 원리를 바꾸어 놓을 것인가?

뉘앙스는 달라지나 기본 원리는 변하지 않는다.

경영학 교과서가 말하는 관료적 폐쇄 시스템으로서의 조직 원리를 설명하고 있는 세 사람의 대표적인 학자로는 테일러(Fredrick Taylor), 베버(Max Weber), 그리고 파욜(Enry Fayol)을 들 수가 있다. 조직론에서 말하고 있는 폐쇄 시스템이란 조직을 폐쇄적인 단위로 파악하고 있다는 의미도 있으나, 그보다는 조직이 처해 있는 환경에 관계없이 보편적으로 적용될 수 있는 경영 조직의 원리라는 의미가 더 강하다. 물론 하나의 보편적인 원리만을 가지고 조직에서 일어나는 일을 모두 설명할 수는 없다. 그런 점에서 '경우마다 다르다(each case is different)'라는 오픈 시스템(open system)으로서의 연구가 많은 공헌을 한 것이 사실이다. 문제는 오픈 시스템(open system)으로서의 조직 원리가 적용된다고 하더라도 경영 조직론의 기초를 놓은 세 사람의 원리가 배제되는 것이 아니고, 그 바탕 위에서 활용되어야 한다는 점을 새롭게 인식할 필요가 있다. 지금까지 우리 나라 기업들에게서 발생하는 문제에 대하여 여전히 하나의 일에 있어서 명령하는 사람은 하나이어야 한다(unity of command)와 한 사람이 직접 통제할 수 있는 범위는 한정되어 있다(span of control)는 원리가 제대로 지켜져야 함을 살펴보았다.

여기서는 정보화 사회가 도래하여 우리 기업 조직에 대한 여건의 대세가 변하였을 때에도 과연 어떠한 양상으로 전개되어져야 하는지에 대한 문제이다. Toffler는 이 경영 원리에 대하여 또 다른 도전장을 내놓고 있다. 이들 중에서도 특히 직접적인 언급은 없어도 Fayol이 제시하는 unity of command, span of control 등의 경영 조직 원리가 변화하여야 함을 주장하고 있는 것이다. Toffler의 말을 직접 들어 보자. "움직임이 완만한 관료제는 탈대량화한 소규모의 작업 단위 임시적 또는 애드호크러시(adhocracy)적 팀, 더욱 더 복잡해지는 기업 협력체와 컨소시엄에 의해 대체된다. 위계 체계는 의사 결정을 신속하게 하기 위하여 평면화되거나 폐지된다. 지식의 관료적 조직화는 흐름이 자유로운 정보 체계로 대체된다(제3의 물결, p.344)." 사실상 1980년대에 미국에서는 이윤 센터(profit center)의 설치와 더불어 위계 체계의 수평화 또는 중간 관리자의 학살이라고 불리는 현상이 나타났다. 중간 관리층을 대규모로 없애 버리고 조직을 flat하게 만들었다. 이러한 현상은 미국과 유럽뿐만이 아니었다. 일본에서는 린 생산 조직(lean production system) 또는 도요타 방식(Toyota way)이라고 이름 붙여진 경영 관리의 일대 혁명이 미국보다 먼저 일어나고 있었다. 우리 나라에서는 이미 팀제라는 이름으로 課 단위의 조직을 없애고 部 단위 또는 그보다 더 큰 단위로 팀을 편성하여 課와 部를 책임지고 있지 않는 많은 과장, 차장, 부장을 팀원으로 팀에 배속시켰다. 이름과 명칭은 다르다고 하더라도 이미 조직의 flat화는 상당한 진척이 이루어졌다.

Toffler는 또 이렇게 서술하고 있다. "규모의 비경제는 주로 낡은 지식 체계-부서별 칸막이와 공식적인 의사 전달 채널로서의 관료적인 정보 배정-가 붕괴된 결과로 나타난 것이다. 앞서 언급한 것처럼 기업 내 중간 관리층의 업무는 대부분이 하급자로부터 정보를 수집, 종합하여 이를 계통에 따라 상급자에게 전달하는 일이다. 그러나 사업 운영이 가속화되고 보다 복잡해져 칸막이 방과 채널의 부담이 과중해짐에 따라 업무 보고 체계 전체가 붕괴하기 시작하였다. 분명한 것은 최고경영자의 지식이 밑으로부터 단계적으로 종합되어 메시지가 지휘 계통을 따라 서서히 올라올 때까지 기다릴 수가 없었다는 것이다. 더구나 지식이 공식적 칸막이 방을 벗어나 공식 채널 바깥에서 전달되는 경우가 늘어날수록, 그리고 지식이 컴퓨터에서 컴퓨터로 순간적으로 전달되는 경우가 많아질수록 수많은 중간 관리자들은 더욱 더 신속한 의사 결정을 위해 필요한 보조자가 아닌 장애물로 인식되기에 이르렀다. 이윤 센터들을 설치하고, 위계 체계를 평면화하고, 컴퓨터 본체를 탁상용 컴퓨터로 대체한 뒤 네트워크를 통해 이들을 본체와 상호간에 연결시키게 되면 회사 내의 권력은 단일체적인 특징이 줄고 보다 모자이크적인 것으로 된다."

현재에도 우리에게 잘 알려진 excell 프로그램은 자료들을 자유자재로 편집하여 각종 보고서를 만들어낼 수 있다. 이 안에 들어 있는 비법은 quarry 라는 언어를 활용하는 것이다. 자료 file의 형태가 어떠하든 원하는 combination(조합)대로 분류하여 필요하면 막대 그림표, 추세 변동, 그리고 상세 내역에 대한 추적 등이 자유로워졌다. 이런 프로그램들을 한층 더 발전시켜 이제는 이를 중역들에게 가르쳐 주고 웬만한 자료들은 자신들이 직접 챙겨서 볼 수 있게 되었다. 사실 지금까지 중간 관리자들과 사무실 인력의 대부분이 필요한 자료를 분석하여 보고서를 작성하는 일이 많았다. 이런 점에서는 분명 제3의 물결이 수많은 화이트칼라와 중간 관리자의 업무를 불필요하게 만들고 있는 것이다.

이제 이러한 상황에서 우리의 의문과 관심사는 '초기 경영 조직론의 대가들이 제시하였던 경영 원리에 대하여 재검토를 하여야 할 것인지, 이를 용도 폐기하여야 하는 것인지' 이다.

결론부터 말하자면 필자의 견해는 경영의 원리는 그때에도 변하지는 않겠지만, 다만 그 원리를 해석하는 각도는 좀더 변화될 것으로 보인다. 우선 unity of command, span of control, plan-do-see와 feedback, 합리성, 과학적 관리의 근간은 산업 사회의 산물이라기보다는 농경 사회에서도 마찬가지로 중요한 원리처럼 작용하고 있는 것이다. 이것이 농경 사회 구조이냐, 산업 사회 구조이냐, 아니면 정보화 사회 구조이냐 하는 것에는 별로 영향을 주지 않는다는 점이다. 가장 조직적으로 움직였던 군대의 경우를 보더라도 수천년 전부터 조직을 움직이는 원리(principle)인 것을 한 눈에 알 수 있다.

네트워크가 발달하고 조직이 애드호크러시(adhocracy)의 형태 또는 NASA와 같은 매트릭스 조직의 형태로 변모해 갔을 때도 unity of command는 지켜져야 하고, 한 사람이 control할 수 있는 부하 직원의 수는 한계가 있고 그 한계 내에서 움직여져야 하는 것이다. 그러면 Toffler가 말하는 위계 질서의 붕괴와 모자이크 구조로의 변화, 그리고 현재까지 진척되어진 조직의 flat화는 어떤 의미를 갖는 것인가?

여기서 우리는 조직을 피상적인 시각이 아닌 보다 내재적인 원리로 들여다볼 필요가 있다. 조직 운영의 두 축은 integration과 differentiation이 있을 뿐이다. 조직의 flat화와 관련된 것은 분권화와 자율 경영의 문제이다. 그런데 자율 경영이라는 말은 새로운 것이 아니다. 다만 지금까지 권한과 책임이 제대로 이양되어지지 않았기 때문에 이런 점을 강조한 것일 뿐, 경영(management)이란 혼자 만사를 처리하는 것이 아니고 적절한 권한과 책임을 이양하며 조직을 움직여 가는 것이다. 조직을 움직여 나가는 두 개의 축은 integration과 differentiation이다. 전자는 통제이고, 후자는 자율을 의미한다. 통제와 자율은 동전의 양면인 셈이다. 적절한 통제(control mechanism) 없이 권한과 책임을 이양하는 자율은 불가능하다. 왜냐하면 통제는 조직의 integration 기능을 하고 있어 조직의 여러 부문이 상호관련성을 갖고 유기적인 움직임을 가능하게 함으로써, 결과적으로는 조직 내의 상이한 여러 요소들이 각기 자기의 리듬에 따라 최적의 활동(differentiation)을 이루면서도 전체적 조화를 이룰 수 있기 때문이다.

정보화 사회에 이르러서는 이제 한층 더 **differentiation**의 축이 발달해야 한다. 다양한 양상이 **dynamic**하게 교차되고 있어 이를 일률적인 **solidarity**의 형태로는 **control**이 불가능하기 때문이다. 그러나 이러한 경우에도 **integration mechanism**은 더욱 발달하여야 조직체로서의 **solidarity**가 깨지지 않는다. 사회는 느슨한 **solidarity**로서도 집단 형성이 가능하나, 회사라는 조직체는 서로 다른 이해 관계가 첨예하게 **interact**하기 때문에 강력한 **integration mechanism** 없이는 조직체의 운영이 불가능하다.

그러나 이때 **control mechanism**의 의미는 상당한 정도의 분권화를 촉진시키는 상태에서의 **integration mechanism**이라는 점에서 종전과는 다른 양상의 **control mechanism**이다. 참여적 경영이랄까, 조직 구성원의 자율적 참여(**involvement**)가 커진다는 점에서 보면 위계적인 조직의 양상은 달라질 것이지만, 오히려 조정(**coordination**)이라는 점에서는 더욱 많은 일이 필요하고 이로 인하여 경영 관리자의 역할로 변하는 면이 강하게 나타나리라 보여진다. 조직이 모자이크 형태를 이루면 오히려 조정 기능이 더욱 강화되어야 할 필요가 있다.

unity of command의 기계적인 의미는 많이 상실할 것이다. 그러나 그것은 누구의 **command**를 받는다는 것이 아니라, 사실상 어떠한 정보(**information**)를 상사로부터가 아닌 다른 사람으로부터 받아 상사와 일일이 상의하지 않고 자신의 책임하에 일을 처리할 수 있다는 것이다. 그러나 이것은 **unity of command**가 상실되었다는 의미나 위계 질서가 필요 없다는 의미와는 다르다. 어떠한 경우이건 상사는 부하에 대한 절대적인 명령권이 있으나 이를 부하 직원에게 이양하고 있을 뿐인 것이다. 권한을 이양한 것이기 때문에 어떠한 경우이건 상사는 부하 직원의 행동에 대한 책임이 있는 것이다.

중간 관리층을 대폭 축소하여 조직을 flat화 한 것에 대하여 필자의 견해로는 우리 나라 기업들에게 오히려 조직 내의 혼란을 야기한 점이 더 크다고 판단하고 있다. 팀을 일차적인 의사 결정(decision making)의 단위로 보는 것은 지나친 것이다. 대부분 회사의 중요 의사 결정은 제품군(product line)별로 이루어져야 하는데 팀은 그중의 일부를 맡고 있기 때문이다. 따라서 팀의 활동을 조정하고 통제하는 기능을 상실하면 팀 내부뿐만 아니라 팀 전체도 표류할 가능성이 큰 것이다. 종합 무역 상사의 경우를 보더라도 직접 통제(span of control)의 범위는 오히려 제조업보다도 더 적은 것이다. 다시 말하자면 처리해야 할 정보(information)의 양이 크면 클수록 직접 통제(span of control)의 범위는 줄어들어야 하는 법이다. 이 점에서 사무 관리직의 단순 자료 처리 업무가 크게 축소된다는 점은 이해가 가나, 직접 통제(span of control)의 범위 자체가 획기적으로 늘어나 조직이 3, 4 단계로 획기적인 flat화가 진전되는 것은 바람직하지 않다고 보여진다. 다만 결재 단계는 축소될 필요가 있다고 보여지지만 그것은 분권화의 문제이지, span of control의 문제는 아닌 것이다.

: 경영의 원리는 불변이라는 뜻입니까?

 : 그렇게까지 비약할 필요가 있습니까? 뉴턴의 패러다임은 아인슈타인의 패러다임으로 변합니다. 이런 경우 아인슈타인의 패러다임으로 뉴턴의 패러다임을 용도 폐기할 수 있습니다. 뉴턴의 패러다임이 아인슈타인의 패러다임에 포함되었기 때문입니다. 그러나 경영 관리에 대한 이론과 원리의 성격은 다르다고 생각됩니다. 고전적인 경영의 원리들이 인간관계론에 의해 용도 폐기되는 것이 아니라 고전적인 원리가 등한시했던 새로운 면을 인간관계론이 보완한 것입니다. 이후 폐쇄 시스템은 open-system으로 보는 시각에 의해 또 다시 보완되어집니다. BPR을 하는 사람들이 아담 스미스와 Taylor의 분업의 원리를 폐기하였다고 큰소리치지만 사실 BPR은 다른 각도에서 분업의 원리를 보완하고 있을 뿐입니다. Toffler 역시 unity of command와 span of control의 문제를 보완하고 있을 뿐이라는 의미입니다. 그러고 보면 조직론의 변천은 축적입니다. 이전 것을 잘 알아야 새로운 학설들의 의미를 더 잘 이해할 수 있고 이전 것이 필요 없다기보다는 오히려 현실 세계에 더 필요한 기본적인 사항들인 것입니다.

제3부 기업 문화에서
Balanced Score Card까지

제3부 기업 문화에서
Balanced Score Card까지

우선 직원들에게 무어라 말해야 일 잘하고 돈 버는 데 도움이 될 것인가? 꼭꼭 짚어서 어떻게 하라고 해도 의미가 잘 전달되지 않는데, 어느 세월에 빙빙 돌려 벙벙해지는 근사한 말을 액자에다 걸어 놓는단 말인가? 우리 기업의 사회적인 의미라니? 돈이나 버시라!

일본이 한참 잘 나갔었는데 요새는 미국이란다. 어떤 방식이 좋을까? 미국은 일본에서 무엇을 배웠고, 또 이것을 어떻게 활용하였는가? 재무적인 것 외에 생산성에 영향을 주는 요인들을 기업 문화(corporate culture)라 했고, 목표 관리에서는 competency 평가로 이어졌다. 체계화되어 나타난 것이 Balanced Score Card이다. 그러니 기업 문화를 무언가 문화적인 것, 고상한 것에서 찾지 말고 돈 되는 곳에서 찾으시기를.

매킨지의 7S가 그럴듯하지만, 공유 가치를 출발점으로 하여 연역적으로 문제를 처리하면 문제가 문제 되겠지? 세상이 그리 단순하다면 이 '기업 문화' 라는 주제는 사회학과 문화인류학 훈련을 받은 사람에게도 어려운 주제가 되리라. 그렇다면 어떻게 하면 좋단 말인가? 차분하게 상식적으로 판단하라. 무리하지도 말고, 지나치게 단순화하지도 말고.

실질적으로는 비전, 부문 가이드, 경영 방침, competency, 이런 것들 아닌가? 뻥치지 말고 본대로, 느낀 대로 절제하면 좋은 말이 나온다. 형용사보다는 명사를, 관념적인 것보다는 실제로 조직 내에서 발생하는 문제를 겨냥해서 구체적으로 표현해야 할 것이다. 우리 같은 사람, 이제 지쳤다. 하도 '뻥' 에 속아 살아온 탓이다.

1. 확 엎에! ERP와 Kaizen: 일본식과 미국식 경영의 공방

1) Quality Control을 Quality Circle로 바꾼 일본

제2차 세계 대전이 끝나고 원폭을 투여한 미국은 유럽(마셜 플랜)뿐만 아니라 일본의 경제 복구를 위해서도 무엇인가를 해야겠다고 지원에 나섰다. 그 일환으로 미국의 통계학자 2명이 일본으로 건너가서 품질 관리를 위한 통계적 기법을 전수하였다. 일본은 이 품질 관리 기법을 참여적인 프로그램으로 바꾸어 품질 관리 운동을 대대적으로 일으켰는데, Quality Circle이라는 품질 관리 분임조를 사내에 조직하였다. '품질 관리'라고 하면 영어로는 Quality Control인데, control이 아닌 circle로 진화한 것이다. 분임조는 자신의 회사 내에서의 직위와 관계없이 자유로운 토론에 참여한다. 우리 나라도 새마을 운동의 일환으로 널리 확산되었다.

산업 사회의 공산품의 경쟁력은 어디에서 오는가? 품질이다. 불량률을 최대한 낮추는 것이다. 우리 나라에서도 새마을 운동의 일환으로 공장에서 QC운동을 전개하였다. 많은 성과를 보았지만 일본을 따라잡기가 아직 아득하다고 한다. 품질에 있어서 재미있는 현상은 일본과 더불어 독일의 제품들이 우위를 점하고 있다.

여기서 품질 관리 운동의 공과를 폄하하는 것은 아니지만 품질과 관련된 주요 변수는 또 있는 것 같다. 다름 아닌 국민성이 아닌가 사료된다. 두 나라 공히 군국주의를 거쳐 고도로 훈련된 국민성이 품질 관리를 뒷받침하고 있다. 산업 사회에서는 동시성의 원리가 작용한다. 같은 장소에서 동시에 일하면 효율성이 증가한다. 이를 위해서는 직원들이 산업 사회의 원리가 몸에 배어 있어야 한다.

우리 나라 상품의 품질도 많이 향상되었지만 아직도 일본을 따라잡기에는 갈 길이 멀다. 국내 유수 업체의 불량률이 5ppm 정도라면 일본은 1~2ppm 수준이라고 한다. 이 몇 ppm 수준이라는 것이 바둑으로 치면 프로 수준이라고 할 수도 있다. 그런데 바둑의 프로 세계도 그 수준은 엄청난 차이가 있다. 5ppm 수준이 프로 초단의 수준이라면 1~2ppm 수준은 이창호 수준이다. 초급 프로들에게 물어 보면 이창호를 따라잡으려면 아마 다시 태어나야 한다고 한다. 아마추어의 눈에는 이창호나 프로 초단이나 비슷하게 보인다. 그러나 정작 여기에서 승부를 가르려면 각고의 노력이 필요하다는 것을 직감하게 된다. 공산품 중에서 사람의 손을 많이 거치는 제품(백색 가전: 냉장고나 세탁기)보다는 technology intensive한 쪽(브라운 가전: TV나 PC)이 일본과의 경쟁에서 더 유리할 수도 있다는 것이다. 불량률의 감소가 전자(前者) 쪽이 더욱 어렵기 때문이다.

공장 내부를 보면 장인 정신이 슬슬 밀려나는 것을 본다. 연봉제를 시행하더라도 이를 관리직 사원에 적용하고 공장 근로자들은 신분의 위계 질서에서 연공서열을 주종으로 움직여 간다. 기능 올림픽 대회에서 금메달을 따와도 공장에 가면 별 볼일 없어진다. 또 새로운 경영 기법이라고 하여 다기능공을 양성한다. 다기능이란 말 그대로 여러 가지 기능을 할 줄 아는 것을 말한다. 그러나 우리의 현실을 직시하면 다기능 이전에 무엇이 더 중요한지가 명확하다. 하나의 분야에서 눈감고도 불량을 내지 않을 정도의 고도의 숙련이 필요하다. 그래야 불량을 일본 수준으로 낮출 수가 있는 것이다. 공장 근로자들은 벤처의 열풍과 서비스 산업으로 한눈을 팔기 일쑤이다. 국제 경쟁력 때문에 높은 임금을 줄 수가 없다. 그렇다면 임금 지급 방법의 합리화가 필요하다. 정말 일 잘하는 기능공들을 잘 대우하려면 평가가 제대로 이루어져야 하고, 단순한 연공이 아닌 현장에서의 기능의 숙련과 성과를 기준으로 돈을 주어야 한다.

다시 본론으로 돌아오자. 이후 일본은 지속적으로 미국 시장을 공략하여 나갔다. 철강 공업이 첫번째 주자였다. 이때 미국 사람들은 일본의 경쟁력의 원천은 전후 새로 건설한 공장과 저임금이라고 하면서 일본식 경영에 대하여는 아예 언급도 하지 않았다. 그러다 전자 제품과 자동차 시장이 공략당하자, 일본은 나름대로의 경영 방식이 있는데 이는 일본 사회의 특유한 문화적 차이에서 온다고 하였다. 문화적 차이에 따른 경영 패턴의 차이를 인정하는 첫걸음이다. 문화 인류학에서는 오래된 공방이다.

2) 미국 내 일본 경영 방식의 붐

그러다 벌어진 자동차 전쟁에서 일본이 승리를 거두자, 경영학 분야에 이제는 아예 일본 경영을 배우려는 일본 붐이 일기 시작하였다. 제1, 2차 오일 쇼크를 겪으면서 세계 에너지의 1/3을 쓰고 있는 미국에서도 특단의 조처가 필요했다. 이중 절반을 자동차가 거리에 뿌리고 다녔다. 미국은 대형차들이 고속 도로를 질주하고 있었다. mileage per gallon의 규제를 시작한 것이다. 한 자동차 회사가 만드는 전 차종의 가중 평균으로 1 gallon 당 몇 마일 이상 달릴 수 있는 자동차를 생산하도록 명령하였다. 당연히 소형차를 개발하여야 했다. 그때까지 소형차 시장은 일본이 판을 치고 있었으니 이후 일본과 미국의 자동차 전쟁이 시작되었다. 이 와중에 파산에 이른 기업이 Chrycler 사였고, 아이아코카라는 경영의 영웅이 나타나기도 하였다. 어쨌든 이후 일본은 소형차뿐 아니라 대형차에서도 성공을 거두고 말았다. 미국의 경영학회는 두 손 들었다. 분명 일본의 경영 방식이 미국보다 우월하다고 인정하였다.

미국 사람들은 경영 방식에 있어서 일본의 어떤 요소가 자신들보다 우월하다고 보았을까? 처음에는 차이점이 두드러지게 나타났을 것인데, 그것은 아마도 계산과 수치를 다루는 방법이 아니라 무언가 꼭 집어 말하기는 곤란하여도 여러 가지 특이한 면이 있었다. 아침에 모여 체조를 하며 구호를 외치거나, 전문가가 아닌 일반 경력 관리자로 직원들을 승진시키거나, 종신 고용 비슷한 형태를 띠고 있었다. 전 사원이 제안 제도에 적극 참여하기도 한다. 이런 것들을 무엇이라고 불러야 할까? 모르겠다, 문화라고 하자. corporate culture라고 불리게 되었다. 모르겠다는 표현은 이 이름에 대하여 과학적인 검증을 거치거나 학회에서 진지하게 논의되어진 것이 아니라 그저 편의상 유행처럼 너도 나도 쓰게 되었다는 뜻이다. 연봉제라는 용어처럼.

그러다 80년대 중반부터 미국은 BPR, ERP 등을 들고 나오면서 기업 구조 조정을 서둘렀고, 90년대에 이르러 확실한 경쟁 우위를 점유하면서 지속적으로 성장하게 된다. 그렇다고 일본식 경영이 한물간 것은 아니다. 요즈음 유행하는 Balanced Score Card도 알고 보면 재무적인 성과만을 중시하는 풍토를 개선하기 위하여 만들어진 기업 문화 운동의 발전적인 형태이다.

일본식 경영에 대하여 이야기가 많았다. 일본 사람들은 집단적으로 의사 결정을 하고, 조직에 대한 충성심이 높고, 종신 고용의 관행이 일본의 문화적인 전통과 결부되어 일본을 부강하게 이끌었다는 주장이다. 그러나 대부분 이러한 견해는 그 근거가 희박하다는 결론이다. 전후의 일본 경제가 주는 시련을 극복하는 과정에서 발생한 결과일 뿐이라는 견해이다. 또 일본 사람들이 조직에 충성심이 높은 것은 원래부터 그런 것이 아니었고, 종신 고용도 사실상 25% 안팎의 사람들만이 누리고 있는 혜택일 뿐이다. 일본의 리크루트 사 스캔들이 있었다. 리크루트 사는 전직을 희망하는 사람들에게 새로운 일자리를 주선해 주는 회사이다.

그러면 일본적인 경영의 핵심은 어디에 있는 것일까? 바로 Kaizen이라고 한다. Kaizen이라는 것은 무엇인가? 한마디로 말하면 모든 사람이 노력하여 현장에서부터 잘 되도록 우선 유지하고 개선하다가 이노베이션을 일으키는 부단한 노력을 말한다. 관리자들만이 생각하고 개선하려는 미국과는 달리 모든 사람이 다 한다는 점, 즉 모든 종업원들이 새로운 아이디어를 내고 제안하고 개선하려고 하며 이를 적용한다는 점에서 잘못된 Taylorism(계획과 실행의 분리)과의 대조를 이루고 있다. 생각하는 노동자가 되어 있다. 그래서 항상 '왜?(5 why)'라는 원인을 추적하여 근본적인 원인을 발견해 낸다. 여기에 사용되는 기법이 QC 기법들이다. 결과적으로 QC와 TQC 같은 것들이 발달하게 되고 품질의 향상을 가져왔다. 그런데 가만히 보면 그 기본 정신은 Kaizen에 있었던 것이다. 새로운 혁신과 개선은 고용 불안을 초래하게 되는데, 이를 직원들이 두려워하니까 아예 종신 고용을 선언하여 고용 불안을 해소하고 개선을 두려워하지 않도록 하였다. 종신 고용은 사람들로 하여금 조직에 대한 충성심을 가져다 줄 수도 있었다.

just in time은 무슨 의미를 갖고 있는가? Kaizen의 한 형태이다. 주변에서 가장 가까운 현장에서부터 낭비를 없애기 위하여 다섯 번 연속해서 이유를 묻는다. 왜? 그래서 왜? 이렇게 5번 이상 why?라고 물어 보면서 문제의 근원을 추적하고 전 사원이 달려들어 이를 개선하기 위하여 노력하는 것이다. 그러다 보면 시간과 자원의 낭비 요인을 제거하는 노력의 결과로 just-in-time을 완성하게 된다. 물론 Kaizen이라는 방식으로만 just-in-time이라는 무(無)재고 생산 관리를 실현할 수 있는 것은 아니다. 그러나 Kaizen 방식을 통하여 점진적이고도 확실한 방법으로 just-in-time을 실현할 뿐만 아니라 이것 말고도 부수적인 관련 시스템의 정비와 process의 흐름이 개선되어지는 총체적인 개선을 이룰 수 있는 것이다.

3) 미국의 반격

그러면 미국은 일본의 도전을 어떻게 소화하면서 80년대 중반 이후부터 경쟁 우위를 보이며 지속적인 성장을 할 수 있었는지를 살펴보자.

일본은 Kaizen, 미국은 ERP(Enterprise Resource Planning)로 한판 승부가 붙었다. 미국의 승리다. Kaizen은 점진적인 방식을 택한다. 조직 구성원의 의견을 수렴하고 밑으로부터 하나씩 차근차근 경영 혁신을 이루어 간다. 경영 혁신 과정에서도 무혈 입성을 향하여 느린 협상을 통해 조직에 스며든다. ERP에서는 개소리 마라! standard procedure를 컴퓨터 프로그램으로 설정하여 놓고 조직을 둘러엎어 버린다. 정리 해고도 많아졌다. 직원의 1/3을 해고하고도 눈 하나 깜짝하지 않는다.

미국의 information technology를 앞세운 경영학자들과 컨설턴트들은 큰 소리친다. 네트워크 조직의 필요성과 관료제 모형에서의 탈피, 창의성의 강조, unity of command의 붕괴 등 아담 스미스의 분업의 원리와 Taylorism

으로부터의 대전환이라고. 하지만 과연 그럴까? 또한 일본이 허덕이는 이유가 곧 Kaizen 방식이 틀렸다는 것을 의미하지는 않는다. 그 이유는 Kaizen 이건 ERP이건 일본이 경영 관행에서 청산하여야 할 것들을 아직도 뭉개고 있기 때문이라고 보여진다. 반면 미국은 경영의 원리를 주저 없이 밀고 나간다.

정리 해고의 paradox라는 것이 있다. 정리 해고 자체는 당장에 많은 실업자를 유발하지만, 장기적으로는 기업을 회생시켜서 다시 실업자를 흡수한다는 것이다. 과거에도 산업 혁명 초기에 이런 유사한 경험을 하였다. 기계가 노동력을 대체하자 이른바 산업 구조 조정이 발생하고 많은 실업자들이 생겨났다. 영국의 차티스트 노동 운동은 기계 파괴를 서슴지 않았다. 그러나 기계로 대체된 기업들은 효율성으로 시장을 확장하고 더 많은 사람들을 고용한 것이다. 정리 해고를 상대적으로 자유롭게 단행한 미국은 그렇지 않은 일본과 유럽에 비하여 실업율이 낮다.

Kaizen은 부분적인 최적으로부터 출발한다. 생산성으로 보면 높지만 전체적인 최적으로부터 출발한 미국의 ERP와 BPR(Business Process Reengineering)은 기업 전체의 효율성에서 우위를 점한다. 그러나 부분적인 최적은 낡은 공장을 부단히 수리해서 운영하는 것과도 비유된다. 할 수만 있다면 전체적인 구도를 새로 짜고 진일보한 방식의 경영을 전격적으로 시행하는 것이 좋다.

ERP란 사실 Oracle 사의 프로그램 패키지를 말한다. 독일의 SAP 사와 함께 세계 시장을 양분하고 있다. 처음에 IBM 사의 기술자들이 Querry라는 언어의 우수성을 설파하였지만 경영진이 이를 묵살하자 회사를 나와서 창업을 한 것이 Oracle 사이다. Querry라는 언어가 우수하기는 하지만 SAP

사는 Querry로 프로그램을 짜 놓은 것이 아니다. Querry가 무엇인가? 쉽게 생각하자면 excell 프로그램의 구조와 유사하다고 보면 된다. Oracle 사의 ERP든 SAP든 그 주요 특징은 기업의 운영 전반에 걸쳐서 표준 procedure를 set-up하여 놓고 이것을 프로그램으로 만들어 버린 것이다.

ERP를 도입하는 회사는 할거냐 말거냐의 두 가지 대안 중에서 선택할 수밖에 없다. ERP를 도입은 하겠는데 우리 회사의 실정에 맞도록 이것을 이렇게 저것을 저렇게 주문하겠다. 주문한 대로 procedure를 바꿀 수는 없다. 다만 부분적인 수정과 보완이 가능하다. 협상의 여지가 매우 적다. 대부분 회사의 운영은 전면적으로 ERP가 설정하여 놓은 procedure를 따라가게 되고 결과적으로는 매우 합리적인 회사로 일거에 탈바꿈하게 된다. 이 말이 무슨 의미를 가졌는지 경영 혁신을 주도해 본 사람은 잘 안다. 대부분 경영 혁신을 하다 보면 사람들은 이런 핑계 저런 핑계를 들어 가며 우리 현실에 맞게 이렇게 해야 한다 저렇게 해야 한다고 하여, 나중에 보면 앞뒤가 잘 맞지도 않는 이름뿐인 경영 혁신으로 미미한 개선이 이루어지기가 일쑤이다. ERP는 이런 경영 혁신의 오류가 사전에 봉쇄될 수도 있는 것이다.

필자는 ERP라는 프로그램 자체의 우수성보다는 필요한 경영 혁신을 주저 없이 끝까지 완결하는 것이 미국 기업들의 경쟁력을 높여 놓을 것이라고 보여진다. 물론 Kaizen의 필요성과 직원들의 참여가 더없이 중요한 것은 사실이지만, 이것저것 눈치 보고 지루한 협상으로 반푼어치의 개선만 이루어지는 것이 문제이다. 일본은 자만하고 있다. 과거 경제 대국, 세계에서 생산성이 가장 높은 경영 방식을 구사하였던 나라였다. 그러니 자기네의 방식을 버리는 데에도 힘든 것이다. 사실 Kaizen 방식을 버릴 필요는 없고 오히려 이를 더 강화하여야 한다. 그렇지만 ERP 같은 전면적이고도 근본적인 개혁이 필요한 시점에 주저해서는 안 되는 것이다.

한편 데이터 베이스와 관련하여 보면 하나하나의 프로그램들은 만들기도 쉽고 운영하기도 쉽지만, 결국은 전사적인 데이터의 통합으로 데이터웨어하우징을 만들어 놓고 통합적인 전산 처리로 이행하지 않으면 안 되는 것이다. 대부분 회사들은 나중에 가서야 이 사실을 알게 된다. 그 비용이 엄청나다는 사실에도 놀란다. 대규모의 감원도 예상되고 조직은 홍역을 치루게 될 것이라는 두려움에 직면하게 된다.

ERP와 BPR을 주도하는 사람들은 Taylor를 공박하겠지만, 관리자와 analyst들의 주도로 이루어지는 과학적 관리라는 또 다른 경영 합리화의 일환인 것이다.

4) 미국식인가, 일본식인가

일본이 지니고 있는 고질병이 있다. 구조 조정을 완결짓지 못하는 문제이다. 따져 보면 기업 내부에는 약 25%가량의 과다한 인력이 있다고 한다. 참여식 경영 또는 우리는 한가족이라는 명분이 구조 조정의 걸림돌이 되기도 하나 보다.

우리 기업들은 과연 어떤 방식을 택하여야 할 것인가? 기본적으로는 미국식이다. 일본이 역사 교과서를 왜곡하고 있기 때문이 아니다. 필자가 보는 견해, K 이론에서 아시아식 경영 패턴은 아시아식이 아니라 대부분 공동 사회의 잔재들이기 때문이다. 다만 일도양단으로 일본을 매도하여서는 안 되고, 품질 관리 분야와 종업원의 자발적인 경영 참여를 끌어내어 남다른 경쟁력을 보인 일본의 특성을 잘 배워 가야 할 것이다.

Jeffrey Pfeffer[1]는 최근 저서에서 신자유주의적 경영 관리 방식에 대한 반론과 대안을 제시하면서 성공한 조직에서의 고용 보장이라는 요인을 꼽고 있는 점을 설명하고 있다. 이는 안정과 종업원의 참여(요즈음은 이를 empowerment라고도 함)가 우수 기업의 요건이기도 하다는 점을 부각시킨다.

상식으로 돌아와 보면, 밑으로부터의 자발적인 노력과 참여 속에 기업 구석구석의 문제들을 현장의 직원들에게서 발 벗고 개선하려는 노력을 이끌어 내면서(Kaizen 방식) 전체적인 틀과 process를 근본적인 데에서부터 개선하는 ERP 방식을 동시에 진행하는 것이 불가능한 것일까? 예를 들면 ERP와 경영 혁신을 큰 틀에서 전개하면서 이를 전 종업원들에게 잘 이해시키고, 현장의 직원들이 개별 사업장의 특수성에 대한 구체적인 문제들에 관하여 제안하도록 할 수 있지 않은가? TPM(Total Productive Maintenance)이나 TQM은 실제로 이렇게 진행되고 있지 않은가?

fair process의 문제가 아닌가? 전체적인 경영 혁신에 종업원들의 합의를 이끌어 낸다기보다는 종업원들에게 충분히 주지시키고 필요한 부분은 협조를 구하면서 일을 진행시켜 나가는 방법! 어찌 보면 경영 합리화는 Kaizen 방식과 과학적 관리법의 순환과 변주가 아닌지도 모르겠다.

이제 미국과 일본의 공방 속에서 나타난 기업 문화에 대한 주제들을 하나씩 살펴보자.

---

1) Jeffrey Pfeffer, 「The Human Equation(Harvard Business School Press, 1998)」

Q : Jeffrey Pfeffer의 최근 저서인 「The Human Equation」에서는 신자유주의적 경영 관리 방식에 대한 반론과 대안을 제시하고 있습니다. 성공한 조직의 7가지 경영 관리의 양식에서 고용 보장을 그 요인으로 들고 있는데, 매우 과학적인 근거와 예시를 하고 있습니다. ERP는 해고를 수반하는 경우가 많지 않습니까?

A : 해고의 과정에서 가장 중요한 점은 fair process라고 생각합니다. 불가피한 경우 불가피한 만큼 과감하게 정리 해고를 단행하여야 합니다. 그러나 그 절차와 방법이 매우 중요합니다. 국내 기업들이 '돈 주고 희망 퇴직'이라는 형태로 밀어내는 것은 바람직하지 못합니다. 우선 사주가 나서서 경영 여건이 나빠진 것에 대한 진솔한 해명과 사과, 그리고 가시적인 자기 희생을 먼저 해야 합니다. 그런 후에 노조와 종업원 대표들과 협의하여 필요하고 유능한 인력들을 내보내서는 안 됩니다. 회사에 덜 필요한 사람순으로 정리 해고를 단행하여야 합니다. Pfeffer 자신도 고용 보장이 의미하는 것은 신중한 선발, 광범위한 교육 훈련, 정보의 공유라고 합니다. 날치기로 이루어지는 단기적인 차가운 인력 정책을 의미하는 것은 아닙니다. 구조적으로 과잉된 인력은 처리해야 합니다.

2. 돌 쪼개는 사람과 Z 이론: 우리 나라의 기업 문화 운동

돌 쪼개는 사람:

돌을 쪼개고 있는 세 사람에게 무엇을 하고 있느냐고 물어 보았다. 첫번째 사람은 대뜸, "보면 몰라? 돌 쪼개고 있잖소?" 두 번째 사람은 "교회를 짓고 있다"고 한다. 세 번째 사람은 "하나님의 처소를 마련하고 있다"고 한다. 세 번째 사람의 말은 자신이 하고 있는 일의 궁극적인 의미를 제시하고 있다. 감동적인 말이다. 그런데 이분이 돌을 너무나도 정성스럽게 쪼고 있었다. 현장 관리자는 빨리빨리 쪼아 버리라고 재촉한다.

"아니 이 사람아! 하나님이 거처하실 곳을 마련하는데 정성을 다해야 하지 않는가?"

"아저씨, 이 교회는 1만 명을 수용할 큰 교회면 됩니다. 장식 같은 것은 필요 없고 검소하게 지을 겁니다. 그리고 아저씨가 쪼개는 돌은 축대를 쌓는 데에 필요한 것입니다."

일하는 궁극적 목적을 담은 메시지와 더불어 필요한 것은 어떤 교회인가라는 이른바 product concept, 그래서 나는 무엇을 어떻게 하란 말인가라는 기능적인 물음에 대한 답이다.

기업 문화를 어떻게 볼 것인가?

1) 우리 나라의 기업 문화 운동

우리 나라에서 기업 문화가 풍미하던 80년대에서 90년대 초반까지 제일의 관심사는 기업 활동에 의미를 부여하는 일이었다. 그래서인지 기업 문화 운동을 하며 우리 기업이 사회 속에서 어떤 의미를 갖고 있는지 그 말을 표현하려고 하였다. 기업 이념, 경영 이념…. 벌써 말부터가 철학적인 냄새가 물씬 풍긴다. 그런데 이런 말을 영어로 미국 사람들이나 유럽 사람들에게

물어 보라: "What is your corporate philosophy? Why do you work?" 어리둥절한다. 돈을 벌려고 장사하고 있는데 '왜' 라니? 이 당연한 말을 왜 한국 사람들은 다른 표현을 쓰고 싶어하는가? 사업 보국이라는 둥 21세기 정보 통신을 열어 가는 기업이라는 둥 매우 커다란 주제로 표어를 내걸고 있다. 마치 국가와 민족을 위해 무엇인가 커다란 공헌을 하고 있다는 표현을 애써 찾는다. 빛, 사랑 등의 종교적인 의미를 찾기도 한다. 같은 기업 문화라도 미국에서 출발한 이 운동이 일본을 거쳐 우리 나라에 당도했을 때에는 철학적인 뉘앙스를 띠고 있었다. 물론 서구의 기업들도 business philosophy라는 말을 쓴다. 그런데 이것들은 다분히 구체적으로 business를 어떻게 하라는 경영 철학을 의미한다.

그러면 한국 기업들과 서구의 기업들은 기업 문화에 있어서 왜 이렇게 다른 패턴을 나타내고 있을까? 한 마디로 자본주의가 아직 미숙한 단계에 있기 때문이다. 정치와 종교가 business의 영역과 분화하지 않고 혼재해 있는 공동 사회(gemeinschaft)의 양상을 보이고 있기 때문이다. 그래서 국내 기업들은 business의 논리만으로 경영하는 것이 아니라 여러 가지 다른 의미를 함께 추가하게 된 것으로 보인다. 우리는 하나, 가족 등의 공동체 의식을 강조하게 된 것이다. 사회와의 관계에서도 마찬가지로 정경이 분리되지 않았기 때문에 정치적으로 사회적으로 공헌하고 있다는 인상을 주어야 정부의 혜택을 많이 이끌어 낼 수가 있었다. 반사회적이라는 의미는 공정 거래법의 준수 여부가 아닌 정부 정책과 사회 분위기의 흐름에 편승해야 한다는 점을 중요하게 부각시켰다.

자본주의가 성숙하고 이익 사회의 면모가 두드러지면 어떻게 되는가? business는 business일 뿐이다. 문자 그대로 busy한 것, 즉 business이다. 바쁘다. 그저 바쁘다. 왜? 돈 벌려고 바쁘다. 의미는 무슨 의미?

명동 칼국수 집에 가면 '서울에서 두 번째로 맛있는 집'이라고 써 붙였다. "그럼 제일 맛있는 곳은 어딥니까?" "어디긴, 집에 가서 드세요."

왜 제일 맛있는 곳을 밖에서 찾으려고 하는가? 행복과 의미는 어디에 있는가? business에 없다. 이익 사회에서 자신이 사는 의미는 privacy에서 찾는다. business는 돈을 벌려고 바쁜 것뿐이다. 이것이 의미이다. 물론 큰 의미임에 틀림없지만 절대적인 가치를 말하는 것은 아니다. 삶을 위한 수단이다. privacy를 위해 바쁜 것이다. 그래서 business가 privacy를 침해하여서는 좋지 않은 것이 된다.

이제는 어떻게 달라지고, 달라져야 하는가? 이런 문제이다. 사장이 애써서 직원들을 훈시한다. "상식적으로 일하라! 도덕성을 가져라! 주인 의식을 갖고 자신의 일처럼 일하라! 우린 모두 한 배에 타고 있다. 서로들 협조하라! 뭔가 남보다 더 나은 것들을 만들어 내라! 고객을 최우선으로 하라!" 또는 뜻있는 임직원들은 이런 푸념을 한다. "비전이 없지 않은가? 모두들 몸만 사리고 변명만 늘어 놓는다. 너무 무모하지 않은가? 요즘 젊은 애들은 왜 이 모양이지? 쓸만한 사람이 있어야지. 의기소침해서 될 일도 안 돼! 우린 관리의 삼성이다!"

그래서 어떻게 하고 싶은가? 바람직한 조직 풍토를 가꾸어 보고 싶은 것이다. 그런데 이것이 말로만 되는 것인가? 이제부터 엄벌에 처한다! 사장 지시이다! 물론 어느 정도 효과가 있다. 아니면 근사하게 써서 액자에 걸어 두고 엘리베이터에 붙여 놓기도 한다. 기업 문화 선포식을 하기도 한다. 교육도 한다. 좋다. 그러나 이런 것들은 대증 요법이다. 그것 말고 근본적인 대책은 무엇일가? 기업 문화는 control되어져야 한다. 그보다 이렇게 한 말이 정말 적절한 것이었는지를 살펴보아야 한다.

제5의 경영 자원, 가장 중요한 자원이라고 하면서 우리 나라 80년대의 경영 혁신을 유행처럼 풍미하였던 주제였다. 그러다 시들해져 버렸다. 왜 그랬을까? 푸닥거리를 한 것이다. 말로만 하니까 시간이 흘러 약발이 떨어진 것이다. 아니 어쩌면 홍보용으로 그저 해본 말이다. 원래 기업 문화는 다른 경영 혁신과 마찬가지로 인사 정책의 변화, 즉 인사가 뒷받침하지 않으면 시행되지 않는다.

부문의 방향성이 제시되고 인사 고과의 능력과 태도 항목, 즉 competency에 기업 문화가 반영되어야 control된다. 이것은 무엇을 의미하는가? 기업 문화의 기능성이다. 이념적이기보다는 조직 구성원들에게 무엇을 하라는 구체적인 방향 제시를 의미하고 있다.

2) Z 이론

일본을 보라: 비재무적인 요인과 Balanced Score Card의 출처

그러면 누가 먼저 기업 문화라는 말을 하였을까? 미국 사람들이다. 70년대에 일본의 생산성이 미국을 앞지르자 미국의 경영자들과 학계는 자존심이 상하였다. 경영의 종주국인 미국이 왜 일본보다 생산성이 떨어지는 것일까? 이것을 연구하려고 모두 일본행 열차를 탔다. 일본에 가서 보니 제일 먼저 눈에 띠는 것이 일본의 경영 관행인데, 그 특징이 야릇하였다. 마케팅과 재무 관리에서 미국보다 못하면 못했지 더 잘하는 것이 없었다. 그런데 생산과 특히 인사 관리의 측면에서 보면 일본은 미국과 다른 양상을 보이고 있었다. 집단적이고, 한편으로는 경영학의 전통으로 볼 때에 경영의 주제가 아닌 것들이 섞여 있었다. 이것을 무엇이라고 부를까 하다가 corporate culture라고 한 것이다. 문화라고 하니까 두루뭉술하고 그저 편하였기 때문이다. 그러니 기업 문화의 정의를 사전에서 아무리 뒤져 봐야 신통한 대답이 안 나온다. 그 후 기업의 문화에 대한 정의가 혼란스러워지지만 경영학을 하는 사람들은 별로 불편하게 느끼지 않는다. 그저 의미를 전달하고 편리하면 되는 것이니까.

> Balanced Score Card: 요즈음 유행이다. 재무적 관점, 고객의 관점, 내부 프로세스 혁신의 관점, 종업원의 관점이다. 기업 문화는 재무적 관점 이외의 사항을 말하고 있다.

미국은 80년대 전까지 스스로도 자조 섞인 말로 'managing by numbers!'라고 하였다. 미국뿐이 아니다. 우리 기업들도 대부분 연초에 사업 계획을 세우면서 대부분이 수치적이고 재무적인 성과 위주의 경영 계획과 관리를 전개하여 온다. 가끔 비재무적이면서도 기업의 장기적인 발전에 무척 중요한 요인들을 간파하고는 있지만, 이를 사장의 훈시 정도로 처리하고 마는 예가 허다하다. 이런 상황에서 기업 문화에 대한 논의에서 맨처음 주목을 끈 사람 역시 일본인 2세로 캘리포니아대학에 있는 William Ouchi였다. 'Z 이론'을 들고 나왔다. 경제학자들은 이런 용어를 쓰면 웃는다. McGregor의 X와 Y이론이 있는데 제삼의 대안인 Z 이론이라는 것이다. 사실 이것과는 별로 상관도 없는 이야기였다.

미국으로 보면 재무적인 성과 위주의 경영 전반에 걸친 포괄적인 측면들을 살펴보게 된 계기가 되었다. 그러면 Ouchi의 말을 들어 보자.

오우치(W. Ouchi)는 「Z 이론(Theory Z)」이라는 저서에서 미국의 우수 기업들의 경영과 일본식의 유사한 점을 가려내고 이를 Z 문화라고 정의하였다. 이를 세 가지 특질로 요약하면 귀속(committement)과 온정, 인화와 집단주의, 그리고 개방성과 공동 의식을 들 수 있다. 즉, 종업원은 회사에 대한 귀속감이 크고 회사는 종업원을 아끼는 온정이 있다는 점이다. 인화와 집단 주의, 그리고 개방성과 공동 의식은 별다른 설명이 필요 없는 문자 그대로 의 속성들이다. 이러한 문화적 특질들은 다음과 같은 인사 관리 관행에 의 하여 유지되고 있는데 그것은 종신 고용(life-time employment), 장기 평가 (slow evaluation), 일반 경력(non specialized career path), 집단 의사 결정 (collective decision making), 그리고 전체적 관심(wholistic concern) 등이다. 그러나 이러한 관행의 근저에는 일본 특유의 파벌(clan)에 의한 통제가 자리 잡고 있다고 Ouchi는 설명하고 있다.

Ouchi가 주장하였던 이른바 'Z 문화'의 특징들은 그 근본이 파벌로 이 루어진 집단의 성격을 드러내고 있는 것이다. 일본의 특질 중의 하나는 절 대적 신념 체계가 없다는 데에 있다. 종교 자체에서도 현세적 문제를 풀고 집단성을 강화하는 데 필요한 적절한 종교 체계가 있을 뿐이다. 다시 말하 면 초월적인 신념이 체계화되어서 현세를 이끌어 나가는 것이 아니라 현실 생활의 일부분으로 종교는 생활에 봉사하고 있다. 이러한 성격은 집단의 이 합집산을 매우 자유롭게 한다. 이해 관계가 맞으면 合하고 反하면 흩어지 며, 강자가 파벌을 주도하고 그 파벌은 필요하면 다른 파벌과 합하여 더 큰 파벌을 형성한다.

그런데 일본 기업의 인사 관리는 최근 변하고 있다. 종신 고용보다는 직 장 이동이 좀더 자유로워졌고 일반 경력보다는 전문화를, 집단보다는 개인 을, 인화와 온정보다는 능력이 우선하는 경향을 보인다. 이른바 서구식 기 업 경영의 패턴이 점차 우세해져 가는 것이다. 왜 그럴까. 그것은 산업화의 진전에 따른 것이다. 일본이 서구와 비슷한 도시 문명과 산업화, 더 나아가 서는 후기 산업 사회로 이행한 시기는 서구에 비하여 훨씬 짧은 세월이 경 과하였다. 이 때문에 아직도 공동 사회(gemeinschaft)의 특질들을 서구에 비해 많이 보유하고 있다. 이것이 산업화의 진전에 따라 시차를 두고 이익 사회(gesellschaft)로 변모하기 때문이다.

흔히 동양적이라고 말하여지는 성격들 가운데 많은 부분은 동서양의 차이에서 오는 것이 아니라 경제적 토대의 차이에서 오는 것들이 많다. 동양적인 특질들도 서구의 산업화 이전 사회에서 있었고, 어떤 점에서는 지금의 동양보다 더 동양적이었다. 문화 유형의 차이에서 보면 이러한 성격은 동ㆍ서의 차이라기보다 공동 사회와 이익 사회의 차이에서 오는 수가 많다. 따라서 중국, 일본, 한국 등 동남아 국가의 사회가 계속 이러한 특질들을 지속한다고 보기는 어려우며 이익 사회의 특질들이 점차 많이 부각된다.

어쨌든 Ouchi의 Z 이론은 미국 경영계에서 비재무적인 요인의 중요성을 일깨우기에 충분한 것이었다.

Q : 한국의 기업 문화와 일본의 특질들. 이것들이 기업 문화 운동이 가야 할 방향과 엇갈리고 있다는 것입니까?

A : 이익 사회에서의 기업 문화는 기업을 경영하는 방향성을 보다 기능적으로 부여하고, 직원들의 행동과 사고의 pattern이 어떠해야 한다는 것을 나타내어야 합니다. 그것에 비해 종전 우리 나라 기업 문화의 운동은 실용적이지 못하였고, 일본 또한 공동 사회의 특질을 많이 반영하고 있었다고 봅니다. 이제 기업 문화는 재무적인 요인 이외의 중요성을 일깨우고 이를 기업 경영의 주요 목표로 부상시켜야 합니다. 구체적으로는 Balanced Score Card의 활용과 competency에 의한 평가를 들 수가 있습니다. 보다 구체적인 문제는 다른 책에서 다루기로 합니다.

3. 안경 낄래?: Peters & Waterman

Ouchi는 일본적 특질에 초점을 두고 있었으나, Peters & Waterman에 의해 우수 기업의 특질에 대한 보다 광범위한 통찰과 연구가 진행되어졌다. 일본과 대비하는 대신 우수 기업의 특성들을 직접적으로 들추어내기 시작하였다. 학계는 이들에 대하여 좀 비판적이었다. journalism의 냄새가 물씬 풍기고 있었기 때문이다. 우수 기업의 특질이 따로 있을까? 고전적인 경영학의 주제가 간과하고 있었던 다른 면이 있었단 말인가? 어찌 되었건 이들은 기업 문화의 주제를 '문화'라는 막연한 영역으로부터 구체적인 '경영' 패턴으로 초점을 맞추어 갔다는 점에서 한 걸음 진전하였다고 볼 수 있다.

Peters & Waterman은 미국의 우수 기업들을 분석하여 그 특질들을 다음과 같이 열거하고 있다.

① 행동 지향성(bias for action): 조직의 분위기는 항상 행동적인 데에 있다. 회의나 계획은 쓸모 없는 논의에 집중되어 있지 않고, 어떠한 프로그램을 어떻게 추진하느냐에 쏠려 있다.

② 고객 최우대 서비스(close to customers): 회사의 사장까지도 항상 고객과 친밀한 관계를 갖고, 고객이 무엇을 원하느냐에 귀를 기울인다. 모든 업무 중 고객에 대한 서비스를 최우선으로 한다.

③ 전통 가치(hands on value driven): 창업 당시부터 회사는 업무 스타일이 자연스럽게 규범화되어 있고, 이것이 가치화하여 일상의 업무에 추진력이 되고 있다.

④ 이점 경영(stick to the knitting): 타 경쟁 업체와 비교하여 자신들이 갖

고 있는 강점들을 최대한 살려 큰 시장을 집중 공략하고 있다.

⑤ 자율성과 사업 개발 행동(autonomy & entrepreneurship): 조직 구성원들은 사업가와 같은 자율성과 업무 추진력을 보여 주고 있다.

⑥ 사람을 통한 생산성 향상(productivity through people): 인적 자원의 활용이라는 점을 매우 강조하고 종업원의 동기 부여를 통하여 생산성을 향상시키고 있다.

⑦ 간소한 조직 운영(simple form, lean staff): 조직은 간소하고 불필요한 관료적 절차는 제거되어 있다. 또한 직접 업무를 맡고 있지 않은 참모 부서(staff)의 수가 상대적으로 적다.

⑧ 자율과 통제의 양면성(simultaneous loose-tight properties): 조직은 통제 기능이 살아 있어 전체적인 유기적 관련성을 갖고 있으면서도 조직 구성원은 이러한 테두리 안에서 자율적 권한을 많이 지니고 있다.

이상의 특질들을 잘 보면 대부분의 경영자들이 귀담아 들어야 할 말들이다. 일종의 경영 원리이기도 하다. 조직으로 보면 전사적인 관점, 부문의 기능적인(functional department) 분야의 지도 원리, 그리고 개인의 행동 차원(역량 평가 항목: competency)에서 다루어야 할 것들이 있다면 이것들은 전사적인 차원에 본 경영 원리들이다. 물론 전사적 차원, 부문의 차원, 그리고 개인 차원의 행동 지침들이 다 다른 것은 아니고 중복되는 점이 많다.

그런데 여기서 이상의 좋은 경영의 지도 원리들을 폄하하는 것은 아니고, 좀더 그 의미를 정확하게 알고 현실에서 적용하는 데 고려해야 할 점을 되새기기 위해 비판적인 입장에서 논의를 지속하기로 한다.

대학입시를 앞둔 학부모가 광범한 조사를 하였다. 대학에 다니는 학생들과 그렇지 않은 사람들의 특징을 찾았다. 안경이다. 대학에 다니는 학생들의 안경 낀 수가 압도적으로 많다.

"아들아, 안경 쓰자."

"왜요?"

"그래야 대학엘 가지."

Peters & Waterman이 제시한 우수 기업에 대한 특성들이 경영에 매우 유용한 방향성을 제시하고는 있으나 몇 가지 생각할 점들이 있다. 그들이 조사했던 우수 기업들의 1/3이 수년이 지난 후 우수 기업의 대열에서 탈락하였다. 왜 그런가? 예외라고 보기에는 너무나 많은 수치이다. 잘 보면 그것은 우수 기업의 특징이었지, 이러한 특징들이 자동적으로 우수 기업을 만든 것은 아니다. 이러한 유형의 분석 방법을 특성 이론(trait theory)이라고 한다. 특성을 나타내고 있을 뿐 그 시사점과 핵심은 이러한 특성들을 면면히 관찰하여 그 근본 원인을 찾아내야 한다는 것이다. 우수한 기업을 만드는 근본 원리는 무엇인가? 역시 경영 원리가 있을 뿐이며, 금세기 수많은 석학과 실무자들이 경영학이라는 학문을 발전시켜 온 것들과 동서양의 인간과 집단에 관한 수많은 고전들이 다루어 오던 그것들에 우수 기업을 만드는 지혜가 있는 것이다.

Peters & Waterman의 편향된 견해를 몇 가지 꼬집어 보자. 행동 지향은 분석과 사고를 전제로 한다. 돌다리도 두드리고 건너도록 철저한 분석을 명하였던 湖岩의 경영 철학은 우수 기업의 특징이 아닌가. 고객을 최우선하는 시점이 있다. 그러나 때로는 원가 절감을 최우선해야 하는 시점도 있다.

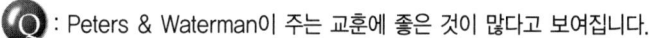

Q : Peters & Waterman이 주는 교훈에 좋은 것이 많다고 보여집니다.

A : 그러합니다. 바둑으로 치면 속담 같은 것입니다. 빈 삼각은 두지 마라, 붙이면 젖혀라, 두 점 머리는 두드려라 등. 행동 지향, 고객 지향, simplicity 등 기업들이 경영하면서 항상 염두에 두어야 할 교훈들입니다. 그러나 때로는 빈 삼각에 묘수가 있기도 합니다.

4. 천국은 어떤 곳일까?: LG에 투여된 7S

이것이 보다 경영 관리의 분야별로 유기적인 관련성을 갖게 되는 것은 매킨지의 7S였고, 지금도 이 모델은 LG 그룹 등에서 유용하게 활용되고 있다. 이 모델에서 한가지 오해는 실제로 strategy는 shared value의 하부 개념이 아닌 별도의 주제로 다루어지고 있는 점이다. 물론 shared value와 관련성이 있지만, 핵심 가치를 주축으로 기업의 여러 단면들을 유기적으로 연관시켰다는 점에서 보다 기능적으로 활용성이 높은 모델을 형성하였다.

Pascal & Athos는 「The Art of Japanese Management」라는 저서에서 기업 문화의 구성을 7S 모형으로 아래와 같이 나타내고 있다.

기업 문화의 구성

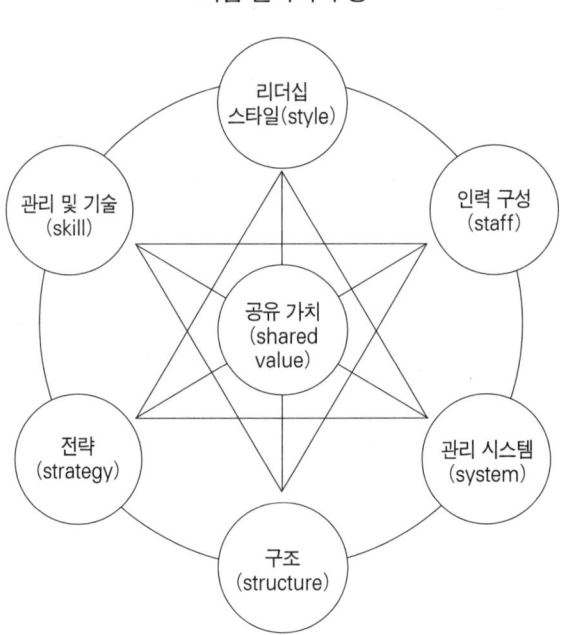

1) Shared Value: 공유 가치

이 모형에서 공유 가치가 기업 경영의 諸 요소를 연결하고 있다. 매킨지가 중심 개념에 놓은 공유 가치는 조직 구성원들이 갖고 있는 기본적인 인식의 틀을 의미한다. 좁은 의미의 기업 문화라고 할 때에는 이 공유 가치를 말한다. 공유 가치에서 중요한 것은 value가 선포되는 것보다는 공유되어야 한다는 점이다. 구성원들이 이것을 받아들이고 내재화시켜야 된다는 의미이다.

문화라 하면 이 공유 가치를 빼놓을 수 없다. 그런데 공유 가치를 중심에 놓을 수는 없다. 그 이유는 후술한다.

2) Strategy: 전략

조직 문화의 두 번째 구성 요소는 조직체의 장기 방향과 기본 성격을 결정하는 전략(strategy)으로서 조직체의 장기적인 목적과 계획, 그리고 이를 달성하기 위한 장기적인 차원의 배분 패턴을 포함한다. 조직체의 전략은 조직의 이념과 목적, 그리고 기본 가치를 중심으로 이를 달성하기 위한 조직체 운영에 장기적인 방향을 제공함으로써 다른 조직 문화 구성 요소들에게 많은 영향을 준다.

전술한 바와 같이 매킨지도 전략을 다른 요소와 같이 그중의 한 요소로 다루지는 않는다. 전략에 따라 기업 문화가 가다듬어져야 하기 때문이다.

3) Structure: 구조

구조(structure)는 조직체의 전략을 수행하는 데에 필요한 틀로서 조직 구조와 직무 설계, 그리고 권한 관계와 방침 규정 등 구성원들의 역할과 그들 간의 상호 관계를 지배하는 공식 요소들을 포함한다. 따라서 구조는 관리 시스템과 더불어 구성원들의 일상 업무 수행과 행동에 지배적인 영향을 준 다. 넓은 의미로 보면 관리 시스템과 같은 의미이기도 하다.

4) System: 관리 시스템

조직 문화를 구성하는 또 하나의 중요 요소는 조직체 경영의 의사 결정과 일상 운영에 틀이 되는 관리 제도와 절차 등 각종 시스템(system)이다. 따라 서 시스템은 조직체의 기본 가치와 일관성 있고 장기 전략 목적 달성에 적 합한 보상 제도와 인센티브, 경영 정보와 의사 결정 시스템, 경영 계획과 목 표 설정 시스템, 결과 측정과 조정·통제 등 경영 각 분야의 경영 관리 제도 와 절차를 포함한다.

공무원이 복지부동하는 이유. 이전의 대학 교수들이 느긋해 하는 이유. '철 밥통'이기 때문이다. 정년이 보장된 연공서열형 집단이기 때문이다.

5) Staff: 인력 구성

조직 문화는 조직 구성원들의 행동을 통하여 실제로 나타난다. 따라서 인 력 구성(staff)은 조직 문화의 구성 요소로서 조직 구성원들의 능력과 전문 성, 가치관과 신념, 욕구와 동기, 지각과 태도, 그리고 그들의 행동 패턴 등 을 포함한다. 구성원들의 가치관과 행동은 조직체가 의도하는 기본 가치에 의하여 많은 영향을 받고 있고, 인력 구성과 전문성은 조직체가 추구하는 전략에 의하여 지배된다.

미국의 한 대학 교수가 내게 말했다. "당신들은 기업 문화를 가꾸어 가기가 쉽겠군요. 우리는 채용할 때 특정 집단을 선택할 수가 없답니다." 우리는 오히려 이것 때문에 말썽이다. 호남과 영남의 특색이 기업체마다 두드러지게 나타나는 곳이 많다.

6) Skill: 관리 및 기술

기술(skill)도 조직 문화를 형성하고 있는 중요 요소로서 각종 기계 · 장치와 컴퓨터 등 생산 및 정보 처리 분야의 하드웨어(hardware)는 물론 이를 사용하는 소프트웨어(software)기술을 포함한다. 그뿐 아니라 구성원들에 대한 동기 부여와 행동 강화, 갈등 관리와 변화 관리, 목표 관리와 예산 관리 등 기업체 경영에 적용되는 관리 기술도 포함한다.

현대 그룹에서도 노사 분규가 별로 없는 곳이 있다. 있어도 매우 얌전하다. 이천에 있는 반도체 공장이 그렇다. 이곳의 분위기는 같은 현대라고 하여도 울산에 있는 중공업, 정공, 자동차와는 매우 다르다. 왜?

7) Style: 리더십 스타일

조직 문화의 마지막 구성 요소는 구성원들을 이끌어 나가는 전반적인 조직 관리 스타일(style)로서, 구성원들의 행동 조성은 물론 그들 간의 상호 관계와 조직 분위기에 직접적인 영향을 주는 중요한 요소이다. 조직체의 개방적 · 참여적 · 온정적 · 유기적 특성 등은 모두 일상 경영에서의 관리 및 리더십 스타일에 의하여 형성된다.

창업자이다. 현대의 故 정주영 씨, 삼성의 김우중 씨, LG의 구자경 씨를 빼고는 이들 집단의 행동 패턴을 설명하지 못한다. 창업주를 닮은 것이다.

이상 7S 개념을 중심으로 조직 문화의 구성 요소들을 간단히 살펴보았다. 이들 요소는 서로 밀접한 연결 관계 하에서 전체적으로 조직 문화를 형성한다. 이들 요소가 매우 밀접하고 일관성 있게 상호 의존적으로 연결되어 있을수록 전체적으로 강한 문화를 형성하게 된다. 반면에 이들 요소 간의 관계가 애매하고 일관성이 없을수록 전체적으로 약한 문화를 형성하게 된다. 장기적으로 높은 성과를 달성하고 있는 우수 기업들이 모두 강한 조직 문화를 가지고 있다는 점에서 강한 조직 문화를 선호하는 경향이 크다.

이 7S는 매킨지가 쓰는 기업 문화의 틀로서 유명하다. 이 모형에서 공유 가치를 기업 경영의 諸 요소와 관련시킨 것이 이 모형의 최대의 강점 중의 하나이다. 그 이전까지 기업 문화는 그저 막연한 분위기나 경영 스타일 정도로 다루어졌다. 매킨지는 기업 문화의 핵심을 공유 가치라고 보았고 이 공유 가치는 경영의 諸 요소와 관련시켜 생각할 수 있는 틀을 부여하였다. 이 모형은 단순한 대신 다음과 같은 문제들을 내포하고 있다. 첫째, 공유 가치라고 하는데 기업에는 공유되지 않은 가치도 많다. 기업 문화는 여러 가지 이질적인 문화가 혼재되어 있는데, 공유 가치라 하면 때로는 상충하면서도 새로운 통합을 이루는 여러 가치 체계들을 지나치게 단순화하여 획일적인 동질성으로 처리할 우려가 있는 것이다. 또한 이들 가치 체계는 말하여지거나 인식되어진 것이지만, 사람의 실제 행동은 말하여지거나 인식되어지지 않은 부분에 의하여서도 많이 좌우된다. 둘째, 7S의 요소들은 평면적으로 처리되어 있다. 이중 전략(strategy) 부분은 전략과 구조(strategy & structure)라는 고전적인 개념(A. Chandler)에서 보면, 여타 요소들보다는 현실 경영에서 더 중요한 개념이다. 공유 가치를 포함한 여타의 요인들이 오히려 전략을 뒷받침하기 위한 조직의 structure를 나타내고 있는 것으로 보는 것이 타당하다. 물론 매킨지는 이러한 사실을 잘 알고 있으며, 실제의 적용은 **strategy**를 별도로 나머지 6σ와 대비하여 접근하고 있지만(LG의 경우) 일반인을 위하여 7S라고 표현하였을 뿐이라고 생각된다.

천국은 어떤 곳일까? 천국은 완벽하게 균형이 잡힌 곳일 것이다. 우리 인류의 이상이 살아 있고, 그 이상에 따라 제도가 설정되어 있으며, 모든 사람들이 자발적으로 이 제도에 순응하면서 사는 곳일 것이다. 이 근본 취지와 제도에 맞지 않는 사람들은 연옥이나 지옥에 가 있을 테니까. 그러면 과연 이런 곳은 이 지구 상에 어떤 곳이 있을까? 수도원과 북한이다. 이념이 살아 있다. 그리고 제도는 이 이념을 뒷받침하고 있으며 구성원들은 자아비판을 하면서 제도에 순응한다. 우리 같은 사람들에게는 숨막히는 곳이다. 그러면 이념과 제도, 관습은 어떤 관계에 있는 것일까? 어려운 질문이다. 나도 모른다. 서로 떨어져 아무런 관계도 없다면 개판이다. 그러나 완벽한 일치는 불가능할 뿐만 아니라 무언가 숨막히는 상황을 연상하게 된다.

shared value는 중심 개념이라기보다는 인식, 제도, 실천의 한 축이다.

필자가 여러 기업들에 컨설팅하러 다니며 본 것 중에 어느 기업들은 경영혁신을 한다고 우선 비전과 기업의 이념을 정리한다. 그리고 나서 이것들을 각 부문에 적용하려고 한다. 일견 맞는 말 같아 보이나 실상은 또 하나의 사상누각을 만들고 있다. 왜 그런가? 현실은 그리 간단한 것이 아니기 때문이다. 하나의 비전과 경영 철학을 담은 이념으로 하부 조직까지의 구체적인 양상을 담아내기는 어렵기 때문이다. 자율 경영이다. 그러니까 권한을 위양하고 각 부문이 하나의 **profit center**의 개념으로 손익을 책임져라. 그러니 예산을 편성하고 인사에도 자율성을 보강하도록 하라. 가만 보니 이 사업단의 손익은 매출에 연동되어 있고 인사도 본사와의 협의로 중앙 관리해야 할 형편이다. 사실상 자율 경영할 요소가 별로 없는 것이다. 자율 경영이 밥 먹여 주면 자율 경영해야지, 경영 이념이 자율 경영이니까 자율 경영하는 것은 아니다. 기업 경영에서 연역적 사고의 위험을 단적으로 지적하는 대목이다.

LG 그룹의 기업 문화가 하부 조직까지 침투하기 어려운 이유가 이것이다. 이념 또는 shared value를 설정하고 이것을 다른 6S에 적용하려고 한 것이다. 이념이 제도와 실천을 모아 묶어 내려고 하는 순진한 생각이기 때문이다. 이러한 오류는 대개 젊은 사람들이 범하고 있다. 세상을 오래 살아 본 사람들은 현실이 그리 이념대로 잘 안 되는 것을 경험으로 알고 있다.

　이런 말이다. 제도만 바뀌면 무엇합니까? 의식이 변해야지요. 의식만 변한다고 됩니까? 실천해야지요. 그래서 습관이 바뀌어야 합니다.

잘 보면 이 세 가지의 축은 그 밑바탕에 서로 다른 논리가 지배한다. 제도는 힘을 바탕으로 이루어진다. 지배자가 만들어 낸다. 힘없는 사람들은 제도를 만들지 못한다. 공식적인 힘을 보유한 사람들이 그 편의를 위해 설정한다. 그런데 이념은 힘있는 사람들이 만들기보다는 양식 있는 사람들이 만든다. 흔히 institution이라고 하는 교회, 사찰, 대학…. 이런 것이다. 가치관을 형성하는 곳이다. 정치와 종교가 분리되어 있다. 원래는 하나이나 분리되어졌다. 이슬람에서는 제정이 분리되어 있지 않다. 그래서 원리주의가 사회를 지배한다. 글쎄. 어느 것이 더 좋은지는 근원적인 물음이다. 그러나 우리는 제정이 분리된 사회에서 살고 있다. 인식과 제도는 서로 영향을 주고 있지만 일치하지 않는다고 보는 것이 현실적이다. 서로 관련이 없다는 말이 아니다. 상당한 관련이 있다. 그러나 일치하지는 않는다. 그쯤 해 두자. 습관은 또 다른 축이다. 한동안 민중론이라는 것이 70년대 우리 나라를 풍미하였다. 민중이란 무엇인가? 권력과 이념에서 멀리 떨어져 있는 사람들이고 이들은 피지배자의 성격을 갖고 있다. 이들을 움직이는 것은 이념도 제도도 아니다. 끊임없이 항거하려고 했다. 필요한 것인지, 좋은 것인지는 몰라도 분명한 것은 또 다른 축에 뿌리를 두고 있는 것이다.

어쩌면 좋은가? 나도 모른다. 소크라테스의 말처럼, 모른다는 것을 알고 있을 뿐이다. 이념과 제도, 그리고 실천과 관습은 묘한 세상을 창출해 내고 있다. 필자는 오히려 이러한 조물주의 신묘함에 경탄한다. 어느 하나의 축으로 설명이 가능하다면 세상은 얼마나 단조로울 것인가?

읽어라! 이 말밖에 할 말이 없다. 구체적인 상황을 읽어야 한다. 바둑을 둘 때 중반전에 이르러서는 정석으로 해결되지 않는다. 때로는 빈 삼각에 묘수가 있다.

Q : LG에 투여된 7S가 기업의 하부 조직까지 침투하지 않는 이유가 shared value를 중심으로 연역적으로 처리하였기 때문이라는 뜻입니까?

A : 네, 그렇습니다. LG뿐만이 아니라 다른 기업들에서도 많이 관찰됩니다. CEO의 경영 방침이나 경영 철학을 그대로 해석하여 이를 조직의 하부까지 적용하려는 경우를 많이 봅니다. 예를 들어 자율 경영이라고 해서 실제 예산과 인력의 운영권을 이양하려고 하나 오히려 더 복잡성을 유발하는 경우도 목격합니다. 경영 방침이나 철학이 필요 없다는 것이 아니라 이를 적용하면 어떻게 움직일 것이라는 수읽기가 필요합니다. 경영 방침과 철학을 위한 경영이 아니니까요. 이익을 위한 경영 방침과 철학이 아닙니까? 제도라는 것은 현실적인 필요에 의해 수립되어진 것입니다. 그리고 조직 구성원들이 그렇게 행동하는 데에는 이유가 있었던 것입니다. 필요나 이유가 타당하다는 의미가 아니라 일단 왜 그런지를 파악한 후 선악을 가리고 경우에 따라서는 방침과 철학도 수정할 수 있어야 한다는 의미입니다.

제2장 Dynamics in organization

1. 자살론과 Solidarity: Emile Durkheim

조직이나 사회가 집단을 형성해서 영위하려면 사회적인 연대(solidarity)가 필요하다. 매우 강한 integration의 힘이 필요한 시기에 절대왕권이 역사 발전의 원동력이기도 했다. 현대에 와서도 개인은 서로를 엮어 주는 사회적 연대가 필요하다. 그런데 저마다의 개성이 숨쉬는 그런 사회적 연대를 원한다. differentiation의 축이다. 조직 구성원에게 소속감을 부여하고 한 방향으로 매진하면서도 내외의 다양성을 포용할 방법!

Emile Durkheim은 프랑스의 사회학자로서 당대의 사회학자들과 마찬가지로 사회를 직접적으로(교조적인 해석) 선도하고 통제해 온 종교적인 거대 패러다임의 기능이 쇠퇴하자 이것을 사회학적인 패러다임으로 복원하려 했던 사람이다. 초기의 그의 연구는 사회적인 연대(social solidarity)에 초점을 두고 있었다. 그는 자살론(suicide)에서 자살의 동기는 개별적이고 개인적인 것이지만, 자살의 원인은 사회적인 요인이 주요하게 작용하고 있다고 하였다. 자살자의 수가 증가하고 감소하는 시기와 장소를 조사해 보니 전쟁 때보다는 평시에, 그리고 부유한 곳에서 자살이 많이 일어나는 것을 발견하였다. 그리고 대부분의 자살자들이 처한 상황은 사회적으로 고립되어 있을 때가 많았다. 사회적인 연대를 이탈해 있을 때라는 것이다. 전시에는 북적거리면서 개인이 서로 싫어도 함께하고 사회적 속박이 개인을 내버려두질 않는다. 평시에 부자들은 담을 쌓고 혼자 칩거하는 수가 많은데 이때에 사회적 연대(solidarity)를 이탈하는 수가 많다. 사회적인 연대는 무슨 역할을 하는가? 개인의 기대 수준을 낮게 한다는 것이다. 사람들과 부대끼다 보면 세상이 자신에게 베풀어 주는 것에 대한 기대 수준이 낮아지고 현실적으로 되어간다는 것이다. 혼자 사회적인 연대를 이탈해 있으면 욕망의 수위가 높아지고, 결국 이 양자의 gap이 불행을 가져다주어 자살에 이르게 한다고 한다. 삼단 논법으로 조잡하게 말한다면 사회적 연대는 행복의 조건이라는 것이다.

그런데 Durkheim은 사회적 연대(social solidarity)의 유형을 두 가지로 분류하였다. 기계적 연대(mechanistic solidarity)와 유기적 연대(organic solidarity)이다. 기계적인 연대는 구성원의 행동과 사고가 유사하고(homogeneous), 유기적 연대는 개성이 살아 있는 형태이다. 군대의 병졸들과 셰익스피어 연극의 인물들을 비교하면 쉽게 이해가 간다. 두말할 나위도 없이 사회적인 발전은 organic solidarity로의 이행이라고 보는 것이다. 대체로 산업 혁명 이전의 봉건 사회에서는 mechanistic solidarity가 강하게 나타나고, 산업 혁명 이후 후기 산업 사회로 이행할수록 organic solidarity가 더 강하게 나타난다.

Durkheim이 시사한 바는 두 가지이다. solidarity가 필요하고 중요하다. 그리고 가급적이면 mechanistic solidarity에서 organic solidarity로의 이행이 바람직하다.

물론 행복의 조건을 말한 Durkheim의 행복론이 조직의 효율성과 어떻게 밀접한 관계를 갖고 있는지는 과학적으로 연구된 바 없다. 그렇지만 행복의 이야기를 빼고 solidarity의 개념을 보면 경영의 세계 속에 있는 사람들에게 이 문제는 조직 응집력과 유사한 문제이기도 하다. 아니나 다를까, William Ouchi는 Z 이론에서 일본 기업의 효율성을 Durkheim의 solidarity 개념에서 찾고 있었다.

일본 기업의 특성은 clan control에 있는 것으로 조직 구성원의 집단 응집력이 매우 강하게 나타난다. Z 이론은 반드시 일본 기업들이 미국보다 생산성이 높다고는 말하지 않는다. 미국이든 일본이든 조직력과 응집력을 강하게 할 수 있는 패턴의 경영을 예로 들고 있다. 그중 하나가 일본적인 종신 고용, 즉 고용의 안정성과 장기적인 관심 등이다.

그러나 Durkheim으로 돌아가 보면 이 문제는 solidarity의 문제였다. 혹자는 조직 내에서의 transaction cost로 설명하기도 한다. 조직 내부에서 많은 구성원들 사이에 암묵적인 거래가 형성된다. 그런데 그 거래 하나하나마다 계약이 이루어지기 위한 조건을 형성하기 위하여 비용을 지불해야 한다면 조직 응집력이 약화되고 조직의 생산성과 효율성은 떨어지게 된다. 돈을 빌릴 때 변호사를 부르고 공증과 담보를 챙기는 것이 그냥 말 한마디에 돈을 빌리는 것에 비해 비용이 더 드는 것과 같다. 그런데 말 한마디에 돈을 빌리려면 두 사람 사이에는 신뢰가 형성되어 있어야 하는데, 신뢰는 이제부터 신뢰하자고 해서 형성되는 것이 아니다. 기반이 형성되어야 한다. 이 신뢰의 기반이 solidarity인 것이다.

Durkheim의 두 번째 시사점은 mechanistic solidarity에서 organic solidarity로의 이행이었다. 현대 조직론은 어떻게 조직이 유연해질 수 있는지를 연구하고 있었다. 창의성이 필요하고, motivation 이론들과 관료제 모형에 대한 비판들이 주종을 이루고 있다. 일본의 과거 경영 패턴은 clan control에 기반을 두고 있었고, 이는 mechanistic solidarity에 속한다. Clan 이란 파벌이라고 말할 수도 있고 gang보다는 조금 작은 단위의 집단을 말한다. 재미있는 현상은 일본은 이 파벌을 나쁘게 보지 않는다. 파벌의 형성을 자연스럽게 보고 있는 것이다. 파벌들의 경쟁과 이합집산이 자연스럽게 일어난다. 일본의 정치를 보면 쉽게 이해가 간다. 오야붕과 꼬붕이 생겨난다. 오야붕끼리의 경쟁에서 이기면 왕오야붕이 된다. 문제는 최고 오야붕이 일본을 제패한다. 그는 실력으로 오야붕이 된 것이다. 모두가 그에게 복종하고 꼬붕이 된다. 아니꼬우면 한번 덤벼 보라는 개방된 질서이기도 하다. 작은 오야붕은 큰 오야붕에게 꼬붕이 되지만 자기 지분을 보유하고 있다.

solidarity에 관한 일반 이론? 무엇일까? 한 사회와 집단이 mechanistic solidarity가 강하면 mechanistic solidarity를 활용하는 것이 더 효율적이다. 일본식으로 말이다. 그런데 organic solidarity를 형성할 수 있다면 그것이 더 바람직하다. 첫번째 문제는 solidarity의 형성이고, 다음으로는 가급적 organic solidarity를 형성하는 일이다. 우리 사회와 한자 문명권의 문제가 여기에 숨어 있다. 사회 분위기는 mechanistic solidarity에서 organic solidarity로의 이행에 있다. 설령 한 집단을 organic solidarity로 이끌어 가도 solidarity를 형성하지 못하면 차라리 mechanistic solidarity를 형성하는 것보다 못하다(안 됩니다. 엽전들은 독재가 필요한 겁니다). 대체로 보면 구(舊) 질서, 보수적인 질서는 mechanistic solidarity에 근거하고 있는데, 여기서 진보적인 경영 패턴(자율 경영, 개성의 존중, 창의력, 지식 경영, 팀제 등)으로의 이행에서 발생하는 문제이다.

조직의 문제로 다시 살펴보면 integration과 differentiation의 조화이다.

조직은 solidarity, 즉 질서가 필요하고 그 질서 위에 differentiation을 형성해야 한다. solidarity 그 자체는 integration의 축인 셈이다. 그러나 그 속성이 mechanistic하다면 현대적인 환경에서 다양한 시장 변화에 적응하기 힘들어진다. 유연해야 하고 분권화되어 현장에서 담당자들이 알아서 잘 처리해야 하기도 한다. 이것이 differentiation의 축인 것이다.

팀제라는 것과 자율 경영은 differentiation의 축이다. 과거 우리 나라 기업들은 병영적 통제 속에서 고도성장하여 왔다. 물론 지배 구조도 오너에 의한 경영 체제이었다. 매킨지의 젊은 컨설턴트들은 LG 그룹의 회장에게 자율 경영이라는 고언을 아끼지 않았고, 그 이후 LG 그룹은 자율 경영 흉내를 내기 시작하였다. 다른 대부분의 기업들도 팀제라는 것이 번지면서 자율 경영의 틀을 마련하였다. 그런데 팀제가 시행된 후 어떤 변화를 가져왔는가? 직급 체계에 의한 위계 질서가 힘을 잃기 시작하였으나, 조직에서의 근본적인 변화가 가시적인 성과로 드러난 것은 아니라고 보여진다. 특히 문제는 팀제에 의하여 조직 운영이 중구난방이 된 것도 사실이다. 왜 그랬을까?

integration 축이 흐트러진 것이다. 조직의 생명은 이 integration 축에서 온다. 설령 differentiation이 덜 발달하더라도 integration만은 필요한 것이다. 잘 보면 integration과 differentiation은 pay-off 관계에 있지 않다. 다시 말하자면 integration을 희생해서 differentiation이 살아나는 것은 아니다. 문제는 integration mechanism을 어떤 식으로 처리하는가에 있다. mechanistic control mechanism은 mechanistic solidarity를 형성하고, organic control은 organic solidarity를 형성한다. 알고 보면 경영의 기본 원리일 뿐이다. 경영은 자기 혼자 모든 것을 처리하지 않고 부하 직원을 시키거나 협력 관계에서 일을 처리한다. delegation과 net-working이 필수적인 것이다. 그러려면 예를 들어 목표 관리와 같은 기본적인 mechanism이 유기적으로 작동하여야 한다. control 방식이 직접적이거나 외형에 치우치면 조직은 기계적으로 움직인다. 반면 control이 간접적이고 실질적인 내용에 초점을 두면 조직은 유기적으로 움직이는 것이다. 이제 마음대로 해보라는 자율권의 부여는 먼저 control mechanism을 선행조건으로 하고 있는 것이다.

  마음대로 하되 성과를 내어야 하며 그 방식에 있어서도 조직의 장기적이고 전사적인 흐름에 공헌해야 한다는 것을 구체적으로 전달해 주고 이것을 control하여야 한다. 구체적인 방법은 당신이 알아서 처리하시오! 애로 사항이 있거나 예상하지 못한 새로운 사건이 생기면 즉각 말하시오! 그러려면 목표 관리 시스템뿐만이 아니라 planning system, 회계 system, 조직 운영 방식을 합리적으로 정비해 놓아야 한다. 다시 말하자면, integration mechanism을 제대로 갖추어 놓아야 한다는 것이다.

  흔히 이 점을 오해하여 책을 많이 보신 분들은 새 시대의 기업 조건은 flexible하여야 한다고 하면서 Taylor 같은 사람을 공박하고 인간관계론이나 자율 경영, 팀제 등으로 조직을 개발하려고 하기도 한다. 그러나 유연하다는 것은 문어나 파충류 같은 것을 의미하지 않는다. 뼈대가 있어야 하는 것이다. 뼈 마디마디를 잇는 관절이 얼마나 유연한가에 관한 문제이지, 뼈대를 다 빼 버리면 유연하기는 하지만 힘을 쓸 수도 없고 걷거나 뛰지도 못하는 해면체로 변하는 것이다. 조직은 합리적인 관리의 대상이 아니고 극도의 political unit로 변한다. 조직 내에서도 politics는 필요하나 이런 politics를 의미하는 것은 아니고 통제된 politics가 필요한 것이다.

  differentiation만이 발달하고 solidarity가 깨어져 있는 사회가 organic해 보이지만 결국 불행한 사회인 것처럼, integration이 깨어진 채 자율권만 강화되었다고 좋은 조직은 아닌 것이다.

: Emile Durkheim을 언급하는 이유는 무엇입니까?

 : 조직의 integration과 differentiation의 문제는 사회학의 오래된 명제이기도 합니다. 이 문제를 가장 잘 처리한 사회학자가 Durkheim이기 때문입니다. 경영학은 때로 어느 한 일면을 지나치게 강조하다 보니 균형과 그 근본 취지를 망각하기 쉽습니다. 이 때 사회학의 고전으로 돌아와 보면 좀더 확연하게 그 핵심을 파악할 수 있습니다. centralization과 control이 산업화의 초기화 과정에서 지나치게 강조되어 조직의 differentiation축이 약화되었던 것이 사실입니다. 그러나 differentiation의 필요성 때문에 시계추처럼 반대 방향으로 진폭해서 해결되는 문제가 아니라는 뜻입니다. Integration의 방법론에 문제가 있었고, solidarity의 중요성을 강조한 Durkheim을 회상하게 된 것입니다. 같은 solidarity에서 organic한 방향으로 발전해야 할 문제입니다. 경영 조직론은 mechanistic에서 organic으로의 이행을 부르짖고 있었지요. Integration의 축을 등한시할 위험이 있어 왔습니다.

2. 기업 문화의 5 Why?: Edgar Schein

에드거 셰인(Edgar H. Schein) 교수는 기업 문화가 갖고 있는 중층 구조에 대하여 설명하고 있다. 우리가 흔히 말하는 기업 문화는 인식적 수준에서 가치관을 의미하는 것이며, 이는 가시적으로 표출되어진 가공품과 창조물을 구성하고 있다. 그러나 이러한 가공품과 가치관들을 잠재적인 수준에서 깊은 뿌리를 갖고 있다. 이를 기본 전제라고 하는데, 이 기본 전제에 시간과 공간의 본질에 대한 집단적인 인식이 잠재되어 있다고 한다. 이 주제에 정신 분석학이 많이 원용되는 이유는 잠재 의식과 결부되어 있기 때문이다.

잠재 의식과 신화는 우리 주변에 널려 있다.

Schein 교수는 기업 문화의 깊이를 간파하고 있다. 우리가 말하는 문화는 가시적 수준에서의 가공품과 창조물에 지나지 않는 것이고, 그 토대는 인식적 수준의 가치관과 잠재적 수준의 기본 전제에 있는 것이다. 그런데 가치관과 기본 전제는 그 표현이 매우 철학적이고 깊이가 있어 잘 포착되지 않는 것으로 이해하기 쉬운데, 실은 생활의 주변에 깔려 있는 보편적인 내용들인 것이다. 가치관이라고 할 때 이는 다른 말로 개인의 선호도(preference)를 의미하는 것으로, 이것이 좀더 체계화(structured)되어 있는 상태를 말할 뿐이다. 생활인들이 일상에서 적용하고 있는 가치의 기준인 것이다. 또한 기본 전제라고 하는 것은 한 민족의 신화에 잘 반영되어 있는 경우가 많다. 신화는 매우 우스꽝스럽게 엮여졌지만 그곳에는 인간과 자연, 시간성(cyclic or directional), 공간성, 초자연성에 대한 인간 집단의 역학과 본질 등이 이야기체로 표현되어 있다. 현대인의 특질이 이 신화라는 것으로 잘 포착되지는 않지만, 신화는 片鱗으로 산재하여 있고 특히 대중(mass)의 움직임에서 표출되어지기도 한다.

Schein 교수가 설명한 기업 문화의 구성 요소는 다음과 같다.

〈기업 문화의 조직적 구성 요소〉

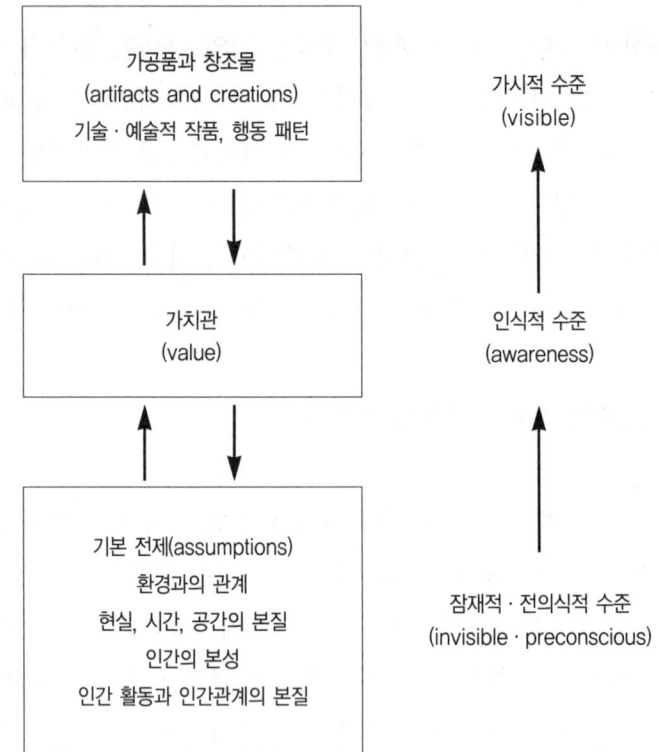

기업체에 가 보면 가끔 그들이 만들어 내고 있는 신화가 있다. 이 신화가 조직 내부에서 가치관의 기저를 이루고 있고 각종 상징 체계들을 형성한다. 사람들은 때로 이 부분을 감추어 두려고 하기도 한다. 그리고 이 부분에 의문을 던지면 화를 내기도 한다. 기업 조직론에서 이를 조직 변환론(Transformational Organization Theory)이라고 부르는 이유는 한 조직을 변환시키려 할 때 집단이 갖고 있는 기본 전제의 축이 달라지게 되고, 또 기본 전제에 대한 합리적인 설명을 가하면 조직 변환의 실마리를 찾을 수 있기 때문이다.

카지노에서는 도박을 하는 사람들이나 도박장에서 일하는 사람 모두가 그날의 운세(끗발)가 있다고 믿고 있고, 또 상대방에 따라 도박의 승패가 좌우된다고 믿는 사람도 있다. 이런 경우 카드가 배열되는 것은 일종의 난수표 같은 random number의 성격을 띠고 있다고 과학적으로 설명하면 관련자들은 허망해진다. 일생을 당연히 그렇게 믿고, 그런 가정하에 움직여 왔던 기반이 허물어지는 것 같기도 하고, 많은 기득권도 사라질 수 있기 때문이다. 그러나 확 벗겨 버리면 조직은 서비스 위주의 조직으로 변신할 토대가 마련된다. R&D 분야의 사람들은 자존심이 강하기도 하다. 매우 깊은 연구를 하고 있는데, 기업체에서 R&D 부서 보고 불량을 줄이도록 기능적인 연구 내지는 모방에 주력하라고 한다면 이들은 불쾌하게 생각할 수도 있다. 대우 그룹 같으면 '세계 경영'이라는 기치하에 확장 일로를 가고 있었는데, '대마불사'라는 기본 전제하에 조직이 운영되어 가고 있었던 것이다.

한국 사람은 어떠하다는 식의 기본 전제가 있을 수도 있다. 그러나 조직 구성원들에게 직접 물어 보면 한국식이라는 정형이 매우 다르게 나타날 수도 있다. 한국식이라는 기본 전제가 달라지면 조직은 이익 사회에 알맞은 틀로 변신하기가 훨씬 수월해진다. 이렇게 조직을 변화시키려면 구성원들이 갖고 있던 잘못된 신념을 바로 잡아 주는 것이 분위기의 반전에 결정적인 계기가 될 수도 있는 것이다.

조직을 power politics의 장이라고 하는 데에 많은 사람들이 공감하고 있다. 조직이 어떤 모습으로 바뀌어야 하느냐고 한다면 대안의 제시보다는 바람직한 모습을 제시한다. 이때 결정적인 순간에 가면 제일 중요한 일은 power politics일 수가 있다(누가 고양이 목에 방울을 달래?). 조직 내의 권력 구조를 재편하는 일이다. 이런 경우에도 상징적인 조처가 필요하다.

현재 우리 나라 조직에서 연공서열로 이루어진 조직의 직위 체계는 위계 질서를 이루고 있고 직위라는 symbol을 중심으로 조직 내의 권력 구조가 형성되기도 한다. 그런데 업무 분장을 합리적으로 하여 직위와 관계없이 유능한 인재를 발탁하라고 하고 팀제를 운영한다고 해도 조직은 또다시 쳇바퀴 돌기 일쑤이다. 이런 경우 직위 체계를 없애 버리면 사람들은 직위에 구애받지 않고 새로운 질서를 형성할 수 있는 토대가 된다. 팀제를 하면서 이 직위 체계를 없애는 일이 얼마나 힘든 일인지 해본 사람은 안다. 웬만큼 큰 결단이 아니고는 실행에 옮기기가 만만찮다.

책상의 배열, 중역의 자동차와 사무실, 복장 등 여러 가지 상징적인 구성들을 가만히 살펴보면 조직 내의 힘있는 사람들의 취향에 맞도록 구성되어 있는 것을 알 수가 있다. 상징 체계는 power politic의 소산인 것이다. 심지어는 광고를 선택할 때 사장이 한번 본다. 물론 사장의 안목이 유용할 수도 있다. 그렇지만 그 안목보다는 사장이 자신의 상징 체계에 부합하는 광고를 선택하려는 것이다. power와 symbol의 관계인 것이다. 이것을 고객 위주로 돌려놓아야 한다. 고객이 좋아하는 것으로, 조직 구성원들이 일하기 편리한 것으로 대체할 필요가 있다. power의 기반을 소비자와 효율적 운영이라는 점으로 재편해야 할 필요가 있는 것이다.

Q : 잠재적 수준의 의식을 포착한다는 것이 어렵고 비실용적이지 않습니까?

A : 그러합니다. 실제로 심리적인 처리를 한다는 것, 특히 정신 분석학을 응용하는 문제는 매우 난해하고 시간과 노력이 많이 듭니다. 노사 관계와 조직의 문제들을 consulting 할 때도 총수의 심리적인 문제라고 판단이 들어도 실제로 이를 feedback시키는 데는 한계가 있습니다. 조직의 분위기 역시 마찬가지입니다. 이런 경우 더 깊이 들어가지는 못하고 본문에서 언급한 정도의 피상적인 접근만이 가능한 경우가 허다합니다. 그럼에도 상징과 가치관, 그리고 기본적인 전제가 되는 잠재 의식 수준의 문제가 서로 얽혀 있다는 것을 이해하고 있는 것만으로도 많은 도움이 됩니다. 조직 내 분위기의 기류가 움직이는 것을 감지할 수 있기 때문입니다. 보다 더 심층적인 연구는 다른 저서에서 계획하고 있습니다.

3. Marxian or Systemic? : 조직의 Identity와 역동성

Schein의 모형은 문화 인류학적인 집단 심리에 기초한 모형이지만 여기에 기업 내의 물적인 토대와 구체적인 기업 활동에서의 요인들을 추가해야 전체적인 기업 문화의 역동성을 파악할 수 있다.

그렇다면 기업 문화의 출처는 어디에 있는 것이며, 단순한 심리적 현상이 아닌 실체와의 연결 고리는 어떻게 되어 있는 것일까?

1) 삼성맨, LG맨, 현대맨: 기업 문화의 출처

삼성맨, LG맨, 현대맨…. 혹은 삼성 그룹, LG 그룹, 현대 그룹은 각기 다른 분위기를 갖고 있고, 이를 조직의 문화라고 한다. 그런데 왜 그랬을까? 故 이병철 씨, 구씨와 허씨네, 그리고 故 정주영 씨이다. 이들의 성격을 닮았다. 노사 분규가 한참일 때 현대 그룹이 가장 심하다. 그 원인이 어디에 있는가? 故 정주영 씨이다. 잘잘못을 가리려는 것은 아니고 그저 그렇다는 이야기다. 故 정주영 씨를 이해하지 않고는 현대 그룹의 노사 관계가 어떻게 얽혀 있는지 잘 모른다.

조직의 분위기가 보수적이다, 또는 진보적이다 말하는 데에는 이유가 있다. 바로 그 조직의 정체성, 즉 생긴 그대로인 것이다. 실내에서 썩는 냄새가 나고 있다면 이것은 무엇인가 썩는 물체가 있기 때문이다. 이러한 경우 창문을 열고 환기를 시킨 후 향수를 뿌리는 일도 필요하지만 썩는 물체를 제거하는 일이 오히려 더 근본적인 것이다.

이러한 점에서 기업의 문화를 추적하다 보면 분위기보다는 근본적인 출처가 되는 정체성(identity)에 더 큰 초점이 맞춰진다. 그러나 기업 문화적인 처방이 항상 직접적인 정면 대결을 뜻하는 것은 아니다. 특히 기업의 이념 체계를 정비하는 것은 매우 장기적이고 우회적인 방법에 해당하는 것이다. 다만 유념하여야 할 점은, 이념 체계를 정비할 때 조직의 정체성을 직시하고 있어야 한다는 것이다. 조직의 분위기나 문화의 출처는 그 기업 문화의 형성 과정을 살펴보면 좀더 명확하여진다.

JMA(Japan Management Association)가 설계한 기업 문화 형성 과정을 보면 다음과 같다.

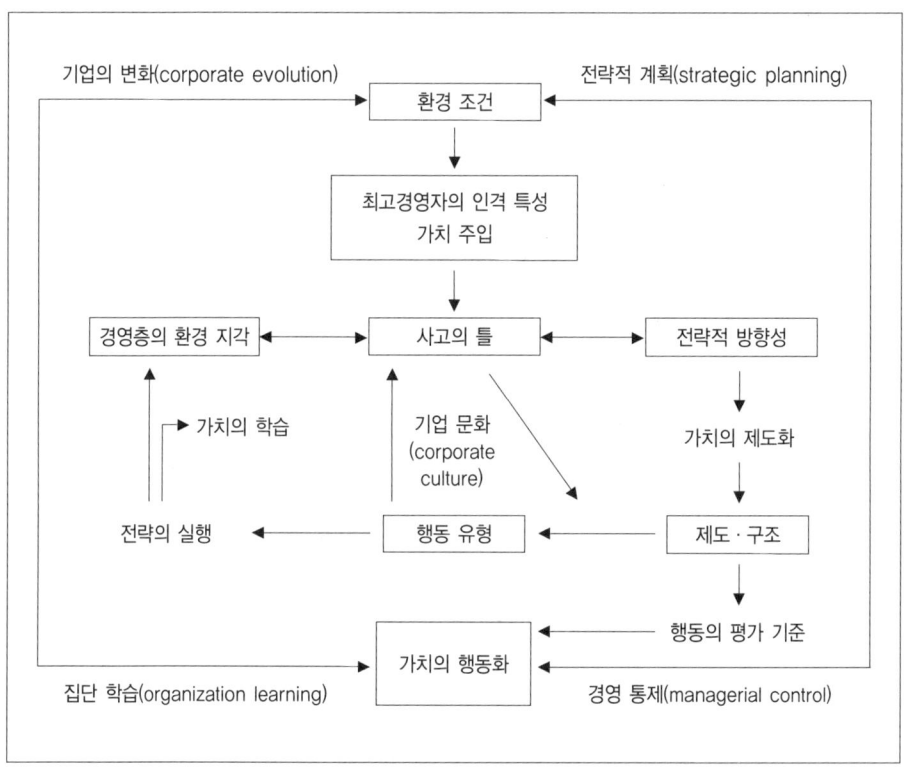

한 개인, 특히 회장의 인격이 환경 조건과 함께 기업 문화를 형성하는 시발점이 된다. 오너 경영 체제인 우리 나라에서 더욱 두드러진다. 기업 구성원의 여러 특질들이 상향식 기업 문화의 형성 과정에 있어 민주적인 운동성을 유도하는 데에 유효하다고 생각할지 모르나, 기업 경영의 현실에서 보면 기업 내의 문화를 형성하는 것은 '회장'이라는 사실을 부인할 수가 없다 (예: 삼성의 故 이병철, 현대의 故 정주영, LG의 구자경). 물론 회장에 의한 전적인 문화적 지배가 가능하다거나 그것이 가장 바람직하다고 할 수는 없다. 다만 회장의 인격 특성이 근간을 이루어 이것이 종업원의 의식 구조와 부합하지 않으면 갈등 구조를 엮게 되고, 전략적 방향성에 어긋나면 그룹의 전략적 행보에 파행을 가져온다는 점에서 회장 단독의 인격 특성만을 일방적으로 부각시키는 것은 바람직하지 못하다. 이 연구에서 회장의 인격 특성을 주요 테마로 선정한 것은 이러한 연유에서이다.

제도와 구조면에서 보면 의사 결정 과정, 조직 구조 등 여러 가지 면으로 검토, 개선되어야 할 것이지만 우선 통제 기제(control system)의 유연성을 회복하여 새로운 기업 문화에 알맞는 틀을 갖추어야 한다. 통제 기제의 두 가지는 예산 제도(budgeting system)와 인사 급여 제도, 즉 인사 급여 체계의 정비를 들 수 있다. 다시 말하면, 돈과 인력의 활용이 기업 문화의 전략적 방향성에서 개선되어져야 함을 의미한다. 예산 제도에 있어서는 직접 원가 계산을 근간으로 부문 활동의 비용/수익(cost/benefit) 분석을 통하여 효율적인 자금 관리가 이루어져야 목표 관리(Management by Objective: MBO)가 가능해지고 자율 경영이 실현될 수 있다. 또한 임금 체계는 연공서열에서 탈피하여 능력 있는 사람, 부지런한 사람이 좋은 평가를 받아 이에 상응하는 보수를 받을 수 있도록 하여야 한다. 그 평가 기준에서도 기업 문화에서 요구하는 행동 지침들이 대폭 수용되도록 하면 기업 문화는 조직의 하부까지 뿌리를 내릴 수 있다. 이러한 제도와 구조에 의하여 행동 유형은 실효성 있게 변화할 수가 있고, 궁극적 목표인 가치의 내재적인 학습이 이루어질 수가 있다.

2) 집단의 Identity(R. Sainsaulieu)

기업 내의 집단들은 각기 다른 특성을 보인다. 이 방면에 대한 Sainsaulieu의 연구를 요약하면 다음과 같다.

조직 내의 계층	권력 추구		행동 패턴	과업에서의 준거 가치	과업 수행의 방법	조직에 대한 정치적 견해
	조직 내	조직 외				
여성 하위직 하위직 젊은이	−	+	퇴영 개인주의	경제적	−	−
하위직 노동자 사무직 노동자	− −	− −	만장일치 협조와 협상	규칙과 다수 신분	−	계급의 상승
전문직 중간 관리자 상위 관리자	+ +	+ ++	민주적 연대 전략적 경쟁적 민주화	전문성 창조	전문지식 경영	무정부주의
신입 전문직 기술직	− + − +	− + − +	분리주의 선별적 친화	상위자와 동료	참여와 인간관계	가족주의
작업 조장	+	−	통합과 복종	규칙과 상위자	합리성과 인간관계	가족주의와 기술의 발전 중시

조직 내의 계층에 따라 권력 추구의 강약이 다르게 나타난다. 하위직은 조직 내에서 권력 추구에 무심하고 상위직은 권력을 추구한다. 행동 패턴의 경우 노동자 계층은 만장일치의 패턴에 익숙해 있다. 민주적이고 전략적인 행동을 보이는 집단은 전문직과 관리자들이다. 과업 수행 시 전문직과 관리자들의 가치 판단의 기준은 전문지식과 경영자의 판단이지만, 기술직과 작업 조장들은 인간관계에 의존한다.

이렇게 집단별로 identity가 다른 것은 매일의 생활 리듬에 따른 경향이 있음을 알 수 있다. personality라는 것은 좀 개인적인 특성을 나타내고 있지만, identity의 개념은 보다 상황 적합성을 갖고 있다. 물론 이러한 identity의 형성은 Crozier가 말한 전략적인 행동의 소산이기도 하다. 그러나 Crozier의 설명이 가장 극적으로 드러나는 집단은 전문가와 관리자들이다. Identity는 개인이 자신의 생활을 영위해 가는 동안에 습관처럼 형성된다. 물론 상황이 변하면 identity도 달라지게 된다. 다시 말해서 의식 구조를 바꾸려면 상황을 변화시켜야 하는 문제와도 동일한 의미를 갖는다. 극단적으로 노예근성을 바꾸려면 노예의 신분에서 탈출해야 하는 것과 같다. 스파르타쿠스와 같은 자유 정신의 소유자가 노예로 있으면 불안하다. 무엇인가 변화를 야기한다. 실패를 하든 성공을 하든….

3) BCG 모델과 기업 문화

보스턴 컨설팅 그룹의 모형(BCG Model)인 제품 주기와 조직의 목표를 연계하여 생각하면 다음 그림과 같다.

상기의 그림에서 전략적인 상황을 나타내고 있다.

〈성숙 단계와 경영 조직 특성〉

단계 측면	창업 초기	성장기	성숙기	쇠퇴기
조직 구조	집권적 · 독재적	자율적 · 분권적	집권적 · 통제적 전문 경영 강조	통제적 · 관료적
목표 설정과 의사 결정	비공식적 목표, 제한된 정보	일반 목표, 정보 자료의 증가	명백한 목표, 체계화된 정보 시스템	경직된 목표, 통제적 정보 시스템
기획, 통제 시스템	비공식적 · 일반적 기획과 통제	방향적 목표 설정과 통제	뚜렷한 계획과 정확한 통제	단기 목표 계량적 통제
리더십 행동	창업형 적극적 리더	창업형 관리자	통제적 전문 경영자	통제적 행정 관리자
동기 행동	사업적 · 모험적 경향	사업적 · 모험적 경향	보수적 경향	보수적 · 안전적 경향
적응 능력	생존, 기본 규모 제한된 적응 능력	기회 탐색 시장 적응력	방어적 적응력 감소	방어적 적응력 쇠퇴
분화와 통합 작용	부서 간의 분화 증가, 집권적 통합 작용	분화 감소, 분권적 통제	분화의 계속 감소, 부서별 통제	분화 감소, 집권적 통합
보상 시스템	비공식적 · 주관적	업적, 직무 중심	업적, 직무 중심	비용 절감

이 모델은 전략적 상황과 경영 조직의 특성을 연계시켜 놓은 것으로 유용하다. 쇠퇴기에 접어들면 더 이상 확장이 아니라 수습하고 정리하는 일이 필요하기 때문에 통제적이고 보수적이 되는 것이다. 창업 초기와는 대조적인 면을 보인다. 성장기는 일인 창업자의 영향에서 전문 경영의 틀을 갖추기 시작하는 시점이다. 보상 시스템과 조직 구조가 점차 공식적으로 변화하면서 체계를 갖추기 시작한다. 성숙기에 접어들면서 벌써 조직은 통제적이고 보수적인 성향이 가미되기 시작한다. 흔히 '젊은 회사'라는 것이다. 이 때문에 잭 웰치 같은 사람은 성숙기에 접어든 회사를 흔들어 놓으면서 보수적이고 통제적인 성격을 뒤바꾸어 놓는다.

 : identity라는 용어까지 동원되는 이유는 무엇입니까?

 : 조직의 분위기 또는 기업의 문화라는 주제를 다룰 때 흔히 빠지기 쉬운 함정은 정신 현상을 주축으로만 다루는 것입니다. 그러나 identity라는 용어를 사용하는 것은 주변의 상황, 특히 물적인 토대와 권력 구조의 변화 등과 밀접한 연관이 있다는 뜻입니다. 개인의 문제로 본다면 personality와 identity의 차이와 같은 것입니다. 개인의 문제를 personality로 다루면 그 사람 어떤 사람이라고 말합니다만, identity라는 표현은 상황이 바뀌면 당연히 그 사람의 본질이 변하리라는 것을 전제로 합니다. 다시 말하자면 환경과 자신의 성격 내지는 행동 패턴의 교호작용에 주목하고 있는 점입니다. 유물론입니다. infrastructure와 superstructure의 교호작용 또는 system이라고 이해해도 무방합니다. 정신 현상과 물적인 토대 또는 권력 구조는 하나의 system 안에서 상호 연결되어 있다고 보면 됩니다.
JMA가 표시한 그림이 복잡하여 보입니다만, 간단하게 이해한다면 조직 내외의 주요 변수가 서로 얽혀 있다고 보면 됩니다.

4. 넋 빠진 놈: General Politics

이제 기업 문화의 대한 특징을 저자 나름대로 살펴본다면 '기업 내외의 정치적 활동을 원활히 하는 원초적 생성 능력'이라고 한다. 이를 도표화하면 다음과 같다. politics란 다수의 이해 관계자들을 이끌어 가면서 조직의 소기의 목적을 수행하는 과정이라고 본다. 여기서는 한국의 국내 정치가 갖는 부정적인 의미를 말하는 것이 아니다.

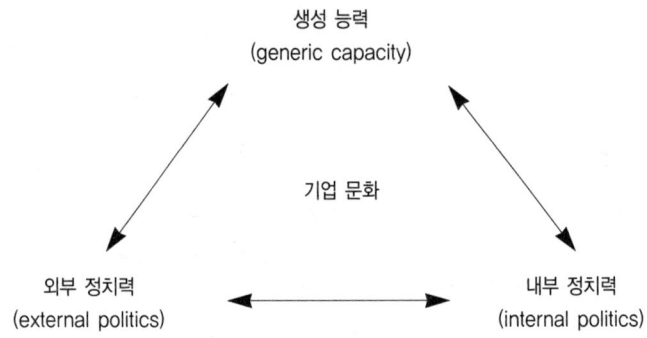

1) 생성 능력(generic capacity)

생성의 근원은 구성원(actor)들의 상상(imaginire)에 있다. 이 상상들이 역동성(dynamism)을 발휘하여 구조를 형성함으로써 상호 유기적인 연계성을 갖추는 상징(symbol)이나 신화(myth) 체계를 형성한다. 다만 상상의 생성은 순수한 정신 활동의 소산만이 아니며 물질과 본능에 투영되어 있고, 물질과 본능의 자체 원리는 상상을 변형한다(상호작용: dialectic).

이러한 과정은 기업 조직이라는 사회화된 실체 속에서 각 구성원들과 이들의 동맹(coalition)이라는 역학에 의해서 움직인다. 기업 조직의 문화는 창업에서부터 지금까지의 축적이고 변화이며, 기업 환경에 적응하기도 하고 또 외적 조건에 영향을 주기도 하는 의미 체계이다(역사적: historic).

기업 내부에서는 인적 자원의 조직과 활용이라는 구체적인 활동을 창출하고 그 실현 과정에서 제약받고 변형된다(내부 정치력: internal polistics). 대외적으로는 CI, PR, 마케팅(marketing)이 바탕이 되고 對 정부 관계 등의 외부 정치력(external politics)의 근간을 이룬다.

조직의 生理는 어떤 전략(strategy)을 구사할 것인지를 결정짓고, 이런 전략을 수행하기 위하여 어떤 조직을 갖추어야 할 것인지를 고려하게 한다(strategy & structure).

2) 외부 정치력(external politics)

경영 여건의 변화에 오늘날의 기업은 순응만 하는 것은 아니다. 특히 우리 나라에서는 외부 환경을 변화시키기도 한다. 예를 들면 다음과 같다.

- 대기업의 형성 과정을 보면 정경 협력이 매우 강하게 이루어져 있고, 제도적으로는 자본주의 내의 계획 경제가 주축을 이루고 있다.

- 사회 문화의 흐름과 기업 문화의 변화: 가족주의의 성격이 변하기도 하고 기업 문화를 변화시키기도 하지만, 기업 내에서의 종업원의 활동은 그것 자체로 사회 문화의 패턴을 변화시킨다.

- 민주화와 노사 관계의 역학 변화: 개별 기업 문화의 성격과 대응 방안의 차이에 의하여 노사 관계 역학의 흐름이 달라지기도 한다.

- CI와 PR: 기업은 로고의 제정과 그룹의 PR 등을 통하여 對 국민 이미지를 홍보한다.

- 對 정부 관계와 기업의 운명: 율산 그룹, 국제 그룹과 같이 그룹의 운명 자체가 정치적 변화에 따라 파산하기까지 한다.

3) 내부 정치력(internal politics)

문화의 가공품(artifacts)과 가치 체계는 실제적인 조직 관리를 선도할 수 있게 설계되어야 하며 기업 문화의 설정과 아울러 구체적인 제도 개선과 실천이 뒤따라야 한다. 경영자는 흔히 말하는 정치 기능(institutionalization)과 관리(administration)의 두 기능을 수행하지만 양자는 결합되어 있다.

- 공유 가치가 전 직원에 내재화되리라고 생각하는 것은 허상이다. 그것은 경영자가 사용하는 정치력(politics)의 한 수단이며, 사실을 감추기보다는 경영 패턴의 지속성과 투명성을 표현하는 것이어야 신뢰를 얻을 수 있다. 그러므로 가시적인 조처가 지속적으로 수행되어야 한다.

산업 평화, 노사 협조 등의 표어 설정은 납득할 수준의 임금 인상 조치가 뒤따라야 한다. 창의와 혁신은 그러한 행적에 대한 일시적인 포상이 아닌 지속적인 보상이 뒤따라야 한다. 직무 분석과 인사 고과의 합리적 수행이 병행하지 않는 기업 문화의 설정과 조직 개발은 역작용을 일으킬 가능성이 있다. 회의, 조회, 파티, 기념식, 자동차, 사무실과 집기의 배열, 서류 양식, 사보, 로고, 예절 등은 공식적 권위의 상징이며 각종 의미를 전달하는 매개 수단이다.

조직 내의 실제적 권력 관계와 바람직한 문화의 중간 정도에서 이들 상징 방법을 고안하고 활용하는 것이 좋다. 집단 간의 동맹은 내부 정치력(internal politic)에 중요한 변수이나, 구성원의 정체성(identity)을 고려하여 조직 변화를 수행하여야 한다. 이들 상징 체계들은 예산 관리와 상벌 등의 통제 기능(control mechanism)과 부합하여야 한다.

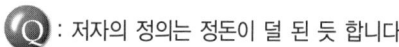 : 저자의 정의는 정돈이 덜 된 듯 합니다.

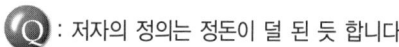 : 죄송합니다. 완성된 개념을 제시하지 못하였습니다. 생성 능력으로서의 politics를 강조하는 대목은 쉬운 말로 집단의 넋을 빼놓고 있지 말라는 의미입니다. 호랑이 굴에 들어가도 정신만 똑바로 차리면 살 수 있다고 하지 않습니까? 집단의 사기(moral)라고 하기에는 부분적입니다. generic capacity? 무언가를 생성시키는 힘이랄지, 확정적이지는 않지만 우리 안에 또는 집단 내에 꿈틀대는 살아 있음이 있지 않습니까? 노자의 철학에는 잘 설명되어 있던데요.

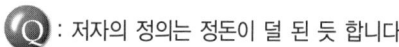 : K 모델과 광의의 Balanced Score Card 모델은 어떻게 다릅니까?

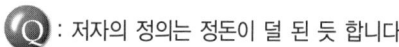 : 요즈음의 BSC 모델은 기업 비전의 수립, 그리고 그 이전의 environmental scanning과 중장기 전략에서부터 전사적인 지표를 설정합니다. 그리고 이것을 달성하기 위한 CSF와 KPI가 부문에서 팀까지 내려옵니다. 여기에 6시그마 운동도 결부시켜 전사적 품질 관리(TQM) 등 각종 혁신과 연계하여 추진하고 있습니다. K 모델도 이러한 포괄적인 총체성을 추구합니다만 방법이 연역적이지 않습니다. 다시 말하자면 전략과 비전을 수립하여 이를 조직의 하부까지 직선적으로 추진하지 않습니다. 이 점은 수차례 언급하여 드렸습니다. 그렇기 때문에 프로그램화된 것이 위험할 수 있다는 점을 인식하셔야 합니다. score card라고 표현된 것도 정량화되기 어려운 점이 있습니다. 특히 조직의 성장과 학습, 그리고 process의 측면에서 더욱 그러합니다. 그래서 좀 유별나고 싶어서 K 모델을 고집하는 것은 아니고 실제 경험에서 나온 교훈이기 때문입니다. 특히 한국 기업들이 처한 상황은 직무 분석의 난점들, 그리고 그보다 더 중요한 조직 내부의 문제들이 있기 때문입니다. 구체적인 문제는 「K Planning & Evaluation」에서 방법론으로 다룹니다.

제3장 비전과 Core Value의 설정

1. 신기루?: 비전과 마스터플랜(master plan)의 올바른 개념

신기루:

성경에 이런 말씀이 있다. 내일 일은 내일 걱정하라. 하루의 수고는 그것으로 족하다. 우리는 가끔 비전을 제시하라고 하면 저 푸른 초원 위에 집을 지어 놓는다. 그러면 "너 주택 청약 예금 들었니?" 꿈이 확 깬다. 기업에서 21세기의 자사의 모습을 그린다. 그런데 그 시점이 되면 그때의 비전은 또 저 멀리 가 있고 현실은 또 현실일 뿐이다. 신기루이다. 나름대로 좋은 점은 있다. 롱펠로의 '희망'이라는 시처럼 또는 거룩한 천사의 음성처럼 앞날의 그 언약을 구태여 비웃고 싶지 않다. 그런데 과연 내일이라는 것은 무엇일까? 그건 없는 것이다. 오늘이 있을 뿐이다. 열려진 오늘, 그것이 미래이다. 오늘 결단하고 실천하지 않은 것은 내일이 아니다. 오늘 어떻게 하면 그것이 이어져서 내일을 만들어 낸다(실존적인 의미에서). 그런 점에서 보면 단기 계획이 곧 장기 계획이고, 장기 계획이 곧 단기 계획이다.

1) 추세 변동

중장기 계획의 설정에서 이른바 추세 변동을 보며 향후의 방향을 설정하는 경우가 많다. 그런데 추세 변동이란 하나의 예단일 뿐이다. 단절의 시대라고 하지 않던가? 지금의 추세라면 향후 5년 또는 10년 후의 우리의 모습은 어떠할까? 물론 이런 식으로 미래를 예견하면서도 향후에 있을 여러 가지 여건의 변화를 검토하여 이를 수정하기도 한다. 그러나 이것을 주축으로 중장기 경영 계획을 세우는 것보다는 차라리 현재 상태의 전략과 방향에서 출발하는 편이 더 낫다. 현재의 전략 내지는 경영 방침이 근거하고 있는 전제가 있다. 과연 이러한 전제가 어떻게 변할 것인지를 염두에 두면서 환경 분석을 해보는 것이 보다 실용적인 방법이다. 다시 말하자면, 중장기 계획을 미래에서 찾지 마시고 현재 상태에서 찾으시라는 권유이다. 이것이 보다 현실적인 planning이 된다.

현재 우리 기업이 구사하고 있는 정책은 무엇인가? 과연 이것이 근거하고 있는 전제는 무엇인가? 이 전제란 올바른 것인가? 이런 문제를 다루는 문제는 단기 전략과 같은 문제이다. 환경 분석도 하게 되고 경쟁 상황도 파악하게 된다. 그리고 자사의 강·약점을 파악하여 취하여야 할 정책을 수립해 간다. 그런데 이러한 분석은 단기적인 것에만 국한되지 않는다. 필연적으로 3년 후, 5년 후를 내다보면서 논의하게 된다. 장단기의 문제가 혼합되는 것이다. 현재 상태의 문제를 해결하려다 보면 그것이 몇 년 걸릴 수도 있는 것이고, 향후의 일을 대비하려면 당장에 무엇인가 처리해야 할 일들도 있는 것이다. 일상의 생활에서도 그러하지 않는가? 우리는 오늘의 일을 처리하면서 항상 앞을 내다보며 처리한다. 또 앞을 보면서 오늘의 문제가 무엇인지를 파악하기도 한다. 어떤 일들은 잘해야 3년 정도 우려먹을 것이라는 예상도 한다. 그렇다면 그 후에는 무엇을 할 것인가? 이렇게 생각한다.

왜 우리는 이 평범한 중장기 계획의 process를 다른 방식으로 처리하려는지 모르겠다. 마치 중장기 경영 계획이라고 하면 5년 또는 10년 후의 미래를 예측하고, 예측된 미래에 우리 자신을 투영하여 비전을 그려내고, 현재 상태와의 gap을 분석하여 이를 어떻게 극복하여야 할 것인가를 찾아 나서는데, 그 이유를 모르겠다. 세상을 좀 살아 본 사람들은 미래는 너무나 많은 우연이 개입되고, projection이라는 예견이 얼마나 황당하다는 것을 잘 안다. 저 푸른 초원 위에 그림 같은 집을 꿈꾸는 사람에게 우리는 무어라 말하는가? "너 주택 청약 들었니?" 청약 예금 들기 시작해서 집 마련까지 줄잡아 5년은 더 걸린다. 우리에게 필요한 중장기 계획은 이런 것이다. 청약예금 얼마짜리 들 것인가? 오늘 결정하여야 한다. 그러나 그 효과는 5년 후의 일인 것이다. 공장 설비를 증설할 것인가, 말 것인가? 신규 사업을 벌일 것인가, 말 것인가? 단기간의 손익만을 계산해서 되는 일이 아니다. 줄리어스 시저의 머리 속에는 항상 유럽이라는 세계관이 있었다. 이것을 비전이라고 해도 된다. 그러나 그의 중장기 계획은 아무리 보아도 단기 계획 속에서 움직이고 있었고 오늘의 문제를 해결하는 방식 속에 투영되어 있었던 것 같다.

중장기 경영 계획 속에는 원대한 꿈, 그러나 단기 계획으로 돌아오면 예산상의 문제와 인력의 문제들 때문에 항상 미래의 중요한 문제들은 이연되는 그러한 방식은 아니지 않은가? 이렇게 세운 중장기 경영 계획은 사람들이 물어 보면 "어디 있었던가?" 하면서 서랍을 뒤지고, "그거 있지 않아? 찾아서 가져와 보라구!" 한다. 머리 속에 암기하고 있어도 모자랄 판에….

2) 시나리오

변한다. 만일 미래가 확정의 영역 속에 있다면 얼마나 재미없을까? 신이 있다면, 그 신이 족집게 점쟁이가 세상일을 모두 알아 맞출 수 있도록 설계했다면 나 같은 사람 그런 신을 숭배하지 않을 것이다. 그러면 중장기 경영 계획이라는 것은 무엇일까? 강물이 넘쳐 흐르면 어떻게 되지? 댐을 건설해 야지. 비가 안 오면? 이런저런 일들에 대비하는 것이다. 차라리 속 편하게 이렇게 표현하자. 미래를 설계하지 말고 대비하시오. 설계한다고 하니까 자 꾸 빡시게 의지를 담아 하나의 시나리오를 구성한다. 대비한다고 하여야 이 런저런 경우의 수를 대비하게 되는 것이다. 물론 대비란 사태가 악화되는 것만이 아니고 새로운 기회를 놓지지 않는 적극적인 의미도 포함한다.

중장기 경영 계획은 끝이 아니고 시작이다. 더욱 중요한 것은 목표 수정 의 **mechanism**이다. 미사일을 연상하는 것이 좋다. 대포는 한번 조준하면 끝이다. 그러나 미사일은 한번 조준하고 발사하면 날아가면서 계속 목표물 을 추적하여 궤도를 수정한다. 중요한 것은 목표물이라는 실물이지, 계획이 아니다. 시나리오라는 각본대로 되는 것은 아니다. '복수(複數)의 시나리 오'는 미래의 전망이 달라질 수 있다는 점에 대하여 미리 가상하고 있다는 것과 이런 경우 어떻게 하리라는 준비가 있다는 것이 다르다. 항상 준비된 시나리오대로 되는 것은 아니지만, 이것이 가변적이라는 사실을 조직 구성 원들이 동의하고 있는 것이다.

그렇다고 복수의 시나리오가 복잡한 것을 말하지는 않는다. 어딘가의 중 요한 길목이 있다. 여기서의 갈림길, 이것을 교두보라고도 하고 전략적 거 점이라고도 한다. 분수령이라고도 한다. 이쯤에서 상황이 어떻게 변할 것인 지를 예견해 보는 정도를 의미한다. 계획은 복잡하지 않은 것이 좋다. 수치 로 표현하는 것도 단순한 것이 좋다. 다만 균형을 갖출 필요가 있다. 단선적 인 상세한 계획보다는 주요한 기로에서의 작전 계획이 있는 **sketch**가 더 유 용하다.

그러다 보면 약점이 없는 것도 아니다. 그거 어차피 달라질 것인데 뭐, 적당히 해 두라구! 실행 계획에 가서 꼼수를 쓰면 되지 않아? 상황이 어려우니 그때그때마다 목표를 하향 조정해 가면 될 것을, 치밀하게 계획하는 중장기 경영 계획에서 사장에게 도전적이지 못하다고 낙인 찍힐 필요 있나? 사장도 이런 말을 한다. 이것, 참…. 중장기 계획에 의하면 이익이 어느 정도 나게 되어 있고 이사회에도 그리 보고했는데, 어째 항상 이렇게 달라지는지 모르겠어. 그러고도 책임지는 사람 하나 없으니….

이러한 약점은 어떻게 처리할 것인가? planning에 지쳐 있기 때문이다. 한번 수정하는 데에 엄청난 노력이 필요하기 때문이다. 의미가 없는 상세한 수치에 너무 매달려 있기 때문이다. Balanced Score Card라는 인과 관계에서의 몇몇 주요 변수들만을 고려하고 수치의 앞의 두 자리 이하는 모두 버려라.

3) 비전

향후의 모습이라고 한다. 바라는 것들의 실상이기도 하다. 중장기 경영 계획이 형상화되어 감각적이고 의미 있는 그 무엇으로 나타내는 것이 비전 작업이다. 일종의 wording이기도 하다. 그런가 하면 말로 표현하는 것에는 우리의 의지와 가치가 담겨져 있다. 그러면서도 중장기 경영 계획과는 또 다른 것이다. 흔히 비전을 먼저 제시하고 중장기 경영 계획을 한다고 하지만 저자의 안목으로는 교호작용으로 보인다. 물론 비전을 먼저 설정하고 중장기 경영 계획을 수립하면서 비전을 다시 가다듬을 수도 있다.

왜 그런가. 비전이 공허해질 수 있기 때문이다. 현재 처한 상황을 잘 판독해야 우리가 앞으로 어디를 향해 무엇을 이루어야 할지를 알기 때문이다.

그러나 반드시 구체적인 마스터플랜을 설정한 후에 비전을 설정하는 것은 순서가 뒤바뀐 것만은 틀림없다. 투시라고 해야 할까? 영어로 표현하면 envisioning이라고 한다. 계획 이전의 발상의 방향이 필요한 것이다. 현실 인식과 의지는 결부되어 있다. 현실을 다르게 인식하면 의지와 비전은 다르게 나타나고, 비전이 다르면 현실 인식이 다르게 된다. 닭이 먼저인지 달걀이 먼저인지라는 순환론에 빠지지 말고 단순하게 생각하자. 잘 살펴보면서 비전을 가다듬으면 된다. 조심스러우면 된다. 단선적 인과 관계가 아니다. 비전을 미리 설정하였다고 하더라도 반드시 구체적 계획을 검토한 후에 다시 비전을 가다듬을 필요가 있다.

2. 개성이라?: Core Value의 설정 방향

1) Dennis Roussaeu의 모델/constructive, defensive

건설적 스타일 constructive	수동적/방어적 스타일 passive/defensive	공격적/방어적 스타일 aggressive/defensive
• 성취 문화(achievement) 목표 달성 과정, 과업 달성 노력 • 자아 실현 문화(self-actuality) 창의성, 혁신, 질, 개인의 성장 • 인본주의 문화 (humanistic-encouraging) 구성원의 능동적 참여, 헌신 • 친화적 문화(affiliative) 열린 의사 소통, 원활한 협조와 대인 관계	• 동조적 문화(approval) 무난한 인간관계, 이견 회피 • 관료적 문화(conventional) 규정 절차 준수, 혁신 억제 • 복종적 문화(dependent) 상명하복 강조, 자발성 제약 • 회피 문화(avoidance) 실수에 대한 문책, 책임 전가	• 대립적 문화(oppositional) 대결, 비판과 이를 통한 지위 유지 • 권력 문화(power) 직권 의존, 상급자 요구 중시 • 경쟁 문화(competitive) 상호 견제 팽배 • 완벽주의 문화(perfectionist) 세부 사항 강요, 엄격한 처리, 실수 안하기

　루소(Rousseau)는 상기 표에서와 같이 조직의 문화를 크게 건설적 문화, 수동적 방어 문화, 공격적 방어 문화의 세 가지로 분류하고, 다시 각각의 문화를 4가지의 세부 문화로 설명하고 있다. 조직 문화는 단 한 가지의 차원만으로 구성되는 것은 아니며 다양한 문화적 측면을 가지고 있다. Rousseau의 조직 문화 모형에 따르면 가장 이상적인 조직 문화는 건설적 문화로 가장 높은 점수를 차지하고 있고, 방어적 문화가 낮은 점수를 나타내고 있다.

　우리 기업들에게서는 다분히 수동적이고도 공격적인 방어 스타일의 문화가 나타나고 있다. 여기서 완벽주의 문화라는 것이 공격적인 방어 스타일의 일종이라는 사실을 망각하기가 쉽다. 철저하게 일을 처리하는 것까지는 좋으나, 세부 사항의 처리나 실수를 하지 않으려고 지나치게 완벽을 추구하는 것은 책잡히지 않고 자신이 완벽하다는 것을 강조하려는 또 하나의 공격적인 방어 스타일의 일종이라는 것이다.

동조적 문화나 대립적 문화 역시 양극단으로 치닫게 되면 건설적인 비판이 이루어지지 않는 풍토가 된다. 토론 문화가 제대로 발달하지 않은 조직에서는 권력 문화와 복종적 문화가 만연하거나, 정당한 위계질서가 느슨해진 틈을 타 대결과 비판을 통하여 자신의 지위를 지키려는 풍토가 만연하기도 한다. 특히 조직의 변화에 따라 이해 관계를 수반하면 토론이기보다는 자기 자신과 부문의 이해 관계를 지키려고 대결과 비판을 증폭시키기도 한다.

관료적 문화는 제2부에서 상세하게 다루어 온 바대로 형식주의와 최소한의 책임만을 다하려는 복지부동의 양상을 가져온다.

기업의 문화를 처리할 때 각기 다른 양상을 말하곤 한다. 우리는 어떠어떠한 기업이다라고…. 그런데 각기 갖고 있는 어떤 유형의 특성보다는 실질적으로 얼마나 constructive한지, 아니면 어떤 면에서 defensive한지를 눈여겨볼 필요가 있고 이상에서 언급한 내용으로의 변화가 필요하다.

한편 구체적으로는 제도의 개선과 경영자의 솔선수범이 필요하고, competency의 처리에서는 이상의 요건들을 담아 내어 인사 고과에 적극적으로 반영하고 지도와 feedback을 통해 이를 강화할 필요가 있다.

2) 기업 문화의 설정 방향

① 제도와 관습에 부합하여야 한다

조직의 활동은 세 가지로 그 방향성이 결정된다. 이념, 제도, 그리고 관습이다. 얼핏 보기에 가장 바람직한 것은 논리적인 토대 위에 구축된 이념 체계에 따라 제도가 설정되고 관습이 정착하는 것이다. 이러한 경우 표방한 이념과 실제는 부합하여 하나의 제도가 통합되어진 이념 체계하에서 의미를 갖게 되고 관습은 이상적인 틀을 따라 움직인다. 그러나 이러한 방법이 내포하고 있는 위험은 현실적인 제도나 관습이 알고 보면 항상 이념 체계와 일치하지 않고 또 종속적이지도 않으며 또 반드시 그럴 필요도 없다는 점이다. 물론 이념 체계 안에 제도와 관습이 모두 포함되는 이상적 형태의 조직이 있을 수는 있으나, 이러한 경우는 수도원과 같은 고도의 응집력과 훈련이 필요하다. 이념 체계가 지나치게 압도하는 조직은 사회주의 국가에서 많이 보여지기는 하지만, 인류 역사의 경험으로 보아 이데올로기 편향의 경직성이 장기적으로는 바람직하지 않다는 것을 알 수 있다.

관습은 심리적 본성에 흐르는 경향이 있다. 이념이나 제도가 지나치게 심리적 본성을 규제하면 조직은 생동감과 에너지를 상실한다. 제도는 상부 구조의 권력이 지향하는 바를 반영한다. 왜냐하면 제도는 공식적 권한을 갖고 있는 집단이 이를 설정하거나 변화시킬 수 있기 때문이다. 아무리 이념적 체계가 타당한 것이라고 해도 이 현실적 권력 기반을 무시할 수가 없기 때문이다.

반면 제도나 관습과 동떨어진 이념 체계는 허구일 뿐이고 때에 따라서는 표리부동한 모순성을 강요하게 된다. 결국 이 3요소의 관계와 운영에 대하여 어떠한 기계적 원칙이 있는 것이 아니고 조절과 조화의 방법 밖에는 없다(art의 영역임). 따라서 기업 문화에서 이념, 제도, 관습은 하나의 유기적인 관계로 파악하여야 하며 이념 체계는 제도와 관습이라는 상황(context) 내에서 설정되어야 한다. 또한 이념 체계의 정비만으로는 실효성이 없으며 제도와 관습의 변화가 병행되어야 한다.

② 자연스런 흐름을 가꾸어야 한다

조직 문화는 조직 구성원들에 의하여 여러 가지 형태로 자연스럽게 발전되어 왔다. 그런데 왜 이런 자연스런 흐름을 인위적으로 조절하여야 하는가?

이러한 脈에서 기업 문화 운동은 기업의 문화를 가꾸어 간다고 해석하여야 하며 그 방향은 자연스런 본연의 모습, 즉 선량한 양심으로(안목) 주어진 조건(경영의 현실)을 직시하여 더 나은 형태의 문화로 가꾸어 가는 것(실현 가능한 대안의 제시)이라고 볼 수 있다. 이러한 활동의 출처가 철학과 종교의 영역인 바, 특히 종교는 인간과 신의 관계를 주축으로 인간과 인간, 그리고 인간과 자연의 관계를 설정하는 토대가 되어 문화의 기본적인 틀을 형성하여 간다.

③ 시대적 변화에 부응하여야 한다

생활 주변을 돌아보면 가구, 의상, 건축 양식 등에서 기능적인 것뿐만 아니라 스타일에서도 많은 변화를 목격한다. 당연히 의식 구조에서도 많은 변화가 있었다. 기업의 지도 이념에도 새로운 변화가 필요하다. 官 주도의 재건 운동, 새마을 운동 등이 기업 내에도 영향을 끼쳤고 집단 의식을 강화하는 성장 위주의 경영 방침들이 지배적인 분위기였다.

그러나 입고 다니는 의상과 자동차의 스타일이 변하는 만큼이나 종업원들의 의식 구조도 많은 변모를 가져오고 있어 시대 감각에 맞는 기업 문화의 개발이 절실하게 되었다. 농경 사회에서 도시 산업 사회로, 그리고 후기 산업 사회로의 이행이 시간차를 두고 이루어지지 않고 혼재된 양상으로 나타나고 있어 다양한 문화를 포용하는 현대적인 감각이 필요하게 되었다.

어떤 의상을 입고 있는가가 마음가짐에 영향을 미치는 것처럼 기업의 문화를 표현하는 기업 이념, 경영 이념, 사원 정신 등은 조직 실체를 반영하기도 하지만 한편으로는 조직 실체에 많은 영향을 주고 있다.

④ 형식성의 요구에 만족하여야 한다

내용이 없고 외형만 있거나 내용과 외형이 일치하지 않는 경우도 있다. 이러한 경우 형식은 겉치레에 불과하거나 또는 진실을 위장하는 허위일 수도 있다. 그러나 내용과 일치하는 형식은 그 내용을 담는 그릇이 된다. 한 기업의 문화는 일정한 틀에 담게 되면 여러 가지 효과를 낸다.

첫째, 공식화하게 된다. 여러 가지 문화가치 또는 여러 가지로 해석될 수 있는 것 중에서 이것이 우리 그룹의 기업 문화라고 공식화하면, 공식적인 권위를 부여하게 되어 구성원들과의 이견을 한 곳으로 몰아 응집력을 강화할 수가 있고 불필요한 혼돈을 피할 수가 있다.

둘째, 체계적인 틀을 갖출 수가 있다. 직관적으로 또 부분적으로 파악되던 문화 현상이 하나의 체계로 갖추어져 종합적으로 의미를 전달할 수가 있다. 종합적이고 체계적인 것은 부분적인 것들의 집합일 뿐만 아니라 그 이상의 의미를 갖게 된다. 왜냐하면 유기적인 결합으로 시스템으로서의 의미를 갖출 수 있기 때문이다.

셋째, 지속성을 갖는다. 지속적으로 안정성을 부여하는 것이 때로는 자연스런 변화의 흐름을 방해하기도 한다. 이러한 경우 이데올로기적이라는 비판을 받기도 한다. 그러나 너무 많은 변화가 수시로 발생하는 것은 지속적인 안정성을 저해한다.

이러한 이유로 기업 문화를 기업 이념, 경영 이념, 사원 정신이라는 틀 안에서 종합적인 체계를 갖추는 것이 필요하고, 이들 중 특히 기업 이념은 오랜 기간 변경하지 않고 해마다 변화가 필요한 부분들에 대해서만 행동 지침 또는 경영 지침 같은 것으로 대체하여 활용할 수 있다.

⑤ 유기적 통합 체제를 이루도록 하여야 한다

경영자는 조직체가 감당하여야 할 임무(mission)를 조직 구성원들이 공유하고 이것을 자신의 것으로 내재화하여 행동할 수 있게 하여야 한다. 이러한 脈을 따라 경영학계에서도 최근 기업 문화에 의한 기업 경영 방법이 발전하여 LG 그룹 같은 곳에서는 경영 전반에 걸친 혁신 운동을 전개하고 있다.

기업 문화 운동은 좁은 의미의 CI 작업 범위에 국한한다. 경영 현실과는 괴리된 기업 문화 운동을 하게 되며 그 실효성도 반감되게 된다. 이러한 개념을 보다 심화하여 기업 문화를 경영 전략 수립의 전제가 되는 조직 운영의 기본적 발상에서부터 갖추게 된다. 예를 들어 '고객을 위한 가치 창조'라고 하면 토털 마케팅(total marketing)의 개념을 보다 확대한 것으로, 그룹의 전반적인 모든 활동이 이 목표를 향하여 움직이고 중장기 경영 계획, 판매, 생산, 인사, 재무, R&D, 홍보 등 여러 분야의 활동 방향의 기준이 된다.

기업의 실체는 무엇인가? 그 궁극적 실체의 규명에 따라 이제까지 그룹 내에서 산발적으로 진행되어 온 경영 혁신과 조직 개발, 영업 부문의 활성화, R&D 등의 활동들이 계수적으로만 조절되는 것이 아니라 정서적으로 또는 제도적으로도 유기적인 통합을 이루어 갈 필요가 있는 것이다.

따라서 기업 문화 혁신 운동은 지금까지 해 오던 각 부문의 경영을 대체하여 새로운 작업을 하는 것이 아니고, 각 부문의 활동들이 통합적인 체계에서 제대로 완수되도록 하는 것이다. 흔히 80년대를 전략 경영의 시대라고 하고 90년대를 기업 문화의 시대라고 한다. 그렇지만 전략 경영이 생산, 판매, R&D, 인사, 재무의 각 기능이 제대로 수행됨을 전제로 하고 이들 각 부문들에 전략적인 통일성을 갖추게 하는 것처럼, 기업 문화는 이 모든 부문의 활동이 제대로 운영되는 것을 전제로 하고 모든 부문에 더욱 더 유기적인 통합성과 의미를 부여하는 것이라야 한다.

3. Current Issue: 이익 사회의 가치관

현재 우리 나라 기업 조직 내에서는 다양한 가치들이 혼재된 양상을 나타내고 있는데, 그중에서 중심적인 과제는 이익 사회에 대한 가치관들이다. 자칫 공동 사회의 관점에서 보면 천박한 가치관으로 비춰지기 쉬운 주제이다. 그러나 이것을 흑백의 논리로 어느 단면만을 고집한다는 것이 문제의 저변에 깔린 핵심을 빗나가게 한다. 이율 배반으로 보이는 논리들은 새로운 차원에서의 해석과 통합을 필요로 한다(正 · 反 · 合).

1) 仁和와 능력주의

인화는 자칫 모든 사람을 평등하게 끌어안는 형태로 진행되어 능력 있는 사람의 진출을 저해할 수가 있다. 한편 능력주의 인사는 엘리트(elite) 중심의 업무 추진으로 여러 사람들을 소외시키고 단결을 저해할 수가 있다. 인간 존중이라고 할 때에 누구나 신으로부터 부여받은 각자의 재능(달란트)이 있고, 그것이 적은 것이든 큰 것이든 나름대로 적절한 능력을 발휘할 수 있게 한다는 점에서 인화와 능력주의는 배타적인 것이 아님을 알 수 있다.

인화 단결은 집단성을 강조하고 있으나, 그 집단성은 각자의 서로 다른 능력들이 제 기능을 발휘하면서 생겨날 수 있는 것으로 해석하여야 한다. 다시 말하면 각각의 개성과 능력에 따라 엘리트는 엘리트로서 대접하고 능력이 적은 사람도 나름대로 조직에 공헌할 수 있도록 하는 것이 능력에 의한 인사 정책이자, 인화를 이룰 수 있는 방법이 되는 것이다. Durkheim을 살펴보면서 조직의 integration과 differentiation의 문제임을 설명하였다.

그런데 연봉제와 업적 평가 제도를 시행하면서 가장 곤혹스러운 것들 중

하나가 연봉이 오르지 않거나 평균 이하로 평가받는 사람들이 반발하는 것이라고 한다. 이들이 차라리 조직을 떠나면 문제가 덜 할텐데 남아서 두고두고 불만을 야기시킨다는 것이다. 아예 평가를 안하고 그대로 넘어갔다면 별다른 문제가 없었을 것이라고 한다. 그런데 이러한 문제가 과연 가치관의 문제인가?

어떤 식으로 보상과 평가를 해야 할 것인가를 설문하여 보면 연봉제와 업적 평가 제도에 동의한다. 그러나 막상 자신의 이해 관계가 엇갈리면 반대한다. 이런 것이다. 가치관과는 조금 동떨어진 문제이다. 가치관이 얽힌 politic의 문제이다. 합리적인 것에 조직이 복종하도록 하는 수밖에 없어 보인다. 노사 관계에서도 역시 마찬가지 문제가 발생한다.

평등의 문제이기도 하다. 기회를 평등하게 부여하고 이를 잘 살려냈는지 못하였는지를 가려 이에 합당한 공정한 인사가 진행된다는 평등은 평면적으로 누구나 다 똑같아야 한다는 것과는 다른 것이다. 아마도 조직의 분위기로 보면, 형식적 요건을 강조하는 객관성을 지나치게 강조하는 데서 발생하는 문제라고 보여진다. 형평성을 평면적으로 말하게 되는 순간부터 조직은 평등을 말하기 시작한다. "다르다고 할 때는 그것을 어떻게 판단하는가?"라고 질문한다. 몰라서 그러는 것이 아니고 자기 이해에 상반하기 때문에 그렇다.

거증 책임의 문제이다. 다른 것이 다르다고 말할 때의 거증 책임이 경영자에게 없는 것이다. 평가를 할 때 반드시 객관적 증거가 있어야 평가를 하는 것은 아니다. 법의 논리가 아니니까. 조직이 합리적이려면 실질적인 내용에 더 focus를 두어야 한다. 경영자들의 탓이다. 왜 합리적인 것을 합리적이라고 말하지 못하는가? 구차한 변명과 방어, 그리고 행정 편의를 앞세웠기 때문이다.

2) 초우량 기업과 도전자로서의 전략

시장에서 2위를 차지하고 있는 많은 기업들이 초우량 기업 또는 제일 등의 이미지를 향해 간다는 것은 자칫 열등감을 조장하거나 경영 전략에 차질을 가져올 수가 있다.

가만히 살펴보자. 모든 기업이 초우량이면 전부가 1등을 한다는 것인가? 물론 업계에서 1등을 하여야 경쟁에서 이길 수 있고, 점차 1등 주자에게 market share가 쏠려 가는 경향이 다분하기는 하다. 그렇다고 꼭 1등을 해야 살아남는다는 것은 어색하다. 말이 안 되는 것이다.

비전 수립에서도 조금 언급한 내용이기는 하나 무엇인가 자꾸 과장한다는 느낌이 든다. 희망적이고 도전적이지 말라는 의미가 아니라 자연스러워야 한다. 반드시 넘어야 할 절대절명의 과제였던가? 이제부터 그렇게 생각하자고 해보아야 자기 암시일 뿐이다. 가치관은 그런 것을 의미하는 것이 아니다. 자연스럽게 우리들 내면에서 생성되는 것이다. 찾아오는 것이다. 능동적이기보다는 수동적일 때 흐름에 편승하면서 자연스런 흐름으로 이어져 가는 것일 테다.

SEP(Strategic Excellence Position)의 의미는 어느 부문에서나 1위이어야 한다는 무차별한 일류 추구의 정책이 아니고 전략적으로 도전자로서의 입장에서 재해석되어야 할 문제로 보여진다. 따라서 SUPEX, 초우량 등 유행하는 強政의 마음가짐보다는 허심 적타가 유효할지도 모른다.

도전자에게 오히려 전략적 상황에서의 강점과 약점을 간파하고 이에 대하여 나름대로 대응하는 전략이 더욱 필요할 것이다. 강자가 이렇게 나올 때 우리는 어떻게 한다는 생존의 전략 역시 우수한 전략이다. 기업에게 순이익 내는 것이 목적이지, 1등 하는 것이 목적은 아닌 것이다. 이런 경우 SWOT 분석을 하여 초우량 기업과의 비교에서 자사의 약점만을 들추어내어 무리하게 이를 극복하려는 것보다는 기업의 수익성 전망과 이를 유지하고 좀더 증진시킬 수 있는 방향에서 생각하도록 직원들을 독려할 필요가 있다.

3) 사회적 책임과 상업주의

기업은 이윤 동기에 의하여 이윤을 내도록 하는 것이 자연스러운 것이며, 오히려 이것이 기업 경영을 견실하게 하여 경제 주체로서의 제1차적 사회적 책임을 감당하게 하는 것이기도 하다. 그러나 현대 사회는 초기 자본주의의 상황과 달리 완전 경쟁과 보이지 않는 손(Adam Smith)에 의하여 균형이 유지되지 않는다. 특히 한국의 경제 성장은 계획 경제에 의한 宮·民의 지원으로 대기업을 이만큼 키워 놓은 것이 사실이다.

따라서 기업은 영업을 한다는 것이 본래의 목적이라고 표방할 수도 있으나, 일반 국민은 이러한 역사적인 연유 때문에 대기업이 스스로 사회적 책임을 지는 것이 당연하다고 인식하고 있어 사회적 책임은 기업 번영의 한 요건이기도 하다. 특히 다수 국민을 상대로 한 금융 보험업에서 더욱 그러하다.

전체적 관심(wholistic concern)은 필요한 모든 것을 내포한다. 반면 우리 말에 '~을 밝힌다'는 표현이 있다. 여자를 밝힌다, 돈을 밝힌다. 이것은 균형이 깨진 상태를 말한다. 무리하는 것이다. '두드러지지 않는 것', '편향되지 않는 것'으로서의 균형이 필요하다. 상업주의 자체가 문제가 아니라 사회적 관심을 도외시한 채 상업주의로 편향되는 것이 문제일 뿐이다.

그런데 요즈음 보면 기업의 가장 중요한 사회적 책임은 돈을 버는 행위이다. EVA를 제대로 내고 있는 상장 기업이 몇 %일까? 투자에 대한 정상적인 이윤마저 확보하지 못한 기업들이 허다하다(50% 이상?). 이런 상태에서 상업주의 대신 사회적 책임을 말하는 것은 어딘가 본질을 호도하려는 허위의식 같다. 무엇인지 명확하게 보지 못하도록 하는 것에는 크고 작은 음모가 있다. 대우가 '세계 경영'이라는 호화로운 슬로건을 내걸었던 당시 적자투성이었던 기업 구조를 은폐하고 국민적인 성원으로 정권에 압박을 가하려는 것은 아니었을까?

기업의 본연의 임무가 '순이익 발생'이라는 것을 직원들도 알고 국민들도 이를 인정할 때 기업들이 엉뚱한 슬로건으로 국민을 위한 기업이라는 등 사회 복지를 위한 기업이라는 등 우리가 잘 모르는 어떤 일들을 진행시키는 것을 막을 수 있지 않을까?

4) 조직의 목표와 개인의 요구

IBM 사의 기업 문화에는 개인에 대한 존중이라는 가치가 있다. 흔히 기업 이익을 강조하거나 팀워크를 강조한 나머지 개인에 대한 존중이라는 가치를 언뜻 무질서와 개인주의적인 성향을 부추기는 것으로 오해할 수 있다.

현대 사회에서 기업은 삶의 수단이지 목적이 아니라는 인식이 점점 더 확산되고 있다(business is business). 그럼에도 기업의 이념 체계는 조직 구성원으로 하여금 조직에 대한 귀속감과 열정을 불러일으킬 수 있는 의미를 찾게 한다. 이때 개인 행동의 실체를 들여다보면 거의 모든 구성원들은 개인의 이익을 중심으로 생각하고 행동한다.

따라서 이념 체계의 설정에 있어서는 개인의 요구에서부터 출발하여 그것이 결국 조직 목적에 부합하도록 유도하는 방법을 써야 한다. 예를 들어, QWL(Quality of Working Life) 프로그램 같은 것은 종업원의 업무 생활의 질을 높이도록 고안되어졌지만 그 목적은 조직의 효율성을 높이는 데 있는 것이다.

가치 체계를 설정할 때, 특히 사원 정신에 있어서 고려하여야 할 것은 조직의 목표를 개인에게 무분별하게 요구하지 말아야 한다는 점이다. 분석 자료에 의하면 개인은 임금 문제에 있어서도 개인 간의 임금 공정성과 직무 간의 임금 형평에 대한 요구가 가장 큰 것으로 나타나 있다. 다시 말해, 종업원 대부분이 조직의 목표보다 '나'의 문제를 우선한다고 보아야 한다. 개인이 조직의 목표를 염두에 두는 것은 지켜야 할 정신 자세이기는 하나 저절로 지켜지는 것은 아니다. 결국 경영자는 종업원 개인의 요구에서부터 동기를 유발하여 조직의 목표를 달성하는 방향으로 힘을 모아 가야 한다. 과거 어느 때보다도 조직 내외에서 개인의 요구를 표출하는 성향이 두드러지게 나타나고 있는 것이 요즈음 우리 사회의 전반적인 추세이다. 문화 풍토를 가장 큰 요인으로 손꼽을 수가 있다. 이러한 추세는 앞으로도 가속화될 전망이다. 이런 경향이 반드시 나쁜 것만은 아니다. 개인주의가 배타적이고 이기적인 성향을 가질 때 부정적인 영향을 끼치는 것이다. 그러나 개인을 중심으로 사고하고 행동하여 타인과의 관계를 원만히 하고, 더 나아가 자신이 속한 공동체의 목표에 이바지함으로써 자신의 개인적 성장을 도모하여 갈 수도 있다. 결국 개인 중심의 사고는 그것대로 하나의 문화적 형태일 뿐이며, 이것을 어떻게 가꾸어 가느냐에 따라 기업 문화에 긍정적일 수도 있고 부정적일 수도 있다고 보아야 한다.

잭 웰치는 기업의 하부 구성원에게까지 모두 성과급의 개념을 확산하여야 한다고 한다. 이 말의 뜻은 임금 구조에 있어서 개인별로 모두를 성과급으로 처리해야 한다는 의미라기보다는 열심히 조직에 공헌하는 개인에게는 이에 상응하는 보상이 뒤따라야 한다는 의미로 받아들일 수 있다. 다시 말하자면, 개인의 이익과 조직의 이익이 일치하는 방향에서 **align**하라는 의미이다. 왕왕 우리는 조직의 목표를 위해 개인을 희생하라는 쪽으로 말하곤 한다. 물론 제도 자체가 조금 미비하여 개인 목표와 조직 목표가 제대로 **align**되어 있지 않다고 하더라도 개인보다는 조직을 생각하라는 뜻이 내포되어 있다. 그러나 가급적이면 양자 모두 제도적으로 **align**되어 있어야 하는 것이다.

Q : 가치관을 정돈하고 정립하는 것이 무의미하다는 말인가요?

A : 아닙니다. 가치관을 정리하고 정돈하여 이것을 공식화한다는 것은 중요한 일입니다. 그러나 그것만으로는 모자란다는 뜻입니다. 무엇이 합리적인지를 말하고 이를 성취해 내는 노력은 politic이라는 말입니다. 여러 가지 노력이 필요하겠지요. 가치관의 선언만으로 문제가 종결되지는 않으니까요.

4. 출입구?: Balanced Score Card

기업 문화에서 촉발되는 혼란 가운데에서 새로운 출구가 생겼다. Balanced Score Card이다. 기업 문화가 나가야 할 방향이라는 점에서 출구이다. 의식적으로 기업 문화에 대한 연구를 계속해서 나온 결과는 아니다. 측면에서 회계학 등 다른 분야의 사람들에게 비재무적인 요인에 대한 중요성을 일깨워 준 것이다. 한편 Balanced Score Card는 그것만으로는 재미가 덜하다. 경영 관리의 입구일 뿐이다. 다른 여러 가지의 경영 기법들과 연계해야 효과가 커진다.

1) 왜 기업 문화가 Balance를 따라가야 하는가?

미국의 기업 문화 운동이 일본을 보며 비재무적 요인들을 경영 guide, 목표 관리와 input 평가에 접목시키면서 전개되었다는 점에 대해서는 이미 언급하였다(제1장 2). 기업 문화가 Balanced Score Card[2]가 제시한 방향을 따라가야 하는 이유는 두가지이다.

하나는 인과 관계에서 파악된다. 기업의 최종 목표는 profit인데 장단기적으로 이 profit이 발생하는 인과 관계를 총체적으로 그려 내고 있는 점이다. 기업이 장기적으로 성공하려면, 즉 이익을 내려면 조직의 문화가 잘 구축되어야 한다. 그런데 이것만으로는 미흡하다. 그 연결 고리가 선명하지 못한 것이다. 이런 경우 잘못하면 기업 문화를 위한 기업 문화가 된다. 무엇을 위한 기업 문화인가? 이익을 내기 위한 기업 문화이다. 어떻게? 어떤 경로로? Balanced Score Card가 제시하는 인과 관계 diagram에서 찾아볼 수

---

[2] R. Kaplan & D. Norton, 「Balanced Score Card(Harvard Business School Press, 1996)」

있다. 기업 문화는 Balanced Score Card가 제시하는 조직의 학습과 성장 측면에 해당한다고 볼 수 있다. 물론 고객의 관점, process의 관점에도 관련이 있으나 일차적으로는 조직의 학습과 성장을 촉진하고 있다.

인과 관계를 추적하면서 우선 이 회사의 장단기적인 재무 성과에 고객의 관점으로 무엇이 제대로 수행되어야 하는지를 추적하고 이것이 잘 되려면 process의 관점에서 무엇이 개선되어야 하는가? 그러려면 조직의 학습과 성장은 무엇을 해야 하는가? 이런 관점에서 기업 문화의 역할은 무엇일까? 버릴 것이 없다. 왜 기업 문화 운동이 구름잡는 일로 사라져 가는 것일까? profit 생성과 연결 고리가 약하였기 때문이다. Jeffrey Pfeffer의 말을 되새길 필요가 있다. TQM을 전개하면서 이를 지원하기 위한 방편으로 인사 관리를 하라는 것이다. 인사 관리를 위한 인사 관리가 아니라 기업의 구체적인 문제, 그중 가장 중요하다고 생각되는 품질의 문제를 해결하기 위하여 인사 관리가 무엇을 해야 할지를 살펴보라는 것이다. 품질이 개선되지 않는 이유를 거슬러 올라가면(5 why?) 인력 배치를 잘못했거나 훈련을 잘 시키지 않았기 때문일 수 있다. 아니면 보상을 제대로 해주지 않았거나 노사 관계가 흐트러져 있을 수도 있다. 이처럼 기업 문화가 어떤 점에서 품질에 장애를 일으키고 있는지, 그래서 발생하는 품질의 문제는 고객 만족에 어떤 영향을 주고 결과적으로 손익에 얼마나 치명타를 주고 있는지를 살펴보아야 한다. 기업 문화가 보약처럼 몸에 좋은 것일 수도 있으나, 양약처럼 어떤 병에 무엇을 처방하여야 할 것인지를 가려낸다면 보다 감각적으로 와 닿는 기업 문화 운동을 전개할 수 있을 것이다.

두 번째로 score card라는 점이다. score card는 자칫 경직성을 초래할 수 있기는 하다. 제2부, 제1장에서 관료제의 함정에 대하여 많이 논의했다. 규칙과 계수가 갖고 있는 약점은 관료제의 함정이기도 하다. 그 내용을 따져 보지도 않고 형식 요건, 즉 score card에 표시된 것만 채워 넣으려는 유혹에 빠질 수가 있다. 그렇다고 규칙과 계수화가 불필요한 것은 아니다. 그 의미를 찾아야 한다. 그런 점에서 보면 기업 문화의 의미를 추적하는 데 훌륭한 도구가 된다. 그런데 기업 문화가 갖고 있는 약점은 너무 두루뭉술하다는 데 있다. measurement로 약하다. 이점을 보완하여야 한다.

경영자는 기업 문화의 중요성을 알고는 있어도 사업 계획을 짤 때 보면 이 부분을 대충 처리하고 더욱이 평가를 하지 않는다. 평가와 측정이 이루어지지 않기 때문에 일회적인 campaign에 머물게 된다. Balanced Score Card는 기업의 전략적인 planning과 evaluation에 관여한다. 기업 문화를 전략적 변수에 포함시키는 좋은 계기가 된다. 물론 이때 평가 측정 (measurement)의 문제를 score card 또는 계수화로만 몰고 가서는 일을 그르칠 우려가 있다. 다분히 질적인 평가의 특질이 존재한다.

2) Balance

balance는 전략적이면서도 전략적이지 않다. 전략적이라고 하면 자칫 어느 한 곳을 지나치게 강조하여 균형이 깨질 수 있다. 그런데 전략이 필요 없다는 것이 아니라 balance 속에서 균형이 필요함을 의미할 뿐이다. 자동차의 핸들을 예로 들면, 핸들을 꽉 잡고 원하는 방향으로 일일이 끌고 갈 필요가 없다. 그냥 놔두고 좌로 가고 싶으면 약간 왼쪽에 힘을 가하면 된다. 흐름을 타는 것이다. 어디까지나 균형에서 움직이는 것이다.

balance는 재무적인 것과 다른 요소들, 즉 고객의 관점, process의 관점, 학습과 성장의 관점에서 균형을 이룰 뿐만 아니라 여러 가지 점에서 총체적인 접근으로서의 integration mechanism을 구축할 수 있다. 이런 점에서 경영 관리의 입구인 셈이다. starting point이다. 비전과 전략을 구체화하여 이것을 control mechanism과 연결시켜 준다. planning과 evaluation이 하나로 전개되면서 feedback된다. 전술하였듯이, 가치 규범(기업 문화)과 전략적 선택을 연결시켜 준다. output과 과정으로서의 input을 인과 관계로 설명하고 있다. 조직의 상위 목표와 부문별, 팀별 목표를 연결시킨다.

3)비전, core value, functional guide, competency

기업 문화는 우선 조직의 발상을 유도한다(envisioning). 꿈 또는 열망이라고도 한다. 그래야 미래를 헤쳐 나가는 힘이 생긴다. 이것을 공식 조직에서는 비전으로 가꾸어 간다. 미래의 모습이다. 이 비전을 달성하기 위한 방법? 이를 strategy 또는 critical success factor 라고도 한다.

core value는 무엇인가? 기업 조직의 상층부 또는 전반적인 문제에 대한 가치관이다. 전에는 경영 이념이라고 했다. 경영 이념이라고 하니까 좀 미진하고 진부해서 과거의 습성으로 돌아간다. 아, 그거? 액자에 걸어 놓은 좋은 말? core value라고 영어로 쓰니까 조금 조심성이 생긴다. 정책과 향방을 결정할 때 반드시 고려해야 하는 잣대로군요. 미국에서 CEO가 바뀌면 우수수 옷을 벗는다. 제일 먼저 옷을 벗는 사람은 core value가 다른 사람 또는 이것과 융화할 수 없는 사람들이다. 집에서건 어떤 조직에서건 근본적으로 생각이 다르다기보다는 융화할 수 없는 경우. 융화한다는 것은 보다 더 큰 틀에서 공통의 consensus가 있음을 말한다(나는 당신의 의견에 찬동하지 않지만, 어느 누구라도 당신 사상의 자유를 해치려 한다면 기꺼이 당신을 위해 싸워 주겠소! 볼테르였나?). 가정의 불화가, 조직의 불화가 여기서 온다는 것을 우리는 잘 안다. 이 문제이다. 그냥 한번 해보는 말이 아니다.

부문별 guiding principle이다. '탱크주의' 하면 이것이 각 부문마다 다음과 같이 다양하게 해석된다. R&D는 '쓸데없는 연구하지 말고 제품이 고장나지 않도록 설계하라!', 생산은 역시 '기본을 지켜 가면서 튼튼한 제품을 만들도록!', 마케팅은 '고객에게 신뢰감을 주도록!', 지원 부문은 '일을 간결하게 처리하도록! 복잡한 이야기는 하지 마시오!' 이런 것이다. 그래야 각각의 기능이 어떻게 움직여야 할 것인지 선명해진다. 어떻게 하라는 메시지가 기능별로 환원이 잘 이루어지지 않는 기업 문화는 꽝이다.

부문별 guide는 competency까지 내려온다. 엄연히 인사 고과의 항목이 된다. competency와 기업 문화는 다른 것이라고? 다를 것이다. 그런데 그 말이 그 말이란 것이다. 장기적이고 전사적인 관점에서 보면 기업 문화, 전략적으로 보면 competency, 정태적으로 보면 직무 요건, 평가로 보면 과정 평가인 input이다. 다 같은 말을 하고 있다. 유용하면 되는 것이다. 하여간 문헌에 competency라고 개발된 항목들이 제일 많으니까 예시(inventory)에서 잘 찾으면 좋은 것이 많을 것이다. 그러니 competency라고 해 두자.

이렇게 기업 문화는 비전으로, 전사적인 관점에서는 core value로, 부문별로는 functional guide로, 그리고 팀과 개인별로는 competency라는 항목으로 전개된다. 기업의 planning과 evaluation에서 분명한 역할을 부여받게 된다. 공허한 말이 아니다.

부록: 신경영 기법과 Neo-Taylorism

서론

컨설턴트와 언론의 과대 선전인지는 모르지만 AT&T 사의 벤치마킹, GM 사 Saturn 공장의 준(準)자치 그룹(semi-autonomous group), General Electric 사의 리엔지니어링(re-engineering) 등 세계의 우수한 기업들은 그 용어도 다양하게 신경영의 성공 사례들을 과시하고 있다. lean 생산 방식으로 Toyota 사는 날이 갈수록 미국 시장을 확장하여 최근 미국의 'Super 301조' 부활에도 한몫 하고 있다고 한다. 한동안 Quality Circle이 미국에서 유럽까지 선풍을 일으키고 우리 나라에도 70년대를 풍미하다가 80년대에 들어서는 이 기업 문화 운동이 세계 전역에서 일어났었다. 그러다가 이제는 리엔지니어링이 일본, 미국, 유럽에서 유행하고 있고 삼성전자, 대림엔지니어링도 리엔지니어링 작업을 서두르고 있다.

기업 문화, 신인사 제도, 리엔지니어링은 조직 개발 분야에 있어서 가치, 제도, 프로세스(process)라는 3대 요소에 대한 각각의 응답이었다. 이 전체를 신경영이라고 부르도록 하자. 신경영은 집단이 새로운 형태의 습관을 배우는 집단 학습 과정(organizational learning)을 통해 조직에 스며든다. 이 과정에서 우선 노동 조합의 명시적 또는 묵시적인 승인과 참여가 필요하다. 그런데 신인사 제도에 대한 전국노동조합대표자회의와 노동조합총연맹의 입장은 반대이다. 현대 그룹, 대우조선, 한국중공업 등 잇따른 노조의 반대로 신인사 제도의 정착이 암초에 걸려 있다. 기업 문화, 리엔지니어링, 경영 혁신 운동 등이 노동 조합의 승인과 참여의 문제를 우회하고서는 올바른 정착이 쉽지 않다.

LG 그룹에서는 노사 관계를 노경 관계라고 한다. 노동자와 경영자와의 관계라는 것이다. 노동자를 사용하는 것이 아니라 기업 경영의 일환으로 인적 자원을 관리한다는 것이다. Marx 계열에서는 노자(labor & capital) 관계라고 한다. 이처럼 시각을 넓히고 다각적인 면에서 생각해 보면 노사 관계는 임금 단체 협약과 파업을 주축으로 한 집단적 노사 관계만이 아니라 기업 내 전 종업원 개개인과 경영자와의 관계인 개별적 노사 관계의 중요성도 인식할 수 있다. Kochan 교수는 미국 내 노동 조합 가입률의 저하와 반비례하면서 개별적 노사 관계가 증진하고 있다고 말한다. 물론 그 지표를 계수로 표시하는 데는 난점이 있다. 그러나 개별 근로자들의 자기 표현과 주장, 자기 업무에 대한 재량권(autonomy)이 커져 가는 것은 부인하기 어렵다. 이러한 추세에 벤치마킹, QC, 준자치 그룹, 리엔지니어링, 기업 문화 등의 신경영 기법들이 그 역할을 하고 있는 것 같다.

신경영이 노동 조합의 집단적 노사 관계를 약화시키고 개별적 노사 관계로 분해하는 역할을 하는가? 만일 건전한 노동 운동을 저해하는 요인이 있다면 이것을 극복할 수 있는 방법은 무엇인가? 그리고 신경영 기법의 신뢰성이 적다면 현장 적합성(validity)을 높일 수 있는 방법이 무엇이며, 어떻게 하면 기업의 생산성과 협력적 노사 관계를 증진시킬 수 있는가? 신경영 기법을 통한 현장 적합성 향상과 협력적 노사 관계로부터의 노동 운동 발전이라는 두 가지 주제가 어떤 관계에 있는지에 대한 광범위한 논의는 생략하기로 한다. 왜냐하면 보는 시각에 따라, 어떠한 방법으로 추진하느냐에 따라, 또 상황에 따라 다른 것을 논리 정연하게 토의하는 것에 불과하기 때문이다. 개별 요인들 간의 함수 관계가 매우 복잡하여 이런 경우 경영학에서는 'contingency'라는 편리한 개념을 활용한다. 또는 시스템적 사고라고 하여 상호 연관성 속에서 포괄적으로 諸 요인을 다룬다. system이라고 하면 현재의 구조를 그대로 유지한 채 내부적으로만 조절하는 기능적 접근(functional approach)을 의미하므로 구조적 변화도 포함한 system dynamics라고 한다. 본 저자는 system dynamics의 입장을 취한다.

원래 유럽에서 추진되어 온 산업 민주화 운동은 기업체 내에서는 크게 두 가지 방향으로 진행되었다. 하나는 조직 상층부에 근로자의 참여를 높이는 측면에서 이사회에 참여하는 공동 의사 결정 제도와 주식 참여를 통한 자본 참여 같은 것이 있었다. 이런 제도가 그런 대로 잘 정착된 것이 독일이다. 다른 하나는 직무 충실화(job enrichment) 계획의 일환으로 근로자 자신의 업무에 대한 자율권의 일부와 업무의 내용을 다양화시키는 이른바 현장 작업 민주화(work-place industrial democracy)가 추진되었다. 잘 발달된 형태로는 스웨덴 볼보 사 Kalmar 공장의 준자치 그룹을 예로 들 수 있다.

이와 다른 방향에서는 Fordism적 생산 방식을 탈피하는 생산성 향상 운동이 전개되고 있었다. QC(Quality Control) 통제 기법을 원용하여 분임조(circle) 활동으로 바꾸어 놓은 Quality Circle 운동이 일본에서 시작되어 전 세계로 파급되었다. 이후 QC는 TQC로 발전하였고, Toyota 생산 방식이라고도 불리는 팀(team) 운영 중심의 lean 생산 방식으로 자리잡았다. 이러한 흐름은 생산성 향상 운동의 범주에 들어가는 것이기는 하나, 광의로 보면 산업 민주화 내지는 QWL 운동의 범위에 포함되기도 한다(예: ILO).

GM 사 Saturn 공장의 특색은 볼보 사 Kalmar 공장의 QWL 특성과 Toyota 사의 생산성 향상 운동이 동시에 혼재되어 있는 양상이라고 보아야 한다.

필자는 실용적인 입장을 택한다. QWL이건 생산성 향상이건 상관없다. 또 QC이건 리엔지니어링이건 MBO이건 모든 프로그램을 명칭과 발상의 사상적 배경에 관계없이 기업의 생산성 향상, 종업원의 자기 개발과 만족, 장기적인 노사 관계의 안정에 도움이 되도록 활용할 것이다. 다만 각각의 기법들은 특색이 있고 상호 연관성이 있어서 노사 관계를 포함한 조직의 현황에 따라 바람직한 프로그램이 다양하게 나타날 것이다. 이런 경우 조직 내의 주요 변수들과 기법들의 특성이 부합(matching)하는 실현 계획(action plan)을 찾는 것이 중요한 문제이지, 특정 기법에 고착하여 이것을 어떻게 활용해야 하는지를 찾는 것은 문제가 전도된 것이다.

Ⅰ. Taylorism의 검토

Fredrick Taylor는 너무 유명하여 경영학 교과서는 물론 사회학이나 경제학 분야에서도 자주 언급되는 인물이다. 또, 비인간적인 경영을 매도할 때면 으레 Taylorism에 대한 비판으로 시작된다. 그런 만큼 어떤 글은 너무 짧게, 또 어떤 글은 자기 주장에 편승해서 왜곡되게 언급되는 경우도 많다. 당대에도 Taylor는 자신의 이론과 기법, 사상을 제대로 알리려고 의회의 청문회에서 거듭 설명하였다.

몇 가지 오해를 불식시키고 이후의 논의를 진전시키려면 Taylorism을 계승하건 그 반대의 입장에서건 우선 Taylor와 Taylorism에 대해 정리하고 넘어갈 필요가 있다.

1. 노동—일차적인 관심

Taylor(1856~1915)가 활동하던 20세기 초 미국의 산업계는 요즈음 우리 나라처럼 Theodore Roosevelt 대통령이 국가적 능률(national efficiency)이라는 용어를 사용하면서까지 물적 · 인적 자원의 효율적인 활용이 국가적인 관심사로 떠오르고 노사 관계 역시 순탄하지 못한 상황이었다.

Taylor의 의도는 각 고용인뿐만 아니라 고용주에게도 최대 번영을 확보해 주는 것이며 그 방법을 과학적인 관리에 두고 있었다. 그의 철학은 노사 간의 이익이 배타적이지 않은 상호 관련성에 토대를 두고 있다.

과학적 관리는 어떤 개별 조직 또는 산업에 종사하는 노동자들의 완전한 정신 혁명, 곧 자기의 직무, 동료, 고용주를 향한 그들의 본분에 대한 완전한 정신 혁명을 포함하고 있다. 그리고 그것은 직 · 반장, 감독 경영자, 기업 소유주, 이사 등 경영자층의 완전한 정신 혁명, 곧 동료 경영자, 부하, 그리고 그들의 제반 일상 문제와 관련한 본분에 대한 철저한 정신 혁명도 동등하게 포함하고 있다. 그리고 이러한 양쪽의 철저한 정신 혁명 없이 과학적 관리는 존재하지 않는다. 과학적 관리의 정수는 바로 이러한 위대한 정신 혁명이다.

2. 과학적 관리의 내용

노사 협력의 기본 원칙하에서 과학적인 관리가 추구하는 네 가지 기본 원칙이 있다. 진정한 과학의 개발, 노동자의 과학적인 선발, 그의 과학적인 교육과 개발, 그리고 경영자와 노동자 사이의 마음속 깊은 친밀한 협동이다. 이들 원칙들은 Taylor 제도의 주요 요소로서 서로 분리될 수 없는 성격을 가지고 있다. 이러한 원칙하에 주요 기법을 검토하여 본다.

1) 시간 및 동작 연구

시간 및 동작 연구(time & motion study)라고 하면 노동자 편에 서서 노동 운동을 하는 사람들은 가끔 휴식도 없는 강도 높은 노동을 연상하기도 한다. 그러나 Taylor의 시간 및 동작 연구는 작업을 단순 기본 동작들로 나눈 후, 쓸모 없는 동작을 제거시키고 최선의 방법으로 가장 신속하게 업무를 수행할 수 있는 방법을 찾는 것이다. 물론 필연적으로 따르는 지연과 중지, 휴식 시간, 새로운 노동자가 업무를 숙련하는 데 필요한 시간 등을 모두 고려한다. 그뿐만 아니라 동작 연구에서 Taylor가 중요하게 여겼던 점의 하나는 피로를 최소화하는 일이었다. 요즈음은 인간 공학(human engineering)이라는 분야가 있어서 가장 안락한 의자나 침대를 설계하는 데 활용되는 예들을 통해 시간 및 동작 연구가 어떻게 활용되느냐에 따라 노동자들에게 정확한 업무 수행 방법을 익히도록 하여 피로를 줄이고 생산성을 제고시킬 수 있는지 쉽게 짐작할 수 있을 것이다.

한편 '과학적'이라고 하는 것은 그 이름만 나중에 붙여졌을 뿐 자연 과학적인 의미에서 말하는 '검증 가능한 기계론적 진리에 토대를 둔 과학적'의 의미는 아니다.

Taylor가 의미하는 과학적이라는 것은 단순한 통계의 산술 평균으로 시간 연구를 하는 것이 아니라 객관적인 관찰자의 경험과 직관에 바탕을 두어 가장 적합한 동작을 연구해 낸다는 의미인 것이다.

2) 인센티브(차등 성과급제)

성과급 제도도 어떻게 운용하느냐에 따라 그 의미가 매우 다르다. 택시 운전기사들은 성과급제로 인해 과로 속에서 과속으로 질주하면서 손님의 편의는 망각하고 합승하기에 알맞는 코스로 운전할 수도 있다. 그러나 사장이 되고 싶은 사람들에게 이윤 분배 내지는 성과급을 제시하면 단순 월급보다 많은 소득과 자율성을 얻게 된다. 요즈음 많이 시행되고 있는 성과급 제도에 있어서 Taylor의 안을 참조할 만하다.

Taylor는 이익 분배(profit sharing)보다는 이윤 분배(gain sharing)를 선호하였다. 이익 분배는 그들이 기여한 바에 관계없이 모두가 이익을 나누어 가지게 되므로 개인적인 인센티브가 빈약하게 되고, 시간적으로는 결산 후 이익을 분배하게 되므로 타이밍을 놓치게 된다는 것이다. 최근에 논란이 되고 있는 우리 나라의 성과 배분 제도는 이익 분배 쪽에 치우쳐 있는데 차츰 이윤 분배의 요소들을 추가해야 할 것이다.

원론적으로 보면 과학적인 작업 관리로서 개별 노동자의 생산성을 증가시켜 고용주와 노동자가 이를 함께 나누는 상호 이익성에 기초를 두고 있으나, 그 지급 방법에 있어서 개인별 차등이 커진다는 것은 노조의 집단적인 결속을 유지하는 데 저해가 되는 요인이 될 수도 있다. 요즈음 신인사 제도의 도입을 반대하는 노동조합총연맹과 전국노동조합대표자회의의 이유도 개인별 평가 제도가 불공평할 수 있다고 하지만, 기실은 개인별 평가 제도에 따른 노조의 결속력이 약화되는 것을 우려하기 때문이기도 한 것이다. 그러나 문제를 좀더 면밀하게 관찰하여 보도록 하자. 이 문제는 노동 조합의 기반이 어디에 있는가에 따라 다른 것이 아닌가? 노조의 기반을 구성원의 평면적인 동질성에 두고 능력과 노력에 관계없이 일률적인 보수를 요구하고 사용자와의 적대 관계에 있을 경우 또는 개인별 보상의 차등이 지나치게 큰 경우 노조의 반발은 자연스러운 귀결이라고 할 수도 있다. 그러나 요즈음 우리 나라 근로자들 중에 능력과 노력에 관계없이 단순 연공에 의해 지급되는 임금 체계를 반대하는 사람들이 많아졌다. 때문에 어느 정도의 차등 성과급은 일률적인 정액이나 정률 지급보다 오히려 노조 집단의 결속을 강화하는 데 도움이 될 수 있다. 문제는 어느 정도인가에 있다. 어느 정도인가? 통상 '느낄 수 있을 정도'라고 한다. 지나치지 않고 느낄 수 있는 정도라는 것은 해당 조직원들의 정황에 부합하는 것이라고밖에 말할 수 없다.

성과급 자체를 노동 착취의 수단, 아니면 노사 협력의 수단이라고 단정할 수는 없다. 이를 어떻게 운용하느냐에 따라서 다를 뿐이다. Taylor의 성과 배분 원칙을 잘 운용하여 생산성 향상뿐 아니라 노사 협력을 위해 충분한 공헌을 할 수 있다.

3) 일류 인간

우리 나라에서는 기업 문화 운동을 전개하면서 우선 기업 이념, 경영 이념, 사원 정신을 설정한다. 이 사원 정신을 설명하면서 바람직한 사원의 모습은 어떠하다고 서술하여 놓곤 한다. 한걸음 더 나아가 LG 그룹에서는 각 부서 각각의 직무 요건에 알맞는 인재상을 설정하여 인사 고과의 기초 자료로 활용하기도 하고 경력 개발과 교육 훈련의 지침으로 이용하기도 한다.

Taylor의 일류 인간이 공장 노동자에 국한되어 있기는 했지만 이것보다는 더욱 구체적으로 상세하게 모범 인간을 설정하고 있다. 일류 인간은 정신적 · 육체적으로 건강할 뿐만 아니라 일에 대한 성취 욕구가 충만하고 자신의 적성이 해당 과업에 알맞는 것이어야 한다. 그뿐만 아니라 일류 인간의 개념에서는 시간 및 동작 연구를 통해 가장 좋은 방식으로 업무를 수행하여 정상적인 페이스를 따라가면 얼마만큼의 작업을 할 수 있는지에 대한 기준도 설정되어 있다. Taylor의 견해는 경영자의 임무는 종업원들에게 가장 적합한 일을 찾아 주고, 그들이 일류 노동자가 되도록 도와 주며, 그들에게서 개인적인 성취 의지의 철학 또는 자기 자신의 삶에 바탕을 둔 성공 욕구를 일깨워 주는 것이다.

물론 Taylor의 '일류 인간'에 엘리트 위주의 인사·조직 운영이라는 위험이 없는 것은 아니다. 좀 못한 사람들에 대한 배려를 '인간 존중'이라는 경영 이념에도 반영할 필요가 있다. 그렇다고 하여도 일류 인간으로 나타나는 근로자의 표상은 그때나 지금이나 필요하다. 다만 이류 근로자를 위한 입지의 토대도 마련되어져야 하는데 그 점은 일류 인간의 개념을 보완하는 차원에서도 이루어질 수 있는 문제이다.

4) 과업 관리 제도(task management)

Taylor는 '관리란 사람들이 하기 바라는 바를 정확히 알고 그들이 최선을 다해 가장 경제적인 방법으로 수행하는지 살펴보는 것'[1]이라고 정의했다. Taylor는 어떠한 정의로도 관리 기술을 충분히 묘사할 수 없으나, 노사 관계가 이 기술의 가장 중요한 부분을 차지하고 있음은 의심할 바가 없다고 덧붙여 말했다.

우리 나라에서도 현장에서의 노사 관리, 다시 말하자면 일선 관리자 한 사람 한 사람이 노사 관계에 중요한 역할을 하고 있다는 인식이 확산되고 있다. 노무 관리 또는 노사 관계란 노무 담당 부서에서 노동 조합과의 단체 교섭이나 對 노동 조합 관계를 원만히 하는 것이라고 생각하였다. 물론 집단적 노사 관계를 다루는 일이 중요한 것은 틀림없다. 그러나 집단적 노사 관계의 개별적인 문제의 출발은 현장이고, 이 현장을 책임지고 있는 사람들은 노무 부서가 아닌 관리자 개개인이므로 노사 관계의 호전을 위해서는 관리자 한 사람 한 사람이 부하의 과업 관리를 수행해야만 하는 것이다.

점증하는 경영 관리의 복잡성에 대처하기 위해 Taylor는 '기능적 직장(functional

---

1) F. Taylor, 「Shop Management(Harper & Row, New York, p. 21)」

foreman)'이라고 불리는 독특한 감독 형태를 개발했다. '기능적 직장'의 개념은 편리한 점이 있다. 즉, 이 개념은 공장에서 비교적 적은 시간을 들여 감독하도록 하면서도 장기적으로는 자질을 갖춘 경영자를 탐색하고 개발하도록 한다. Taylor는 군대의 명령 통일의 개념이 자신의 체계 안에서 아무런 마찰을 일으키지 않음을 파악했다. 그에게 있어서 지식은 널리 보급되어야 하며, 명령은 지위에 따른 권위에 바탕을 둔 것이 아니라 사무원이나 보스의 전문화된 지식에 바탕을 두고 노동자들에게 주어지는 것이었다. 그러므로 각 사람은 기계 속도, 수리 등과 같이 자기 직무의 어떠한 특정 국면에 단지 하나의 보스를 가지기 때문에 아무런 마찰이 없다. 일반적으로 노사 사이의 조화와 이익의 상호 관계성이라는 목적을 가진 Taylor는 기능적 체제가 본래부터 가지고 있는 어떤 갈등을 협동 정신이 제거해 줄 것이라고 예견했다.

3. Taylorism

이상에서 살펴본 바와 같이 Taylorism은 노사 간의 정신적인 혁명으로 합리적인 관리를 바탕에 두고 노사 협력을 통해 생산성을 향상시킨다는 데 그 기본적인 핵심이 있다. 그렇지만 당시 Taylorism에서 강조한 노사의 협력 구도를 생략하고 합리적이지도 않은 방법으로 오직 능률성만을 강조하여 노동 강도를 높여 가는 방향으로 적용된 사례도 많이 속출하였다. 그 대표적인 예가 Ford 사이다.

1) Fordism

Ford 사의 생산 라인 방식은 일견 외형상 Taylorism과 유사한 것처럼 보인다. 작업의 세분화와 표준화, 부품의 표준 규격화를 통하여 대량 생산 체제의 이점을 최대한 활용하고 있다. 기획과 수행의 분리, 그리고 인센티브와 같은 방법으로 효율성을 극대화하는 것은 Taylorism과 유사하다. 그러나 Ford 사의 노사 관계를 보면, 특히 경영자의 정신 자세를 보면 Taylorism과는 매우 거리가 멀다는 것을 알게 된다. Ford 사의 창업자인 Henry Ford에 관한 일화를 살펴보면 다음과 같다. Henry Ford는 농부인 아버지로부터 가학을 받고 성장하였다. Ford는 항상 아버지에게 인정받고 싶어하는 반면 아버지에 대한 복수심이라는 양극단의 콤플렉스 속에서 편집증적인 성향을 보여왔다. 처음에 그는 농부들을 위하여 트랙터를 만들어 보급하는 것이 아버지로부터 인정도 받고 아버지와 같은 농부들을 돕는다는 입장에서 우월감을 누릴 수 있을 것이라고 생각하였으나, 트랙터 사업은 실패하였다. 편집증적인 성향은 어느 한 곳에 강한 집착을 가져왔다. 그 대상은 농부에서 일반 사람으로 변하였고, 트랙터는 자동차로 바뀌었다. 그래서 나온 산물이 T형 모델이었다. Henry Ford는 이 T형 모델을 자신의 '아들'과 같은 분신으로 여겼다. GM 사의 다변화 전략에 밀려 T형 모델의 선호가 급격히 떨어지고 있었지만, Ford는 죽기까지 이 모델을 변화시키지 않았다. 회사 운영에 있어서도 실질적인 2인자는 구사대 깡패 출신의 노무 관리 담당자였다. 그는 아들에게 회사를 떠나지도 못하게 하고 주요 업무도 못하게 하면서 아버지로부터 받은 가학을 그대로 자신의 아들에게 퍼부었고, 이 때문에 아들은 얼마 못 가 요절하고 말았다. 실제의 노무 관리는 Ford의 신임을 받는 구사대장이 가혹한 폭력을 휘두르며 시행하였다. 물론 시간 및 동작 연구를 통해 효율성은 증대하였지만, 컨베이어 벨트의 속도는 노사 협의를 통해 설정되는 것이 아니라 과학적이라는 미명하에 회사의 일방적인 결정으로 시행되었다.

유명한 채플린의 무성 영화가 보여준 부품화된 인간이라는 산업 사회의 모순은 이 Ford 사를 모형으로 한 것이었다. Ford는 난민을 위한 헌금과 사회 사업을 빠뜨리지 않으며 자신의 모습을 합리화하였다. 과학적인 생산을 통해 소비자에게는 저렴한 가격에 튼튼한 자동차를 공급하여 주고, 많은 고용을 창출하여 지역 사회와 국가 사회에 보답한다는 것이었다. 틀린 말은 아니다. 그러나 그가 연출해 낸 노사 관계는 이후로 두고두고 노동 운동의 공격 목표가 되었다. 노동 운동과 일반인들은 이러한 Fordism과 Taylorism을 혼동하고 Taylorism 하면 으레 Ford 사 공장을 연상하게 되었다.

2) Neo-Taylorism

신경영 패턴의 저자들은 통상적으로 Taylorism을 반박하고 있지만, Taylor 자신이 서술한 내용들을 검토해 보면 오히려 유사한 성격들이 드러나고 있다. 피라미드형으로 업무가 분할되어 상위자의 일방적 통제에 의하여 움직이는 조직에서 파생하는 노동의 소외 현상을 직무 충실화(업무 영역의 종적·횡적인 확대, 순환 근무 등)와 준자치 그룹 등으로 극복하려 하는 조직 개발 기법, 그리고 기술 경제적 요인 이외에 문화와 가치 체계에 대한 인식을 새롭게 하는 기업 문화 등의 신경영 패턴들은 조직의 업무가 표준화되고, 규제되고, 상의하달식이며, 분할되고, 단순하고, 경직되고, 의사 소통이 안 되는 주요한 이유를 Taylorism에 의한 경영 패턴 때문이라고 공박하고 있다[2]. Taylor가 살아 있을 당시에도 이러한 비난이 있었으며, 이에 대해 Taylor는 자신의 저술은 작업 현장의 기능적 지침서가 아니라 오히려 사회적 합의에 의한 산업 평화의 달성을 목표로 한다고 하였다.

Montmolin은 다음의 다섯 가지 점을 들어 신경영 패턴의 성격을 Anti-Taylorism이 아닌 Neo-Taylorism으로 보고 있다.

① 생산성 향상: Taylor는 1차적인 목표로 간주하고 있으나 QWL에서는 2차적인 목표로 취급된다. 그러나 다른 신경영 패턴들은 생산성 향상의 요인들을 주요 변수로 취급하고 있으며(예: QC), QWL에서조차도 장기적인 생산성 향상의 목표를 간과하지 않고 실천적인 적용 사례에서 이직, 파업, 태업 등의 원인을 제거하려는 구체적 목표도 갖고 있다.

② 개인적인 동기 부여와 창의력 발휘라는 점에서 준자치 그룹을 예외로 한다면 신경영 패턴들은 Taylorism과 동일한 성격을 갖는다(예: IBM 사의 기업 문화).

---

2) Montmolin, M., 「Taylorisme et anti-taylorisme(Sociologie du travail, Paris, no 44/74)」

③ 산업 평화를 지향한다는 점에서 같다. Taylorism은 노사 쌍방, 특히 사용자의 의식 구조가 합리적(광의)으로 전환되어야만 하고 과학적 근거에 의한 객관적 표준을 마련하여 이를 토대로 노사의 사회적 합의를 달성함으로써 산업 평화를 이루는 것을 골자로 하고 있다. 신경영 패턴들은 조직 구성원의 불만과 분규를 원활한 커뮤니케이션, 동일한 가치 체계와 스타일을 통해 무마하고 화합과 조직 응집력을 강화하여 산업 평화를 지향하고 있다.

④ 합리주의: Taylor의 과학적 관리법은 작업자의 경험과 의견을 수렴한다는 점에서 기계적인 과학성과는 다른 점을 보인다. 신경영 패턴이 기계적인 과학성에 대해 비판하며 사회 심리적 요인의 중요성을 부각시킨 것은 조직 행동에 대한 합리적 관찰을 통해 이루어지고 있다. Taylorism에서 기술 경제적 요인에 대한 합리성이 두드러진 반면 신경영 패턴에서는 사회 심리적 요인에 대한 부분적인 합리성이 두드러지고 있다.

⑤ 과업의 분화라는 점에서 Taylorism과 신경영 패턴은 상이하다. 그러나 과업의 분화라는 것이 Taylorism의 중심 과제는 아닌 것이다.

이상에서 보는 바와 같이 신경영 패턴들이 Taylorism과 일치하는 것은 아니다. 그렇지만 Taylorism에 반하는 Anti-Taylorism이라고 규정할 수는 없고, 오히려 Taylorism에 사회 심리적 시각을 첨부하여 노동자의 일에 대한 참여의 폭을 넓혀 놓은 Neo-Taylorism으로 보는 것이 타당하다.

피상적인 수준에서 보면 과업의 분화, 그리고 더 나아가 표준화시키고 세분화시킨 작업 조직에 사람을 끼워 맞추어 가는 것을 Taylorism이라고 하기도 한다. 노동의 인간화란 근로자가 여유를 갖고 노동 강도를 낮추는 것으로 Anti-Taylorism이라고 하기가 쉽다. 그러나 Taylorism은 인체로 말하면 골격을 이루는 것이다. 조직이 유연하다는 것과 골격이 없다는 것은 다른 문제이다. 우리가 말하는 신경영을 통하여 업무 수행의 유연성(flexibility)을 갖추는 것은 우선 조직의 기본 골격과 틀이 합리적 토대 위에 설계되어 있는 연후에야 논의할 수 있는 문제이다. 현장에서도 근로자들이 자신의 업무가 무엇이고 이를 어떻게 수행하여야 하는지를 명확하게 설정하여 놓지 않은 상황에서 불만과 애로가 커지고 있는 것이다.

그러나 신경영 기법의 저자들이 Taylorism의 장점을 외면한 채 조직의 유연성만을 강조함에 따라 조직 관리의 실체는 양분되고 논의는 현장의 핵심 문제를 이탈하게 된 것 같다.

신경영의 저자들(Ouchi, Peters & Waterman, Pascale & Athos, Serieux 등)의 기본적인 사고는 기계적(mechanistic)과 유기적(organic)의 양분법 논리에 있다. 경직성의 변수들을 기계적인 것으로 봤는데 Taylorism에 근거를 두었기 때문이라고 한다. 따라서 조직을 개발한다는 것(organizational development)은 유기적인 요인들을 활성화하는 데 있다고 한다. 대부분의 경영학 교과서와 인사 관리 교과서에서도 인간 관계론을 Taylor의 과학적 관리법과 대비하여 그 차이점을 '유기적 對 기계적'으로 다룬다. 조직론(Gouldner, Merton, Selznick 등)에서도 관료제 모형(bureaucratic model)에 대한 비판을 조직의 경직성에 두고 있다. 그러나 필자는 유기적인 변수가 기계적인 변수보다 절대적으로 우월하다고 보지는 않는다. 다만 시대 상황에 따라 그 적합도를 달리할 수 있고, 이들의 논리는 Taylorism의 범주(광의)에서 움직이고 있으며, 다분히 이데올로기적인 담론의 성격을 띠고 있다.

Ⅱ. 신경영 기법의 특성과 현실 통합성

1. 신경영 기법의 현실적 특성

초기의 QWL 운동은 Trist와 Emery 같은 학자들이 영국 타비스토크연구소(Tavistock Institute)의 사회 기술 시스템을 이론적인 근간으로 하여 스칸디나비아 현장에서 실천하고 있었다. QWL은 이직, 태업, 파업에 대한 경영자의 대응 방안 중 하나이다. 이직, 태업, 파업이 주는 기회 비용(opportunity cost)을 산정할 수 있고, 이는 생산 요소의 결합으로 최적의 산출(output)을 산정하는 선형 계획 모형(linear Programming)에서 인적 자본이라는 투입(input)의 shadow price에 해당된다. 그러나 기업은 항상 최적 상태(optimum level)에서 운영되는 것이 아니기 때문에 이렇게 산정되는 기회 비용 내지는 shadow price는 제대로 원가에 반영되지 않고 organizational slack을 통해 굴절된다. 반면 QC는 최종 산출인 제품의 불량에서부터 원인을 추적한다. QWL과 QC는 LP 모형에서 투입과 산출이라는 서로 다른 각도로 문제에 접근하고 있지만, 두 가지 모두 전체 시스템 중 인적 요소와 자본 요소의 결합으로 제품을 생산하는 과정에서 비정상적인 요인을 제거한다는 사회 기술 시스템의 논리적 흐름 안에서 실천되고 있다. QC가 생산 수준의 문제에 중점을 두고 있다면 TQC는 생산뿐 아니라 모든 부문에 QC를 확대해 놓은 것이다. QC보다 계량화하기는 어렵지만 시스템 이론에서 계량화되어야 할 필요는 없는 것이고, 경영 현장에서 계량 모델은 수치로 해답을 주는 유용함보다는 諸 요인들의 관계를 함수 관계로 일목요연하게 표현하고 이를 토대로 사고한다는 데 의미가 더 크다고 볼 수 있다.

Ouchi는 기업 문화의 경제적 유용성을 내부 거래 비용(internal transaction cost)으로 설명하고 있다[3]. 한 조직체의 구성원들이 서로 정보나 자료를 교환하고 협조하는 것을 내부 거래 비용의 범주로 간주하고 있다. 기업 문화는 조직 구성원에게 동일한 신념과 가치 체계를 부여하고 내재적인 행동 논리를 통합하고 있으므로 구성원끼리 또는 부서끼리의 교환과 거래를 원활하게 한다는 점에서 경제적 효용성이 있다고 하겠다. 이것도 시스템 내 요소 간의 상호 관계(interaction)를 부각시킨 논리이며 사회 문화적 요인과 기술 경제적 요인을 결합한 것이다.

Dominique Martin의 정의에 따르면 '사회적 통제(social control)'란 한 조직의 통일

---

3) W. Ouchi(1980)

성과 일정한 동질의 분위기를 유지하는 규율에 의하여 조직 목표를 달성하는 지배 집단의 수단'이라고 한다. 사회적 통제는 위계적이고 병영적인 수단이나 경직된 관료제에 의해 조직을 운영하는 것과는 달리 구성원의 동질성을 통해 사회적 합의를 이룩한다. 물론 이것이 구성원의 이질성과 갈등을 협상을 통해 사회적 합의로 가는 정치적 과정(political process)은 아닌 것이다.

MBO, QWL, QC, 기업 문화 등의 신경영 패턴들은 조직 구성원들에게 부분적인 경영 참가를 유도하고 있는데, 특히 자신의 업무 수행에 대한 자율성을 좀더 강화하고 있다. 조직 운영에 있어서 자율성의 강화와 통합적 기능의 강화라는 것은 동시에 추구되어야 하는데, MBO, QWL, QC에서는 이 통합적 기능의 강화를 위한 사회적 통제의 방법이 전면적으로 나타나지는 않았다. 다만 이러한 경영 패턴들을 조직에 활용하기 위하여 교육과 훈련이 필요하였고, 이 교육과 훈련 기간 중에 사회적 통제의 분위기를 전수하고 있었다. 이론적으로는 Elton Mayo를 중심으로 한 인간관계론 학파들(Maslow, McGregor, Hertzberg 등)을 소개하는 것이 두드러진 현상이었다. 그러다가 기업 문화에 이르러서는 상징성의 영역에까지 지배 집단에 의한 사회적 통제가 일어나고 있다.

전통적으로 서구에서는 업무와 사생활의 영역은 구분된 것이고 개인적인 상상과 사생활은 업무에 간접적으로 영향을 주는 것으로 간주되어 왔다. 또한, 업무에 대한 가치와 신념 체계에 대한 영역은 조직의 통제 밖에 머물러 있었고 외적으로 드러난 업무 행위만이 통제의 대상이 되고 있었다. 이에 비해 일본식 경영 패턴은 조직 구성원의 외적인 업무 행위뿐만 아니라 내면적 감성과 상상, 그리고 그 가족들까지도 전 생애에 걸쳐 조직체와 함께 호흡하는 패턴을 보여 왔다. 신경영 패턴들, 특히 기업 문화에 이르러서는 이러한 일본식 경영 패턴이 높은 생산성과 낮은 노사 분규를 가져다 준다는 점에 착안하여 기존의 경제적 합리성으로부터 탈피하여 새로운 전환을 모색한 것이었다(「Theory Z」, 「In Search of Excellence」)[4]. 이러한 패턴으로 사회적 합의를 유도하

---

4) W. Ouchi(1982), Peters & Waterman(1983)

는 사회적 통제는 S. Clegg[5]가 지적한 A. Gramsci의 헤게모니 통제(hegemenic control)의 일환이기도 하지만, 상부 구조(super structure)의 사회 규범을 창출하는 기구(institution)들을 장악하여 가치관을 이식하기보다는 연성(soft)의 심리적 기법들을 동원하여 합의(consensus)를 이루고 동질성을 확대하여 갈등의 잠재적 요인을 사전에 둔화시키는 기능을 하고 있다.

이를 통해 얻어지는 사회적 합의는 서구 사회학자들, 특히 우파이건 좌파이건 프랑스의 사회학자들(Crozier, Touraine)[6]이 말하는 민주화된 정치적 과정과는 차이를 보이고 있다. 왜냐하면 조직 구성원 개인 또는 집단들이 각자의 입장에서 상이한 다양성을 분출하고 이러한 이견이 협상과 조정이라는 정치적 과정을 거쳐 유기적인 전체성을 회복하는 의미로서의 사회적 합의이기에는 다양성이 이미 동질화되었기 때문이다.

사회적으로는 개체화된 개인들끼리 대중적 집단 관계로 변화하며 이때 나타나는 사회적 합의는 consensus의 성격을 띠게 된다. 다시 말해 Weber의 합리주의에 기초한 규율과 법칙들에 대한 사회적 합의와 다르고, 토론과 협상을 거쳐 마련되는 정치적 과정으로서의 사회적 합의와도 다르다. 즉각(mediate하지 않은 immediate)적인 반응으로서의 산술적 집합으로 이루어지는 consensus를 형성하게 되는 것이다[7].

2. 현실적 한계의 극복 방법

지금까지 신경영 기법의 특성을 Neo-Taylorism, 사회 기술 시스템(socio-technical system)을 통한 사회적 통제로 정리하였다. 이 패턴들이 Neo-Taylorism에 의한 사회

---

5) S. Clegg & D. Dunkerely(1980)
6) M. Crozier(1971, 1977), A. Touraine(1973, 1984)
7) 통속적인 의미로, 정치적으로 민주화한 사회의 dilemma 중 하나는 고립된 개개인이 이유를 묻지 않고 이합집산하는 대중 사회를 형성하고, 이들이 이루는 합의(consensus)에 의해 여론이 좌우된다는 것이다. 이러한 consensus는 진리를 상대화시키고 demagogue라고 불리는 리더에 의해 조정당할 위험을 내포하고 있다(S. Moscovici, 「Lage des foules」 참조).

기술 시스템에 기초한 consensus를 통해 사회적 합의를 유도하는 포스트모던의 한 특질이라는 점도 언급하였다. 이러한 사회적 합의는 다양성의 표출 이전에 이미 동질화 과정을 거치고 탈가치관에 의한 표면적(immediate) 합의(consensus)의 성격을 띠고 있다.

사회 기술 시스템 학파의 주요 저자인 Emery는 생산 관계의 중요성과 사회 전반의 모든 주요 요인들을 포괄하여 사고한다는 점에 있어서 비록 Marxist와는 결별하였지만 Marx와 동일한 시각을 갖고 있다. 이처럼 사회 기술 시스템 학파가 거시적인 사회 정치적 요인들을 모두 배제하고 있다고 단정하기는 어렵지만, 대부분의 내용들은 그래도 미시적 수준의 심리적 요인들과 기술 경제적 요인들을 단선 결합한 것으로 보인다. 그런데 P. Jarniou는 현대 사회의 회사 조직과 노사 관계에서 다분히 사회 정치적인 면이 점증하고 있는 이유를 두 가지로 들고 있다[8].

① 조직 구성원들 간에 집단적인 관계의 중요성이 두드러지고 있다.

② 기업의 경영 전략이 사회 정치적인 성격을 띠고 있다.

그러나 사회 기술 시스템이 사회 정치 시스템과 배타적인 것만은 아니다. 또 사회 정치 시스템이라고 해도 사회 기술적 요인들의 중요성이 반감되는 것은 아니다. 다만 전체적 상황에 대한 인식을 사회 기술 시스템이라는 틀로 한정시키려고 할 때 중요한 변수들이 제외된다. 이 신경영 패턴들은 다룰 수 있는 영역이 한정되어 있으며, 여타의 거시적 방법들을 희석시키지 않고 유기적인 관련성 속에서 다루어야 실효성을 갖게 된다.

사회 기술 시스템에서 사회 정치 시스템으로 시각을 전환하면 조직 구성원들의 정치적 역량에 유의하게 된다. Jarniou에 의하면 정치적 역량이란 상이한 다양성

---

8) P. Jarniou(1981)

(differentiation)을 포괄하면서도 유기적 통일성(integration)을 유지할 수 있는 역량 (capacity)이라고 한다. 논리적 성격에서 언급하였듯이 사회 기술 시스템에 근거한 신경영 패턴들은 조직의 통합(integration) 기능에서는 유효하지만, 다양성을 포괄한다는 점에서는 전통적 관리 기법보다 오히려 그 폭이 좁을 수도 있다는 것이다. 왜냐하면 전통적 관리 기법은 기술 경제적 요인을 제외한 사회 문화적 요인들을 조직 구성원들의 개별적 자유의사(privacy의 영역)에 맡겨 둔 상태이기 때문이다.

문화라는 개념을 사용할 때 조직 분위기, 신념 체계, 가치, 스타일 등의 뉘앙스를 말하게 된다. 포괄적인 반면에 특정 조직체가 특정 경제 사회 내에서 특정 시점에 갖게 되는 구체적인 문제점에 대한 지적은 미흡할 수도 있다. 분명 한 조직은 Selznick[9]의 개념대로 최고경영자의 관리(administration) 기능뿐만 아니라 통치(institutionali-zation) 기능도 필요하다. 리더에 의해 조직의 목표성에 가치를 부여하고 이를 조직 구성원에게 내재화하여 하나하나의 스타일로 표출되면서 조직의 분위기를 형성하는 일이 필요하게 된다. 그러나 이때 문화라는 개념으로는 누구에 의하여 어떠한 동기(욕망의 변환)가 상대적 권력 관계에서 상충되면서 어떻게 지속되고 변화하는지의 본연적인 형태를 막연하게 덮어둘 개연성이 큰 것이다.

Roland Reitter는 문화라는 개념 대신에 identity라는 개념을 사용한다. 노사 관계에서는 Sainsaulieu가 구체적인 조직 변수들(상대적 권력, 이념, 동맹, 작업 내용, 경제적 여건 등)에 의한 구성원의 행동 패턴들을 설명한다. 우선 한 집단의 identity는 창업주의 리더십에 의해 그 기초가 설정된다. 삼성, 대우, 현대 그룹의 identity 내지 문화는 故 이병철 씨, 김우중 씨, 故 정주영 씨라는 개인의 identity가 해당 조직의 성격을 부여하고 있으며, 노사 관계에 대한 사용자의 대응 전략 역시 이분들의 identity에 의하여 주요한 부분이 영향을 받는다. 노동자 집단의 identity도 지배 집단에 대한 심리적 귀속(identification process), 종속적 내지는 무기력하게 정치적 변화(1987년 가을), 경제 성장

---

9) P. Selznick(1957)

에 따른 사회적 여건 변화에 의해 집단 성격이 변모하였고 이에 따라 노사 관계 역시 그 역학의 변화를 가져오게 된다. 페레스트로이카(Perestroyka)에 급진 이념의 표면적인 후퇴로 말미암아 노동 운동에서의 급진 이념도 반공 이데올로기와 함께 퇴색하고 노사 양쪽의 identity도 이에 따라 변화한다.

3. 제도 개선 및 경영 혁신과 노사 관계

노사 관계 때문에 제도 개선이 이루어지지 않고 있는 사실을 목격하고 있다. 설령 노동 조합의 명시적인 승인이 있다고 하더라도 노조 또는 종업원의 의사에 反하는 제도 개선이나 경영 혁신은 실패할 위험이 높다.

우선 노조의 동의가 없어서 제도 개선이 이루어지지 않는 예를 들어 보자. 1993년 초부터 LG 그룹 회장은 그룹의 임금 체계를 능력급 위주로 전환하라고 지시하였다. 삼성 그룹도 오랜 연구와 검토 후에 제일제당을 필두로 소위 직능 자격 제도의 도입을 시도하고 있다. 그러나 호봉 제도가 없었던 현대 그룹은 사정이 약간 다르다. 노조와의 협상을 앞두고 직능 자격 제도를 정비하여 놓고 있는데, 이것도 한층 더 체계적인 관리를 한다는 점에서 능력주의 임금 체계의 강화라고 볼 수가 있다. 포스코는 이미 직능 자격 제도를 시행하고 있고 두산중공업, SK, 동부, 코오롱 등 우리 나라의 대기업들 대부분이 직능 자격 제도를 근간으로 임금 체계 개편을 끝냈거나 준비 중에 있다.

그런데 현대 그룹의 노동 조합을 필두로 이 제도의 도입에 저항하고 있다. 우연인지 아닌지는 모르나 포스코에서 직능 자격 제도가 시행된 후 포스코의 노동 조합은 와해되었고 유명무실한 노동 조합만이 남게 되었다. 이것을 본 대기업의 노동 조합들은 자신들도 비슷한 운명에 처할 것을 우려해서 일단 직능 자격 제도의 도입에 대한 유보 입장을 보이거나 반대하고 있다.

그런가 하면 K사에서는 노동 조합이 먼저 이 제도의 도입을 주장하고 나섰다. 직능 자격 제도야말로 생산직 근로자들의 생애 발전을 촉구하고 인간다운 대접을 받을 수 있는 제도라는 것이다. 그런데 이 K사의 노동 조합은 초기에는 직무 분석과 평가를 근간으로 하는 직무급 제도는 반대하고, 직무 조사와 절대 평가를 통한 직능 자격 제도를 도입하여야 한다고 하였다. 그 후 평가의 공정성 여부를 확보하기 위해서는 직무 분석이 필요하다며 이것을 요구하고 나섰다. 실상 직무 분석이 노조에 불리한 것이 아니라고 판단하였던 것이다.

직무급, 직능 자격 제도, 연공급, 직무 분석, 직무 조사, 직무 평가 등 각각에 대한 용어가 서로 다르고 편의에 따라 해석해 가면서 임금 체계에 대한 논의가 혼란스러워지고 있다.

이러한 의미상의 혼란뿐만 아니라 노동 조합이 반대하는 논리 또한 복선적인 성격을 드러내고 있다. 우선 전국노동조합협의회와 노동조합총연맹은 직능 자격 제도의 도입에 대한 공식적인 반대 입장을 두가지 이유로 들고 있다. 하나는 평가의 자의성, 즉 고과자가 임의로 판단하여 노조의 강성 인물들을 그의 능력과 업적에 관계없이 낮게 평가함으로써 노조를 와해시키거나 불리한 근로 조건을 밀어붙이는 방편이 될 수 있다는 것이다. 둘째는 업적과 능력에 대한 격차를 지나치게 반영하여 조합원 간의 경쟁과 갈등을 유발시킨다는 점이다. 그러나 한편으로는 이 제도가 노동 조합 조직 자체에 대한 위협일 수도 있다는 점이 노동 조합의 유보 입장 내지 반대 입장을 지키고 있는 것이다. 노조의 존립 근거를 회사에 대한 근로자들의 불만 해소에 두고 있는 경우, 회사가 먼저 이 애로를 해결하여 사전에 불만을 해소시킨다면 노조의 위치가 약화될 수 있다는 우려도 하고 있다.

임금·직급 체계의 변화가 아니더라도 회사의 JIT와 같은 생산성 향상 노력이 노동 조합의 반대에 부딪히면 시행은 가능할지라도 부분적인 태업 내지는 무관심이 흐르게 되어 소기의 성과를 거두기가 어려워질 수 있다.

그런데 생산성 향상을 위한 회사의 노력이 노조와 종업원들로부터 노동 강도를 강화시키고 내부 경쟁을 유발하여 노조와 조업원들의 결속을 해친다고 한다. 물론 그들의 주장이 논리적으로 모두 합당한 것은 아니지만, 전체적으로 볼 때 노조를 우회하여 종업원 개인과의 접촉을 통해 종업원 참여를 유발하는 프로그램들은 노조의 배후를 약화시킬 소지도 있다는 것이다. 그러므로 이 문제는 신경영 기법을 활용하여 노조 또는 종업원 대표권을 인정하고 이들과의 협의를 통해 추진하는 것이 보다 바람직하다.

4. 신경영 기법 간의 유기적인 관계

현재 우리 나라 기업 문화 프로그램들의 진척 상황을 보면 조직 상층부에는 이념적으로 정돈이 된 상태이다. 가장 큰 문제는 기층 조직에 뿌리를 내리는 이른바 착근화(着根化) 작업에 어려움을 겪고 있는 것이다. 그 이유는 우선 기업 문화에 대한 올바른 이해가 부족하여 기업 문화를 조직 구성원들의 '인식' 정도로 파악한 데 기인한다. 인식의 전환이 필요하다고 느껴서 기업 문화 운동을 하였지만 인식의 뿌리는 매우 깊다. 조직의 역사 속에 제도와 관습, 물적인 토대의 변화와 더불어 지속하고 변동한다. 따라서 기업 문화 운동에 의한 조직의 변화에서는 구체적인 제도와 관습의 변화를 이끌어 내는 것이 매우 중요하다. 핵심적으로 통제 제도(control mechanism)가 달라지지 않고서는 실제로 변화하는 것이 아무것도 없다고 해도 과언이 아니다. 통제 제도에서는 특히 인사 관리를 그 핵심으로 한다.

기업 문화의 변화 관리를 구체적인 부분과 연계시켜 그 실효성을 성취함으로써 현재 우리 나라 기업들이 추진하고 있는 기업 문화 운동의 돌파구를 마련하여야 한다. 조직 하부 구조의 구성원들이 가장 민감하게 느끼는 부분은 자신의 문제이다. 이 자신의 문제는 대부분 금전적 동기에 의하여 좌우되며, 이는 조직의 거대한 목표나 제도의 변화보다 더욱 중요하게 느껴지는 문제이다. 적절한 금전적 동기 부여를 설정하여 기업 문화가 추구하고 있는 기업 체질을 어떻게 개선해야 할지 모색하여야 한다.

리엔지니어링의 주창자인 **Hammer**는 프로세스를 중심으로 제도 가치 구조의 변화를 역설한다.

"경영 시스템 다이아몬드의 맨 위의 점인 프로세스는 두 번째 점인 작업들과 구조를 결정한다. 작업을 수행하는 방법들은 일의 성격과 이러한 일들을 수행하는 사람들이 어떻게 그룹화되고 어떻게 조직화되는지를 결정한다. 전통적인 회사에서 발견되는 분편화된 프로세스들은 프로세스팀으로 가장 잘 조직된 다차원적인 일을 발생시킨다[10]."

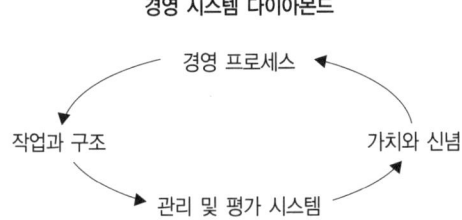

경영 시스템 다이아몬드

리엔지니어링의 관점에서건 기업 문화의 관점에서건 지금까지의 신경영 기법은 상호간의 유기성을 결여하거나 그 유기성들을 제대로 결합하지 못하여 조직 내부에 실질적인 변화를 가져다 주지 못하였다. 기업 문화는 캠페인에 그치고, 인사 제도 개편은 변화의 공감대를 형성하지 못한 채 좌초되고, 리엔지니어링은 컴퓨터와 DB의 활용으로 경우에 따라 조직 운영에 혼란을 초래하기도 한다.

Ⅲ. 한국에서의 Neo-Taylorism

'Taylorism'. 경영학의 반세기가 이 논의로 지속되어 왔다고 하여도 과언이 아니다. 때로 Taylorism은 비인간화의 대명사로 불려 왔다. 그러나 한국에 있어서 경영 혁신과 노사 협력의 경영 내적인 조건은 Taylorism으로의 회귀가 아니라 역시 Taylorism

---

10) Michael Hammer, 「Re-engineering」

재출발로 결론짓는다. 그 이유는 다음과 같다.

1. Neo-Taylorism의 유용성

1) 노동 생산성

인류가 고안해 낸 산업체 운영 방식은 다양하다. 협동 조합 운동, 볼셰비키 혁명 후의 스탈린 체제, 그리고 이것과는 다른 사회주의 운동 등 많은 형태의 아이디어들이 역사와 함께 생존과 번영의 시험대를 거쳐 간다. 결국 노동 생산성의 저하는 체제의 붕괴를 수반하고 만다. 기업체 내에서도 노동의 인간화(QWL), 산업 민주주의 등의 다양한 프로그램, 생산성 향상을 직접 겨냥한 QC와 TQM 등도 현실적 타당성을 갖추려면 노동 생산성 향상에 도움을 주어야 한다는 것이 그 1차 조건이다. 인간관계론의 의미를 중요하게 취급하지는 않는다. 생산성을 높이고 공정한 분배를 통해 산업 평화를 지향하던 Taylor의 사상과 기법은 오늘날에도 우리 나라의 현실에 긴요한 요소임에 틀림없다.

일류 인간, 즉 적재적소에 배치되어 자신의 역량을 충분히 발휘하고, 그 하나하나의 동작까지 자세히 연구하여 작업장에서의 피로를 줄이고, 가장 효율적인 작업 방식을 찾아 산업체 내에 정착시키려 했던 Taylor의 시도는 산업 민주화의 여러 가지 프로그램들에게 노동 생산성의 향상이라는 1차적 조건을 시사하고 있다.

2) 직무에 대한 과학적 관리

J. Pfeffer는 「Competitive Advantage through people」이라는 최근 저서에서 인적 자원의 관리가 현대 기업의 경쟁력에 가장 중요한 원천이라고 말한다. 그런데 그는 인적 자원의 개발은 TQM과 같은 구체적인 작업 과정에서 출발하여야 한다고 한다. 우리는 지나치게 이분법적인 사고에서 헤매고 있다. 인간관계라고 하면 공식적인 사내

질서, 작업과 정외에서의 비공식 조직(imformal group)을 생각하고, 인적 자원의 개발은 많은 자격증을 양산하는 것으로 간주한다. 금전적인 보상과 비금전적인 보상을 구분한다. 그러다 보면 기업 문화 운동은 의식적인 것과 정신적인 것만을 강조하여 애초 목적이었던 작업 방식의 합리화와 작업 내 개개인의 구체적인 행동은 파고들지 못하고 캠페인에 그치고 만다. 우리가 알아본 조사에서도 기업 문화 운동의 가장 치명적인 결함이 구체적인 내용을 결여하고 있다는 것임을 알 수 있었다. 기업 문화 운동의 방향을 설정하는 이유 대부분이 Taylorism을 공박하고 그것과는 다른 대안을 내놓는 과정에서 작업장 내에서의 구체적인 문제를 떠나 포괄적인 의미를 신기루처럼 창출하려고 했기 때문으로 보여진다.

그리고 QC나 TQM, 리엔지니어링 같은 작업들도 알고 보면 Taylorism 때문에 파생한 문제들을 개선하고 있는 것이 아니라 Taylorism이 제대로 정착되지 않아서 발생하는 문제들을 개선하여야 할 실정이다. 우리 기업에 대한 설문 결과를 봐도 문제의 발생은 공장 내의 비인간적인 관계에 있는 것이 아니라 구체적인 작업이 준비되고, 할당되고, 설명되고, 그에 따른 보상이 뒤따르지 않기 때문이다. 물론 채플린이 묘사하였던 지나친 작업의 세분화와 표준화에 따른 작업 수행의 단조로움, 이로 인한 거대한 공장의 부품으로 전락하는 비인간화를 걱정하는 바는 아니다. 적어도 현재 우리 나라에서 벌어지고 있는 비인간화의 문제 또는 작업 방식의 불만 요인이 표준화나 세분화보다는 정돈과 계획성 없는 무질서에서 기인한다고 볼 수 있다. QC이건 TQM이건 리엔지니어링이건 우선 기본적인 뼈대를 과학적으로 체계화시켜 놓은 연후에 이에 대한 개선책과 미비점을 보완하여야 한다. 그래서 대부분 QC와 TQM 운동은 소그룹 활동을 통한 참여보다는 작업 수행에서의 불만과 모순을 단편적으로 제기하고 수정하는 역할에 그치고 원래 서유럽에서 지향하던 현장 관리에의 참여 기능이 부각되지 않고 있다.

미세한 표준화가 필요하다는 의미가 아니라 Taylorism이 추구했던 과학적인 방법의 기초적인 작업들이 한층 더 강화되어야 하고, 이러한 노력이 노동의 인간화에 배치되기보다는 오히려 QWL의 기본이 될 수 있다는 점을 인식하여야 한다.

3) 거시 노동 운동과 Taylorism

Taylorism의 치명적인 결함은 거시적 노동 운동의 이념적인 근거를 제공하지 못한다는 점이다. 또 갈등 구조 속에 빠진 노사 관계의 현실적인 모순을 선량한 양심과 자각에 호소하며 전국 차원에서 세계 노동 운동과 역사의 변혁을 시도하는 데 Taylorism은 직접적인 도움을 주지 못한다. 그러나 노동 운동의 기반이 되고 있는 개별 사업장에서 이 Taylorism을 공박할 필요는 없는 것이다. 이 Taylorism 때문에 거시적인 노동 운동이 저해되지는 않는다. 전술적으로는 생산성 향상 운동, 과학적인 관리, 성과급 등을 노동 운동이 반대할 필요는 있지만, 장기적으로 이러한 반대는 표적이 빗나간 것으로 보이고 이러한 반대의 논리로는 노동 운동의 지속적인 동력을 상실하게 된다. 그렇다고 Taylorism을 근간으로 거시적인 노동 운동이 활성화된다는 의미는 아니다.

노동조합총연맹과 특히 전국민주노동조합총연맹이 현재 반대하고 있는 신경영 기법들은 고도의 사변이 깔려 있기 때문에 흑백논리로는 대항하기 힘들다. 미시적이기도 하고 그것만으로는 노동자의 탄압 내지는 무력화의 수단이 아니기 때문이다(프랑스 CFDT의 입장). 사용자와 노동 정책의 입장에서 보더라도 Taylorism의 범주로 나타나는 신경영 기법을 통한 협력적 노사 관계와 생산성 향상은 그것 자체보다는 주변 변수, 즉 제삼자 개입 금지와 복수 노조 설립 불허라는 외생 변수 때문에 저지당하는 점이 더 크다고 할 수 있다.

그럼에도 Taylorism은 거시 노동 운동에 부분적으로 기여할 수 있다. 노동조합총연맹이 경영 참여를 주장하고 나선 것(95. 5. 1)에는 생산성 향상 운동에 노조의 참여를 북돋는 정책도 반영되고 있다. 물론 노동조합총연맹이 지향하는 바는 경영 참여를 통해 인사와 사업체 경영에 노동자의 발언권을 강화하겠다는 의지가 주종을 이루고 있으나 고무적인 면도 있다. 장기적으로 노동 운동은 Taylorism을 소화해 내어야 국민적인 공감대와 지지를 얻고 사내에서의 역할도 증대시킬 수 있다.

4) Taylorism과 성과 배분

Taylor가 말한 차별 성과급 제도는 우리 기업체에 그대로 적용하기는 무리이고, 오늘날 우리 나라 상황에서 Taylor가 공표했던 계산 산식을 고집하지는 않을 것이다. 그 기본적 아이디어는 개인별 능력과 업적에 따라 차등이 필요하고 기업의 성과를 나누어야 한다고 볼 수 있다. 즉, 개인별 차등화의 정도가 문제이다. 지나친 경쟁을 유발하는 것은 근로자와 노조에게 불리할 뿐만 아니라 경영자에게도 조직의 화합과 통합에 지장을 초래한다.

그러나 우리 나라 근로자들은 연공만을 따지는 임금 지급과 조직 운영 방식에 반대하는 의견이 더 많다. 임금 지급 방식과 조직 운영 방식은 생산성이 향상되도록 고안되어야 하고 기업의 성과는 생산성에 따라 어느 정도 증폭이 고려되어야 한다. Taylor의 산식은 기업 성과라고 하더라도 근로자의 기여분(contribution)에 대한 보상으로, 성과 배분으로 보면 이익 분배(profit sharing)보다는 부가 가치에 대한 이윤 분배(gain sharing)의 의미를 강조하고 있다. 이 제도의 시행은 검토가 필요하나 향후의 개선 방향을 제시하고 있다는 점에서 의미가 있다.

우리는 흔히 물질적인 보상보다는 직무 자체나 정신적 보상이 더 고상하다는 뉘앙스를 풍기는 언어를 많이 구사한다. QC나 TQM 또는 기업 문화 운동에서도 대부분 그 보상을 정신적인 것으로 미룬다. 경영 혁신 운동 자체의 추진과 과정이 임금 지급 방식과 연동하는 것을 국내에서는 찾아보기 힘들다. 물질과 정신적 가치가 기업 세계(business)에서는 잘 구분되지 않는다. 가치는 돈으로 표현되는 상대적 가치 체계의 세계이기 때문이다. 구태여 양자를 구분한다고 하여도 물질적 보상이 뒤따르지 않는 정신적 보상은 그 의미가 감소할 뿐만 아니라 지속적인 효과도 없고 대부분 내용이 없는 것으로 전락된다. Taylor의 성과 배분은 이 시대에 반드시 필요하다.

5) 산업 평화와 Taylorism

Taylorism이 지향하였던 산업 평화는 과학적 표준에 의해 분배의 몫을 산정하여 합리적으로 분배하고, 그 기초가 되는 부가 가치의 크기를 과학적 관리에 의해 증대시킨다는 것이다. 국내 기업에서도 협력적인 노사 관계의 대표적인 사례들(한국전자, 한국소니 등)을 통해 경영의 합리적인 운영이 협력적인 노사 관계 형성에 큰 요인이 되고 있음을 알 수 있다. 최고경영자는 경영 정보를 공개하고 임금 지급과 인사, 사업장 운영에 대하여 설명하는 데 인색하지 않다. 설명 자체는 합리적인 방식을 입증하려는 것이고, 이 경우 절대적 기준이 아니라 다른 대안보다는 더 낫지 않느냐는 것을 꾸준히 설득한다. 또, 실제로 합리적인 운영을 추구하고 있다.

이 점은 권위적인 운영 방식에서 민주적인 운영 방식으로의 탈피를 의미하기도 한다. 민주적인 운영 방식은 설득력을 전제로 하고 있는데 설득력의 기반이 합리성에 있기 때문이다. 우리가 목격한 모범 노사 협력 업체의 경영자들은 모두 이러한 민주적인 성향이 두드러지고 나타나고 있었다.

6) 숙련 노동자와 과학적 관리

Taylor가 말한 과학적 관리의 내용에서 가장 주목할 부분은 과학적 관리의 표본이 숙련 노동자의 동작과 의견에 있었다는 점이다. 시간 및 동작 연구(time & motion)를 전문가가 하게 되는데, 이는 숙련 노동자로 하여금 그의 경험을 살려 어떻게 동작하는 것이 가장 능률이 오르고 피로가 덜한지를 말하게 하고, 실제로 해보도록 하여 전문가적인 입장에서 조언과 수정을 통해 이러한 동작을 다른 사람들이 재연할 수 있도록 표준화시킨 module을 근거로 과학적 관리가 시행된다. 따라서 숙련 노동자의 의견과 경험이 가장 중요한 토대가 되고 있다.

우리 나라에서도 현재 생산성 향상을 위해 숙련 노동자의 동작과 경험을 최대한 살려

내는 것 이상의 방법은 없어 보인다. 리엔지니어링과 공장 자동화(factory automation)가 실패하는 사례가 많다. 그 주요 원인은 외부 전문가가 단순히 작업 흐름만을 보고 자동화하거나 컴퓨터 활용을 설계하고 이를 노동자들에게 교육시켜 적응하도록 하는 기계 구조 위주의 개선책에 있다고 할 수 있다. 일본의 경우 대부분 공정 개선의 출발이 현장 근로자, 특히 숙련 노동자들의 제안에 의존하는 경우가 많아 이때 매우 현실적이고 실용적인 개선안이 나오는 것과는 대조적이다.

사업장에서의 교육 · 훈련 또는 숙련 형성 과정에서 직업 훈련원과 외부 교육만으로는 불충분하여 현장 학습(OJT)으로 최종적인 마무리를 짓게 되는데, 이때 숙련 노동자는 교사로서의 역할을 해내야 된다. 이들의 동작에 대해 반드시 시간과 동작 연구를 하여 표준을 산출한다는 의미보다도 숙련 노동자의 경험과 의견을 반영하여 교육 훈련과 실제의 운영에 제도적으로 활용하는 것이 긴요하다. 통계 조사에서도 나타난 바와 같이 직무에 대한 충분한 연구가 미비하고, 이것을 토대로 이루어져야 할 인사 관리와 사업장 운용이 체계화되어 있지 못한 상황에서는 숙련 노동자의 직무 수행 방식을 바탕으로 사업장 운영을 체계화하는 일이 모든 경영 혁신의 기본이라고 할 수 있다.

2. Neo-Taylorism의 한계와 극복 방안

Taylorism만을 지나치게 강조하다 보면 본 연구의 전체적인 윤곽을 흐리게 할 수도 있다. Neo-Taylorism만으로는 미비한 두 가지 점에 대하여 언급한다. 하나는 노사 협력 공동 위원회를 만들어 노조 전체에 파트너십의 권한과 책임을 부여하는 문제이고, 다른 하나는 조직 실체의 정치적인 변수에 대한 처리이다.

1) 노사 협력 공동 위원회

우선 노사 협력 공동 위원회의 구성 자체가 현재 우리 나라 기업들에게서는 노사 협력의 기준으로 등장하고 있지 않으며, 노조의 경영 참여는 노동조합총연맹의 주장보다 훨씬 미비한 수준으로 사업장에서 제기되고 있다. 향후 우리 나라 노조와 노동 운동권이 이 문제를 어떻게 주장하고 나설지는 의문이지만, 현재 노사 협력의 분위기를 조정하는 데 절박한 문제로 부상하고 있지는 않다. 다만 노사불이(勞使不二)와 같은 협력 선언을 한 사업체 등에서 독일 Opel 사 또는 서구의 예처럼 보다 구체적인 공장 협조나 노사 공동 선언문이 나와 주기를 기대할 수는 있다. 그리고 장기적으로 볼 때 캠페인 위주의 이러한 행사들에 이어 실질적인 내용이 뒤따르고 바람직하게는 실질적인 경영 참가가 이루어진다면 더욱 생산적인 노사 협력의 기반이 구축될 것으로 사료된다. 경영 외적으로는 노조 설립의 자유와 제삼자 개입의 합법성 등으로 말해 줄 수 있는 노동 조합의 헌법적 권리들이 부여될 때 협력적 노사 관계의 조건들이 더욱 성숙할 것으로 보인다. 이러한 문제들은 Taylorism과 신경영의 논의에서 다루어지지 않은 주제들로서 현재 우리 나라의 상황에서 신경영과 협력적 노사 관계의 정착에 주요한 장애로 나타나는 현상들이다.

2) 조직 실체의 파악

다른 하나는 조직 실체의 정치적인 움직임이다. 흔히 기대하지 않은 효과(inattended effect, perverted effect)로 표현되는 조직 내 개인과 집단들이 벌이는 전략적인 행동들에 대한 고려이다. 이 점에 있어서는 현재 우리 나라 기업인들과 노조 모두 의식적으로 그 대처 방안들을 체계적으로 검토하고 있지는 않다. 기업의 정치 역량이 노사 관계에 미친 영향이 매우 큰 사례는 H그룹에서도 나타나고 있다. 우리 나라 기업체 노동 담당 또는 인사 담당자들의 정치적인 역량은 매우 낮게 평가할 수 있다. 단선적인 이데올로기 하나만으로 이러한 문제들을 대처하는 경향이 많고, 노동 정책 역시 공안 차원에서 내지는 성장의 저해 요인이라는 단순 논리로 대처하는 관행이 있어 왔다. 향후에도 조직 내외의 정치적 움직임에 대한 총체적인 인식이 필요한 부분이다. 또한 특정 이념을 중심으로 한 정치적 움직임뿐만 아니라 계층 간, 직급 간의 개인적인 전략적 움직임에 대한 무관심 내지는 통합적이고 획일적인 대처는 기업 경영의 큰 흐름에 대한 적응이냐 아니면 갈등의 유발이냐는 흑백 논리로 조직체의 분위기를 몰아갈 위험이 있다. 신경영 기법인 기업 문화 등을 통해 지배 이데올로기를 조직 구성원 전체에 확산함으로써 실질적으로는 명료한 의식의 발달을 저해하고, 개성 있는 구성원의 자발적이고 민주적인 참여를 통한 생산성 향상과 협력적인 종업원 관계를 이끌어 내는 데 한계를 노출하고 있다. 이러한 현상들은 신경영 기법 자체가 원초적으로 갖고 있는 反민주적 특성 때문만은 아니며, 이 기법들을 구사하는 방법과 현재 기업 내외의 분위기에 의해 크게 영향을 받고 있는 것으로 풀이된다.

미비하지만 지금까지 검토한 사항을 토대로 정책적인 시사점을 도출하면 다음과 같다.

(1) 노동 운동

노동 운동에 대한 시사점으로는 생산성 향상을 기하는 신인사 제도, 기업 문화, TQM 등을 거부이냐 수용이냐라는 양자 선택보다 사안별로 검토하여 하나하나 구체적인 문제들에 대하여 필요하면 적극적인 참여를 하는 것이 바람직하고, 이러한 과정을 통하여 오히려 노조의 결속력과 노동 운동의 활로를 열어 가야 할 것으로 보인다.

지금까지의 논의를 통해 알 수 있듯이 본 연구에서는 Neo-Taylorism의 성격을 갖는 것으로 설명되어졌고, 신경영 기법들을 반대하는 것은 생산성 향상을 기해야 하는 현재의 시국에서 국민적인 공감대를 잃을 뿐만 아니라 장기적으로는 기업의 존립 기반을 침식당하여 노사 모두에게 치명적인 손실을 가져다 줄 우려가 있다. 이러한 기법들은 어떻게 활용하느냐에 따라 심지어는 극좌(極左)의 수단으로도 쓰이고 극우(極右)의 수단으로도 쓰인다. 따라서 기법 자체가 문제되는 것은 아니고 상황과 기본적인 발상에 대한 충분한 검토가 필요하고 개별적인 대처가 요구된다. 문제는 더욱 복잡하다. 그러나 노동 운동은 이 문제를 피해갈 수 없는 애로가 있다. 정면으로 성실하게 대처하는 방법밖에 없다. 무조건 거부 또는 무조건 수용이라는 단순 논리를 쓰기에는 이미 기업 경영의 내외 환경이 너무나 많이 변해 있고 급속하게 변화되고 있다.

노동 운동이 힘들어지고 있다. 신경영 기법을 소화해야 하는 반면 점증하는 소비자 문화는 노조원의 정체성을 함몰시켜 가고 있다. 노동 운동의 문화적인 정체성(identity)은 본 연구의 일차적인 관심 밖이므로 논의를 뒤로 미룬다. 그러나 정치적인 점에서 노조의 조직체를 기반으로 경영에 대한 공존 체제를 엮어 가야 할 필요가 있다. 개별적 노사 관계로 분화되어 가는 추세에서 집단적 노사 관계의 기반을 확충하려면 수동적 자세보다는 능동적으로 생산성 향상과 근로 복지의 개선에 앞장서 나가면서 공(功)을 조합의 역량으로 과시하여야 한다.

(2) 경영

경영의 역할이 가장 크다. 경영이 해야 할 과제는 크게 세 가지로 말할 수 있다. 첫째는 업무를 중심으로 한 기법들의 연계이고, 둘째는 어떠한 여건이건 지속적인 노력을 하는 것이고, 셋째는 노조의 역할에 대해 인정하는 것이다.

경영은 업무를 중심으로 기법들을 연계시켜 나가는 것이 중요하다. Taylorism이 강조되었던 큰 이유 중의 하나이다. 기업 경영의 구체적인 현장은 업무를 중심으로 파생되고 있기 때문에 기초적인 정비를 해 놓고 이에 상응하는 각종 경영 혁신 운동들을 전개하여 나가야 한다. 우리 나라의 경영 혁신 운동들에서 가장 취약한 부분이 바로 업무와 구체적으로 연관지어진 프로그램들을 포괄적으로 전개하는 것이다. 이는 업무만을 따로 떼어 내어 합리화해 간다는 것과 전혀 다른 의미이다. 업무는 인간관계, 의식, 제도와 맞물려 있기에 업무 수행 자체만을 개선해서는 안 되고 전체적인 윤곽 속에서 추진되어져야 한다. 일반적으로 우리 나라는 경영 혁신에서 업무를 간과하기 때문에 전체적으로 파생적인 캠페인에 그치고 있다.

둘째로, 노조가 반대하더라도 또 경영 외적인 여건이 성숙하지 않았다고 하더라도 신경영 기법을 지속적으로 추진하는 것은 협력적 노사 관계에 도움이 된다. 노조의 의사에 反하여 추진해야 한다는 것은 아니다. 노조의 협력이 없더라도 가능한 한 협력의 장으로 끌어들이려는 꾸준한 노력이 필요하다. 이 연구에서도 신경영 기법이 잘 추진되는 것과 협력적 노사 관계의 형성이 상호 연관성이 있음이 드러났다. 유연한 경영과 종업원 참여를 기반으로 하는 신경영의 노력들은 장기적으로 협력적 노사 관계를 증진시킨다. 또, 협력적 노사 관계의 기반이 크면 클수록 경영 혁신을 성공적으로 추진할 수 있다.

셋째로, 노조 실체에 대한 인정이다. 서구의 우수 기업들은 돈을 들여가며 노조를 경영 참여에 끌어들인다. 부분적으로 경영권의 고유 권한을 보호해야 하나, 대체로 노조의 경영 참여는 기업에 활력을 불어넣고 노조의 책임감이 커져 오히려 안정적인 경영 분위기를 구축하는 데 도움이 된다. 노조의 논리가 단기적으로 기업 손익에 나쁜 영향을 준다고 해서 성장과 경쟁력의 논리만으로 일률적인 거부반응을 보이는 것은 장차 다원화되는 사회 분위기에서 이탈하는 결과를 초래한다. 사회적 경영(social management)이라고까지는 못하더라도 적어도 다원화되어 가는 다양한 움직임을 포용하는 것이 장기적으로도 기업 발전에 필요한 일이다.

(3) 정부 정책

정부 정책은 시기가 문제일 뿐 조만간 노동 조합의 헌법적인 권리를 보장하여야 노사 협력의 장이 궤도에 오른다. 현재의 노사 협력 선언들이 노사 현장에서의 분위기를 전향시키는 데 크게 기여한 것만은 틀림없으나, 그 내용들은 기업이 당면한 구체적인 문제들에 접근하고 있지 못하다. 다만 고충 처리와 환경 운동 등 경영의 주변부를 맴돌면서 노사의 협력적 분위기 조성에 일조하고 있다. 이러한 추세를 통해 노사 협력을 기반으로 생산 방식의 혁신 등 경영의 주요 사안들에 추진력을 부여하려면 더욱 구조적인 기반 조성이 필요하다. 그것은 노조의 기본 권리를 인정하고 그 정체성을 보장하는 조처들이다.

참고 문헌

A. Chandler, 「Strategy & Structure(MIT, 1962)」

Björn Gustavnson, 「Economic & Industrial Democracy(SAGE, Vol 6, 1985)」

M. Crozier, 「Le Phenom ne Bureaucratique(Seuil, 1971)」

D. Martin, 「Cheminement Inventif d' une Demarch Participative(CRESST, 1983)」

F. Taylor, 「Shop Management(Harper & Row, New York, 1903)」

F. Taylor, 「The Principles of Scientific Management(Harper & Brothers, 1911)」

J. Habermas, 「The Theory of Communicative Action(Beacon Press, 1984)」

M. Montmolin, 「Taylorisme et Anti-Taylorisme(Sociologie du Travail, Paris, no 44/74)」

McGregor, 「The Human side of Enterprise(McGraw-Hill, 1960)」

Meek & Woodworth, 「Creating Cooperative Management-Labour Relationship (Addison-Wesley, 1994)」

Michael Hammer, 「Re-engineering(김영사, 1993)」

P. Jarniou, 「L' entreprise comme le systeme politique(PUF, 1981)」

P. Selznick, 「Leadership in administration(Harper & Row, 1957)」

Pascale & Athos, 「The Art of Japanese Management(Les Editions d' Organisation, Paris, 1984)」

Peters & Waterman, 「In Search of Excellence(InterEditions, 1983)」

R. Reitter, 「Pouvoir et Politique(McGraw-Hill, 1985)」

R. Sainsaulieu, 「L' identité au travail(PFNSP, 1985)」

S. Clegg & D. Dunkerely, 「Organization Class and Control(Routledge & Kegan Paul, 1980)」

S. Moscovici, 「L' age des foules(Fayard, 1981)」

W. Ouchi, 「Markets, Bureaucracies & Clans(ASQ, 1980)」

지은이 | 김성환

● 약력

　서울대학교 상과대학 상학과 졸업

　한국 공인회계사

　미국 Northwestern 대학 MBA(경영학 석사)

　삼성물산, Kleinschmidt, マキタ 등에서 근무

　프랑스 Paris IX대학 경영학 박사

　한국 노동연구원 연구위원

　현 동덕여대 경영학과 교수

　　K 경영연구소 소장

● 주요 도서(K 시리즈)

　K 이론(Management for Korean Firms)

　K 연봉제와 목표관리 평가시스템

　K 이익사회는 아름답다(기업과 사회)

　K 평가와 계획

● 주요 컨설팅 경력

　목표관리 성과평가와 BSC: 대우전자, 교보생명, 한라산업개발, 한국후지쯔, 제일화재,
　　　　　　　STX조선, 연합철강, 하림, 영교

　연봉제 및 인사제도: 유한킴벌리, Poscon, 한국후지쯔, 현대해상, 한국중공업,
　　　　　　　LG엔지니어링, KTB, 한솔창투, ATK, Fila

　노사관계: 현대중공업, 현대자동차, 현대정공

　조직진단 및 재설계: 워커힐 카지노

　기업문화: 신동아그룹, 한일그룹, 대우전자